中国公共预算发展报告
（2023—2024）

马蔡琛 等◎著

南开大学出版社

天 津

图书在版编目(CIP)数据

中国公共预算发展报告. 2023—2024 / 马蔡琛等著
. —天津：南开大学出版社，2024.3
ISBN 978-7-310-06593-6

Ⅰ.①中… Ⅱ.①马… Ⅲ.①国家预算－研究报告－
中国－2023－2024 Ⅳ.①F812.3

中国国家版本馆 CIP 数据核字(2024)第 028968 号

中国公共预算发展报告(2023—2024)
ZHONGGUO GONGGONG YUSUAN FAZHAN BAOGAO (2023—2024)

南开大学出版社出版发行
出版人：刘文华
地址：天津市南开区卫津路 94 号　　邮政编码：300071
营销部电话：(022)23508339　营销部传真：(022)23508542
https://nkup.nankai.edu.cn

河北文曲印刷有限公司印刷　全国各地新华书店经销
2024 年 3 月第 1 版　　2024 年 3 月第 1 次印刷
230×170 毫米　16 开本　15.25 印张　2 插页　250 千字
定价：75.00 元

如遇图书印装质量问题,请与本社营销部联系调换,电话：(022)23508339

本书受"南开大学基本科研业务费（人文社科）特殊支持项目（63232212）""南开大学文科发展基金项目（ZB22BZ0104）"和南开大学经济行为与政策模拟实验室的资助。

前　言

财政为庶政之母，预算乃邦国之基。公共预算制度的构建同国家治理体系和治理能力现代化目标的推进息息相关，体现了健全现代预算制度的内在要求。一方面，公共预算在公共经济活动中具有重要地位。公共预算的发展与完善，可以提高社会经济效率，更好地发挥有为政府的优势，进而实现"依法用好百姓的钱"的政府理财目标。另一方面，财政是国家治理的基础与重要支柱，而现代预算制度则构成了现代财政制度的核心内容。预算是政府的理财手段，也是政府执政理念、执政方式和执政绩效的直观反映，与普罗大众的生活息息相关。

我国经济已由高速增长阶段转向高质量发展阶段，将"公共预算发展"置于多年来财政改革与发展的背景下加以考察，探索公共预算发展的基本经验与基本规律，无疑是至关重要的。本书作为中国公共预算发展系列报告中的第一本年度报告，聚焦于公共预算理论研究进展，梳理公共预算改革进程、总结预算管理发展经验，进一步探索中国公共预算的发展趋势与改革之路，服务于推进国家治理体系与治理能力的现代化。

在写作过程中，管艳茹、马刘丁、朱雯瑛、白铂、苗珊、赵笛、朱旭阳、桂梓椋、黄少含、李宛姝、孙小雪、林江、唐卓越等同志，对于本书的写作以及后期校对工作，付出了大量的辛勤与努力，在此一并致谢。

这本《中国公共预算发展报告》的写作及出版，得到了"南开大学基本科研业务费（人文社科）特殊支持项目（63232212）""南开大学文科发展基金项目（ZB22BZ0104）"和南开大学经济行为与政策模拟实验室的资助。

南开大学出版社王冰老师对于本书的写作与出版给予了大力支持，特此致谢。

　　在本书的写作过程中，学习和参考了大量的中外文献与制度规范，吸收了国内外专家学者以及实践部门的研究成果，在此表示衷心感谢。

　　因时间、水平所限，本书中难免有不尽如人意之处，恳请读者朋友们批评指正。

马蔡琛

2023 年 12 月于南开园

目　录

第1章　公共预算研究的最新进展 …………………………………… 1
　　1.1 全球公共预算研究的演进及最新进展 ………………………… 1
　　1.2 中国公共预算研究的知识图谱分析 …………………………… 15

第2章　全球公共预算管理改革的实践与发展 ……………………… 37
　　2.1 以结果为导向的绩效预算改革 ………………………………… 38
　　2.2 强化财政风险的管理 …………………………………………… 43
　　2.3 中期预算改革 …………………………………………………… 45
　　2.4 适时组建财政委员会 …………………………………………… 49

第3章　从"国家账本"透视公共预算的发展 ……………………… 56
　　3.1 中央政府预算报告的文本分析 ………………………………… 56
　　3.2 政策导向下的发展预算的实践回眸 …………………………… 68
　　3.3 以人民为中心的民生预算 ……………………………………… 82
　　3.4 深化财税体制改革 ……………………………………………… 99
　　3.5 推进预算公开 …………………………………………………… 116
　　3.6 基于审计报告文本分析的中国公共预算执行研究 ………… 121

第4章　党的十八大以来的公共预算改革与发展 ………………… 137
　　4.1 党的十八大以来现代预算制度建设的总体成就 …………… 137
　　4.2 党的十八大以来深化预算管理制度改革的具体措施 ……… 140
　　4.3 十年来预算管理制度改革的主要经验 ……………………… 148
　　4.4 新时代现代预算制度建设的未来展望 ……………………… 151

第5章　预算管理制度改革的重点领域 …………………………… 157
　　5.1 部门预算改革 ………………………………………………… 157

5.2 国库管理改革 ··· 166

5.3 政府采购制度建设 ··· 183

5.4 预算绩效管理 ··· 195

5.5 政府综合财务报告 ··· 201

5.6 零基预算 ··· 203

5.7 参与式预算 ··· 209

第 6 章　人大预算审查监督的发展与挑战 ············ 218

6.1 人大预算监督的时代特点与发展演进 ·········· 218

6.2 人大预算监督的主要实践 ····························· 223

主要参考文献 ··· 230

第1章 公共预算研究的最新进展

1.1 全球公共预算研究的演进及最新进展

21世纪以来，为了拓展财政政策运作空间，切实提升有限财政资源的使用绩效，绩效预算始终是全球公共预算研究的核心话题。从中期来看，公共财政将面临越来越大的压力。为了有效化解财政压力，中期预算及中期支出框架成为主要研究对象。同时，随着政府转型进程的加快，转型预算也逐渐受到研究者的重视。此外，公共预算改革的顺利进行，离不开预算反馈以及配套制度的实施，相应的公共预算问责以及配套制度改革也成为研究重点之一。

1.1.1 绩效预算的研究进展

在任何时代，所有政府事务最终都依赖于财政资源，而对这些资源的使用需求总是远远超过可供支出的资金，所以预算首先是一个稀缺的故事。如果能够在整合绩效数据和预算决策方面取得更多进展，就可以更有效地利用必然会越来越稀缺的资源（Joyce & Pattison，2010）。①

（一）绩效预算的发展

在预算过程中增加绩效信息的使用是在多数国家中广泛开展的一项重要倡议，旨在将预算决策的焦点从投入（能得到多少钱）中拓展开来，以

---

① Joyce P G, Pattison S. Public Budgeting in 2020: Return to Equilibrium, or Continued Mismatch Between Demands and Resources?[J]. Public Administration Review, 2010(s1): s24-s32.

获得可衡量的结果（能用这些钱实现什么）（Curristine et al.，2007）。[①]绩效预算大体可以划分为三类[②]：第一类仅在预算文件中体现绩效信息；第二类在预算编制过程中会考虑绩效信息，但并未将绩效信息与预算决策联系起来；第三类则依据绩效结果进行预算资金分配。大多数政府已熟练地将绩效预算作为一种分析工具，却很少有政府具备能力以绩效为基础来作出预算决定（Caiden，2010）。[③]从绩效指标中获得的信息主要用于分配资源或提高生产力，即确定现有项目的资源水平，或确定现有项目的效率或有效性，却很少被用于在替代程序中进行选择（Kluvers，2001）。[④]同时，绩效和资源分配之间也几乎没有明确联系（Melkers & Willoughby，2001；[⑤] Kelly，2003[⑥]）。

为了使公共部门能够进行有效的基于绩效的预算编制，重点应放在提高使用绩效信息的管理能力上，同时也应注意提高绩效测度的质量。然而，西韦尔博（Siverbo et al.，2019）提出绩效管理的功能失调是绩效管理设计与绩效管理执行之间、绩效管理与管理环境之间相互作用的结果。[⑦]因此必须认识到，绩效预算编制是一个协作过程，每个参与者的贡献都是十分宝贵的（Lu，2007）。[⑧]为了确保绩效预算为政府和社会提供了预期效果，应从不同参与者角度强调绩效指标的质量和多样性，这是至关重要的（Dooren et al.，2012）。[⑨]

---

① Curristine T, Lonti Z, Joumard I. Improving Public Sector Efficiency: Challenges and Opportunities[J]. OECD Journal on Budgeting, 2007(01): 1-41.

② Curristine T. Performance Information in the Budget Process: Results of the OECD 2005 Questionnaire [J]. OECD Journal on Budgeting, 2005, 5(02): 87-131.

③ Caiden N. Challenges Confronting Contemporary Public Budgeting: Retrospectives/Prospectives from Allen Schick[J]. Public Administration Review, 2010(02): 203-210.

④ Kluvers R. An Analysis of Introducing Program Budgeting in Local Government[J]. Public Budgeting & Finance, 2001(02): 29-45.

⑤ Melkers J E, Willoughby K G. Budgeters' Views of State Performance-budgeting Systems: Distinctions across Branches[J]. Public Administration Review, 2001(01): 54-64.

⑥ Kelly J M. The Long View: Lasting (and Fleeting) Reforms in Public Budgeting in the Twentieth Century[J]. Journal of Public Budgeting, Accounting & Financial Management, 2003(02): 309-326.

⑦ Siverbo S, Cäker M, Åkesson J. Conceptualizing Dysfunctional Consequences of Performance Measurement in the Public Sector[J]. Public Management Review, 2019, 21(12): 1801-1823.

⑧ Lu Y. Performance Budgeting: The Perspective of State Agencies[J]. Public Budgeting & Finance, 2007(04): 1-17.

⑨ Van Dooren W, De Caluwe C, Lonti Z. How to Measure Public Administration Performance: A Conceptual Model with Applications for Budgeting, Human Resources Management, and Open Government[J]. Public Performance & Management Review, 2012(03): 489-508.

（二）组织文化对绩效预算的影响

绩效预算通常包括采用新的组织价值观、组织使命和操作要求，这意味着组织文化必须发生改变（Melkers & Willoughby，2001）。[1]霍和艾姆（Ho & Im，2015）指出，以发达经济体为主导的预算改革，受制于组织文化、政治等因素，并且这些因素与发展中国家的体制环境存在一定的冲突，从而影响了绩效预算改革的效果。[2]通过建立绩效文化，将其作为一个调节变量，调节人力资源质量、预算质量和内部控制体系质量，更好地将绩效驱动的管理与预算结合起来，能够减少预算管理中的策略博弈，进而对绩效预算产生深刻影响（Schick，2014；[3]Wulandari et al.，2020[4]）。

基于不同文化维度，不同的研究者对组织文化之于预算绩效管理的作用途径和效果展开了较为细致的研究，其中探讨较多的是科层制结构（bureaucratic structure）对于预算绩效管理的影响。克里斯滕森和莱格雷德（Christensen & Laegreid，2001）认为，不同的制度安排、路径依赖和内部政治文化，对绩效预算改革的实施和产生差距的原因，均提供了某些可能的解释。[5]除了结果控制，人事和文化控制也很重要，因为它们增强了内在的动力和绩效。这意味着只注重结果控制过于狭隘，可能导致公共部门的人员积极性和业绩水平欠佳（Van der Kolk B et al.，2019）。[6]例如，新公共管理运动成功地影响了意大利公共部门的文化，放松了官僚主义的限制，引进了管理工具并使其适应公共部门的特点。然而，与此同时，许多创新的管理工具被传统的官僚模式重新定义，从而降低了这些工具的效力

---

① Melkers J E, Willoughby K G. Budgeters' Views of State Performance-budgeting Systems: Distinctions across Branches[J]. Public Administration Review, 2001(01): 54-64.

② Ho A T K, Im T. Challenges in Building Effective and Competitive Government in Developing Countries: An Institutional Logics Perspective[J]. The American Review of Public Administration, 2015(03): 263-280.

③ Schick A. The Metamorphoses of Performance Budgeting[J]. OECD Journal on Budgeting, 2014(02): 49-79.

④ Wulandari R A, Khafid M, Wahyuningrum I F S. The Role of Organizational Culture in Mode Rating Budget Performance Determinants[J]. Journal of Economic Education, 2020(02): 42-50.

⑤ Christensen T, Laegreid P. New Public Management: The Effects of Contractualism and Devolution on Political Control[J]. Public Management Review, 2001(01): 73-94.

⑥ Van der Kolk B, Van Veen-Dirks P M G, Ter Bogt H J. The Impact of Management Control on Employee Motivation and Performance in the Public Sector[J]. European Accounting Review, 2019, 28(05): 901-928.

（Anessi-Pessina & Steccolini，2005）。①在改革过程中，不同参与者的诉求及彼此之间的冲突增加了改革的难度（Radin，2000）。②特别是绩效预算的成功实施需要更多资源，因而立法和行政机构对绩效预算和相关绩效衡量活动的支持是至关重要的（Melkers & Willoughby，2001）。③绩效管理改革的一个核心目的是促进中央机构对绩效信息的使用，但绩效信息的应用很大程度上取决于部门负责人所在机构的行政理念（Lavertu & Moynihan，2013）。④政治支持增加了在预算中对绩效信息的使用，反过来也会塑造一个更高效、更有效和更负责任的政府。⑤

（三）大数据背景下的预算绩效管理质量提升

目前，各国对信息技术的投入呈井喷式增长，大数据成为实现国家治理现代化的一种有效技术途径，具有催生管理革命和服务模式创新的效果。预算绩效管理的实质是一个获取和处理信息的过程，其效率和效果直接取决于信息技术条件。有效的数据信息系统是实现良好绩效管理的重要策略，同时有助于提高问责制的质量和透明度（Sofyani et al.，2020）。⑥随着公共支出的宽度和广度日益拓展，将大数据引入预算绩效管理，将是一次里程碑式的发展机遇。大数据技术的应用可以扩大预算数据来源，通过数据收集和分析技术，对各支出领域的资金使用情况进行分类评判，从更长远且具体的角度来制定公共开支计划（Mallory，2014）。⑦同时，大数据对于历

---

① Anessi‐Pessina E, Steccolini I. Evolutions and Limits of New Public Management—Inspired Budgeting Practices in Italian Local Governments[J]. Public Budgeting & Finance, 2005(02): 1-14.

② Radin B A. The Government Performance and Results Act and the Tradition of Federal Management Reform: Square Pegs in Round Holes?[J]. Journal of Public Administration Research and Theory, 2000(01): 111-135.

③ Melkers J E, Willoughby K G. Budgeters' Views of State Performance‐budgeting Systems: Distinctions across Branches[J]. Public Administration Review, 2001(01): 54-64.

④ Lavertu S, Moynihan D P. Agency Political Ideology and Reform Implementation: Performance Management in the Bush Administration[J]. Journal of Public Administration Research and Theory, 2013(03): 521-549.

⑤ Wang X. Performance Measurement in Budgeting: A Study of County Governments[J]. Public Budgeting & Finance, 2000(03): 102-118.

⑥ Sofyani H, Riyadh H A, Fahlevi H. Improving Service Quality, Accountability and Transparency of Local Government: The Intervening Role of Information Technology Governance[J]. Cogent Business & Management, 2020, 7(01): 1-20.

⑦ Mallory P. How States can Better Manage Their Fiscal Futures[EB/OL]. http: //www. governing.com/gov-institute/voices/col-state-budget-fiscal-planning-projecting-spending.html.(2014-08-22) [2018-05-07].

史数据的分析和未来信息的预测，在一定程度上改变了绩效战略规划的控制操作和流程，大数据将新的数据筛选技术和指标设计方法引入预算绩效管理领域，提高了绩效评价的科学性和合理性（Mello et al.，2014）。[①]

在充分肯定大数据技术对预算绩效管理具有推动作用的同时，还应该注意到大数据作为一个新兴概念，仍处于发展的初级阶段，其所呈现的体量大、种类多、速度快等特征，也可能导致绩效评价体系中相关性的复杂化（Ask，2016）。[②]因此，将大数据技术有效融入预算绩效管理仍面临诸多困难。各国政府正在建立数字服务团队（DST）以更为敏捷的方式应对这些挑战（Mergel，2019）。[③]澳大利亚政府希望向公众开放越来越多的数据，但由于可靠性和隐私法的要求以及缺少完全接受开放数据的公共服务文化，这项任务可能会变得非常困难（Hardy et al.，2017）。[④]克林尼奇等（Klievink et al.，2017）为公共部门设计了一个评估框架，在荷兰的测试表明，公共部门可能在技术上有能力运用大数据，但如果应用程序不适合其主要的法定任务，则这些活动难以从中获益。[⑤]

1.1.2　中期预算及中期支出框架的研究进展

政府面临着改善公共部门绩效，同时控制支出增长的压力。虽然人口老龄化、医疗保健和养老金成本增加等因素增加了预算压力，但纳税人要求政府更加负责仍是一种时代潮流（Curristine et al.，2007）。[⑥]并且财政紧缩的情形将继续存在，甚至还会持续保持，多数国家需要通过紧缩措施来解决预算赤字问题，以便公共债务得到控制。研究人员（Kentikelenis & Stubbs，2022）的公共支出预测发现，83 个国家的政府支出将会下降，其

---

① Mello R, et al. Is Big Data the Next Big Thing in Performance Measurement Systems?[C]//IIE Annual Conference. Proceedings. Institute of Industrial and Systems Engineers(IISE), 2014: 1837.

② Ask U. Big Data Use in Performance Measurement and Management: A Call for Action[J]. Journal of Business and Economics, 2016(03): 402-417.

③ Mergel I. Digital Service Teams in Government[J]. Government Information Quarterly, 2019, 36(04): 1-16.

④ Hardy K, A Maurushat. Opening up Government Data for Big Data Analysis and Public Benefit[J]. Computer Law & Security Review, 2017(01): 30-37.

⑤ Klievink B, et al. Big Data in the Public Sector: Uncertainties and Readiness[J]. Information Systems Frontiers, 2017(02): 267-283.

⑥ Curristine T, Lonti Z, Joumard I. Improving Public Sector Efficiency: Challenges and Opportunities[J]. OECD Journal on Budgeting, 2007(01): 1-41.

中大多数是中等收入国家，64 个国家将实施激进的紧缩措施，其中包括许多人口众多的发展中国家，财政紧缩浪潮或将到来。①因此，需要加强以财政控制为导向的预算，同时寻求公共服务提供和生产方面的效率与效力（Mullins & Pagano，2005；②Neaime，2015③）。同时，经济的周期性导致周期性的政府预算和周期性的金融市场。正是这种周期性预算和金融市场的结合，使得养老基金管理成为在商业周期中维持长期结构性预算平衡的重要因素（Peng，2004）。④当经济和金融市场都表现良好且养老基金管理得当的时候，人口老龄化对政府预算的影响几乎不明显。然而，当养老基金出现问题时，人口老龄化预计会对公共预算产生重大影响，无论是现在还是未来的纳税人，都必须通过增加税收负担或减少公共服务的提供来付出代价，导致公共预算的不可持续。为应对不断上升的养老金成本，需要进行必要的政策调整（Peng，2004；⑤Elmeskov，2004⑥）。同时更重要的是，需要着眼于长期管理，以便及早采取行动来解决人口老龄化对预算的影响（Posner & Park，2008）。⑦

每个经济体所选择的中期预算框架都应该反映其政策目标、独特的预算机构传统以及行政能力。多年预算维度的引入是一个渐进的过程，应鼓励相关部委建设性地参与预算过程（Boex et al.，2000）。⑧国家建立或加强长期预算框架，为项目资金的长期负担能力提供更知情的基础。其中，模拟长期财政前景是重要前提，进而以长期前景制定其近期和中期财政可持

① Kentikelenis A, Stubbs T. Austerity Redux: The Post-pandemic Wave of Budget Cuts and the Future of Global Public Health[J]. Global Policy, 2022(01): 5-17.

② Mullins D R, Pagano M A. Local Budgeting and Finance: 25 Years of Developments[J]. Public Budgeting & Finance, 2005(4s): 3-45.

③ Neaime S. Sustainability of Budget Deficits and Public Debts in Selected European Union Countries[J]. The Journal of Economic Asymmetries, 2015(01): 1-21.

④ Peng J. Public Pension Funds and Operating Budgets: A Tale of Three States[J]. Public Budgeting & Finance, 2004(02): 59-73.

⑤ Peng J. Public Pension Funds and Operating Budgets: A Tale of Three States[J]. Public Budgeting & Finance, 2004(02): 59-73.

⑥ Elmeskov J. Aging, Public Budgets, and the Need for Policy Reform[J]. Review of International Economics, 2004(02): 233-242.

⑦ Posner P L, Park C K. Role of the Legislature in the Budget Process: Recent Trends and Innovations[J]. OECD Journal on Budgeting, 2008(03): 1-26.

⑧ Boex L F J, Martinez-Vazquez J, McNab R M. Multi-Year Budgeting: A Review of International Practices and Lessons for Developing and Transitional Economies[J]. Public Budgeting & Finance, 2000(02): 91-112.

续目标，以确保财政责任的实现（Posner，2009；①Nussle，2012②）。

中期预算的有效性在很大程度上取决于估计的可靠性和准确性。一方面，过往预算决定的影响，为关于未来的决定提供了不可或缺的信息，将这些信息纳入中期预测，为决策者作出明智的选择提供了更好的基础（Tarschys，2003）。③另一方面，下一个财政年度的基数不能简单地作为本年度的支出额，还要对基数进行调整，以涵盖通货膨胀的影响、生活费用调整以及维持现有服务水平所需的任何其他金额。因此，在确定支出预测方法时，必须谨慎并具体说明任何调整的基础和性质（Boex et al.，2000；④Premchand，2001）。⑤

罗伯茨（Roberts，2003）指出，依据多年期的战略目标和政策选择，中期支出框架能够将所要实现的产出和结果目标，同预算制度联系起来。⑥中期支出框架根据宏观战略按照项目进行分类，将年度预算与中期计划联系起来，使得年度预算与部门成果相互关联（Dhakal，2009）。⑦中期支出框架的某些概念与绩效预算的方法存在重叠，中期支出框架通过更好地预测项目的资金流向，来帮助提高项目绩效（Kasek & Webber，2009）。⑧伊默（Yimer，2015）通过对埃塞俄比亚的案例研究认为，中期支出框架与绩效预算的实施具有高度相关性，且两者的结合能够显著提高地方政府的绩效管理水平。⑨卡里达（Caridad，2019）通过考察 34 个经济合作与发展组织

① Posner P L, Ryu S K, Tkachenko A. Public-Private Partnerships: The Relevance of Budgeting[J]. OECD Journal on Budgeting, 2009(01): 1-26.

② Nussle J. Perspectives on Budget Process Reform[J]. Public Budgeting & Finance, 2012(03): 57-60.

③ Tarschys D. Time Horizons in Budgeting[J]. OECD Journal on Budgeting, 2003(02): 77-103.

④ Boex L F J, Martinez‐Vazquez J, McNab R M. Multi-Year Budgeting: A Review of International Practices and Lessons for Developing and Transitional Economies[J]. Public Budgeting & Finance, 2000(02): 91-112.

⑤ Premchand A. Public Budgeting and Economic Development: Evolution and Practice of an Idea[J]. International Journal of Public Administration, 2001(10): 1023-1039.

⑥ Roberts J. Managing Public Expenditure for Development Results and Poverty Reduction[R]. London: Overseas Development Institute, 2003.

⑦ Dhakal T R. Institutionalization Efforts of the Medium-term Expenditure Framework(MTEF)in Nepal: Towards Results Based Budgeting[C]. Annual Meeting of the CoP MfDR Asia and Pacific, Kuala Lumpur, 2009: 23-25.

⑧ Kasek L, D Webber. Performance-based Budgeting and Medium-term Expenditure Frameworks in Emerging Europe[R]. Washington DC: World Bank, 2009.

⑨ Yimer M. Medium-term Expenditure and Budgetary Practices in Ethiopia[J].International Journal of Economic and Business Management, 2015(04): 23-28.

（OECD）成员国中央政府之绩效预算与中期支出框架之间的相互联系，发现中期支出框架的实施与绩效预算呈正相关。[1]

但在实践中，中期支出框架与绩效预算的结合过程也存在诸多问题。锡克（Schick，2007）就曾指出，虽然中期支出框架展示了政府战略和发展的雄心，并广泛使用绩效指标，但遗憾的是，预算仍旧是基于投入和增量的。[2]霍克斯沃思（Hawkesworth et al.，2013）进一步指出，在中期支出框架内，绩效预算所形成的产出和结果数据，尽管对机构和部门加强责任制和提高财政透明度具有重要作用，但较少能够影响到预算资源分配。[3]从这个意义上讲，这或许也是 21 世纪公共部门财政管理面临的最大挑战之一。

1.1.3 转型预算改革的研究进展

转型预算（transformational budgeting）的目标是利用预算过程来支持政府通过的转型议程，通常具有三个特点：第一，议程的目的对社会具有变革性质；第二，议程适用于各类公共政策，无论这些公共政策的具体规划目标如何，都应详细说明它们对具体转型议程的贡献；第三，战略规划和转型议程、规划和预算政策之间的联系更加明确（Blanch et al.，2023）。[4]具体而言，参与式预算、性别预算与绿色预算都属于转型预算的广义范畴。

（一）参与式预算

作为一种委托—代理关系，公共预算通常处于变革过程中，预算改革的性质反映了当时民众对政府行动的支持（Kelly，2005；[5]Caiden，2010[6]）。公共预算过程中越来越强调公民参与的重要性和价值。预算代表了公众的

---

① Caridad M. Performance Budgeting and Medium-term Expenditure Frameworks: A Comparison in OECD Central Governments[J]. Journal of Comparative Policy Analysis: Research and Practice, 2019(04): 313-331.

② Schick A. Performance Budgeting and Accrual Budgeting: Decision Rules or Analytic Tools?[J]. OECD Journal on Budgeting, 2007(02): 109-138.

③ Hawkesworth I, K Klepsvik. Budgeting Levers, Strategic Agility and the Use of Performance Budgeting in 2011/12[J] .OECD Journal on Budgeting, 2013(01): 105-140.

④ Blanch J, Borras E, Sanchez A. Transformational Budgeting: A Holistic Approach for Delivering Results[J]. OECD Journal on Budgeting, 2023(01): 1-14.

⑤ Kelly J M. A Century of Public Budgeting Reform: The"Key"Question[J]. Administration & Society, 2005(01): 89-109.

⑥ Caiden N. Challenges Confronting Contemporary Public Budgeting: Retrospectives/Prospectives from Allen Schick[J]. Public Administration Review, 2010(02): 203-210.

优先事项，并分配了支付这些活动的责任。如果公民不参与国家预算，他们就不能行使有意义的监督（Tanaka，2007）。[①] 研究人员（Guo & Neshkova，2013）利用各地方交通部门关于公民参与实践的调查数据，构建了预算过程中不同阶段的公民投入指数，研究公民参与对整体组织有效性的影响，结果表明在预算过程的早期和结束阶段，即信息共享和项目评估阶段，公民参与预算过程对组织绩效具有最大的积极影响。[②]公民参与政府预算程序被认为是提高响应能力的有效手段。然而持续的证据却表明，公民参与很少发生，对决策的影响也很小（Franklin & Ebdon，2004）。[③]

公众调查虽然能够吸引公众对预算问题的意见，似乎是从公众那里获得有代表性的答复和投入的最佳方法，但是不存在有效的双向沟通（Ebdon，2004）。[④]政府主要关心的只是告知公众，即采取行动为了确保公众得到通知，实际的参与在很大程度上仅限于提供已经作出的预算决定的信息，公民很少被纳入规划过程（Berner & Smith，2004；[⑤]Ebdon，2002[⑥]；Birskyte，2013[⑦]）。为公民参与提供机会是一项需要持续努力的长期事业，鼓励公民参与需要重新考虑管理者、代表和公众之间的合作方法，提供更多机会让公民参与公共预算的决策过程（Beckett & King，2002）。[⑧]

参与式预算是公民直接决定如何分配部分预算的过程，旨在为预算的制定提供直接的公众投入，公众需要有另一种渠道直接参与预算决策

① Tanaka S. Engaging the Public in National Budgeting: A Non-governmental Perspective[J]. OECD Journal on Budgeting, 2007(02): 139-177.

② Guo H, Neshkova M I. Citizen Input in the Budget Process: When does it Matter Most?[J]. The American Review of Public Administration, 2013(03): 331-346.

③ Franklin A, Ebdon C. Aligning Priorities in Local Budgeting Processes[J]. Journal of Public Budgeting, Accounting & Financial Management, 2004(02): 210-227.

④ Ebdon C, Franklin A. Searching for a Role for Citizens in the Budget Process[J]. Public Budgeting & Finance, 2004(01): 32-49.

⑤ Berner M, Smith S. The State of the States: A Review of State Requirements for Citizen Participation in the Local Government Budget Process[J]. State and Local Government Review, 2004(02): 140-150.

⑥ Ebdon C. Beyond the Public Hearing: Citizen Participation in the Local Government Budget Process[J]. Journal of Public Budgeting, Accounting & Financial Management, 2002(02): 273-294.

⑦ Birskyte L. Involving Citizens in Public Decision Making: The Case of Participatory Budgeting in Lithuania[J]. Financial Theory and Practice, 2013(04): 383-402.

⑧ Beckett J, King C S. The Challenge to Improve Citizen Participation in Public Budgeting: A Discussion[J]. Journal of Public Budgeting, Accounting & Financial Management, 2002(03): 463-485.

（Mikesell & Mullins，2011）。①成功执行参与式预算的先决条件之一是提供自由支配资金，使得公民提出的项目得到实际实施（Birskyte，2013）。②尽管各国参与式预算在设计和功能上有所不同，但它们都将一部分公共支出（通常来自资本预算）开放给了公民授权（Baiocchi & Lerner，2007）。③通过学习和参与预算过程，公民将有更好的能力来协商预算限制，以促进整体利益的实现（Pinnington et al.，2009）。④

（二）社会性别预算

政府预算代表了其优先事项的声明。国际社会逐渐认识到性别平等对可持续经济增长和全面社会发展至关重要，认为提高妇女对劳动力市场的参与可以带来积极的国内生产总值和生产力增长，以及财政可持续性的改善，因而呼吁各国利用其预算工具促进同性别平等相关的资源分配（Marks & Bartle，2005；⑤Nicol，2022⑥）。

然而，社会性别预算的稳定性与持续性也承受着一定的压力。随着政治经济形势的变化，一些研究者开始关注管理改革（Addabbo et al.，2015；⑦Elomäki & Ylöstalo，2021⑧）、流行病（Viswanath & Mullins，2021）⑨和紧缩时期（Steinthórsdóttir et al.，2019）⑩条件下，性别预算所面临的困境。

---

① Mikesell J L, Mullins D R. Reforms for Improved Efficiency in Public Budgeting and Finance: Improvements, Disappointments, and Work-in-Progress[J]. Public Budgeting & Finance, 2011(04): 1-30.

② Birskyte L. Involving Citizens in Public Decision Making: The Case of Participatory Budgeting in Lithuania[J]. Financial Theory and Practice, 2013(04): 383-402.

③ Baiocchi G, Lerner J. Could Participatory Budgeting Work in the United States?[J]. The Good Society, 2007(01): 8-13.

④ Pinnington E, Lerner J, Schugurensky D. Participatory Budgeting in North America: The Case of Guelph, Canada[J]. Journal of Public Budgeting, Accounting & Financial Management, 2009(03): 454-483.

⑤ Marks Rubin M, Bartle J R. Integrating Gender into Government Budgets: A New Perspective[J]. Public Administration Review, 2005(03): 259-272.

⑥ Nicol S. Gender Budgeting: The Economic and Fiscal Rationale[J]. OECD Journal on Budgeting, 2022(03): 1-16.

⑦ Addabbo T, Rodríguez-Modroño P, Gálvez-Muñoz L. Gender Budgeting in Education from a Wellbeing Approach: An Application to Italy and Spain[J]. Politica Economica/Journal of Economic Policy, 2015(02): 195-212.

⑧ Elomäki A, Ylöstalo H. Gender Budgeting in the Crossroad of Gender Policy and Public Financial Management: The Finnish Case[J]. Public Money & Management, 2021(07): 516-526.

⑨ Viswanath S, Mullins L B. Gender Responsive Budgeting and the COVID-19 Pandemic Response: A Feminist Standpoint[J]. Administrative Theory & Praxis, 2021(02): 230-244.

⑩ Steinthórsdóttir F S, Brorsen Smidt T, Pétursdóttir G M, et al. New Managerialism in the Academy: Gender Bias and Precarity[J]. Gender, Work & Organization, 2019(02): 124-139.

政府对危机和复苏的反应可能导致性别偏见的增加，从而威胁性别预算的制度化（Kickert et al.，2015）。①

为规避以上风险，将性别观点纳入预算编制已成为联合国等国际组织议程的一个重要组成部分（UN Women，2020）。②2020年，欧盟（EU）、国际货币基金组织（IMF）等国际组织及挪威、英国等发达经济体制定的公共支出和财政问责框架，均纳入了性别平等评估（PEFA，2020）。③此外，玛泰（Mattei et al.，2022）还关注了当前数字化趋势对性别预算的重大影响。④

随着越来越多的政府机构将性别观点纳入预算编制与决策过程，政府需要及时评估其成果和影响，旨在减少与性别有关的结构性不平等（Polzer et al.，2021）。⑤从中期来看，公共财政将面临越来越大的压力。在支出审查过程中纳入性别视角，将确保重新确定预算的优先次序不至于扩大性别差距，从而带来经济和财政红利（Nicol，2022）。⑥

（三）绿色预算

为了协助执行气候承诺，各国正在将环境因素纳入其预算规划框架，形成一系列不断演变的"绿色预算"实践。绿色预算可以帮助中央决策机构理解和优先考虑政策选择，以实现环境目标（Cameron et al.，2022）。⑦绿色预算是指将气候和环境的观点纳入政府的预算过程中。强调需要在各级政府之间制定一致的优先级和决策程序，以推进促成最大环境影响的预算

---

① Kickert W J M, Randma-Liiv T, Savi R. Politics of Fiscal Consolidation in Europe: A Comparative Analysis[J]. International Review of Administrative Sciences, 2015(03): 562-584.

② UN Women. Gender Equality: Women's Rights in Review 25 Years after Beijing[R]. New York: UN Women , 2020.

③ PEFA. Supplementary Framework for Assessing Gender Responsive Budgeting[R]. Washington DC : PEFA, 2020.

④ Mattei G, Santolamazza V, Elia B. Fostering Participation in Gender Budgeting: A Proposal for an Online System to Enhance Citizens' Engagement in Gender-responsive Budgeting[C]. International Conference on Gender Research, 2022(01): 148-154.

⑤ Polzer T, Nolte I M, Seiwald J. Gender Budgeting in Public Financial Management: A Literature Review and Research Agenda[J]. International Review of Administrative Sciences, 2021(02): 450-466.

⑥ Nicol S. Gender Perspectives in Spending Review[J]. OECD Journal on Budgeting, 2022(03): 1-15.

⑦ Cameron S, Lelong M, Von Trapp L. More than Words: Potential Roles for Independent Fiscal Institutions(IFIs)in Green Budgeting[J]. OECD Journal on Budgeting, 2022(03): 1-24.

提案（Blazey & Lelong，2022）。[①]

　　然而，积极的支出结果并不一定等同于改善的环境政策或增强的环境成果。绿色预算背后的基本前提是，支出可以促进有益于环境的经济增长（Russel & Benson，2014）。[②]这就需要绿色预算过程遵循生态现代化战略，进而整合环境和经济议程（Hertin & Berkhout，2003）。[③]

1.1.4　公共预算问责的研究进展

　　预算管理反映了行政权力和立法监督之间的微妙平衡，有效问责制的挑战在于如何平衡行政自由裁量权和立法监督，从而重新平衡行政—立法框架下的预算关系（Santiso，2006）。[④]近年来，立法机构对预算的参与不断增强。这种趋势可能对预算决策和问责制有益，取决于立法机构如何组织预算决策，行政预算人员面临的问题是，如何实现建设性的政策对话和改进预算决定的进程（Posner & Park，2008）。[⑤]

　　预算问责无疑需要更大范围的外部审查和更高程度的财政透明度，这有助于纠正国家和社会在财政信息方面的巨大信息不对称（Santiso，2006）。[⑥]预算透明度是减少公民和政府之间信息不对称和增强财政问责制的关键。预算透明度越高，公众参与程度越高，政府的预算决策就越发趋于合理（Ríos et al.，2017）。[⑦]预算透明度的提升通常通过三个渠道来改善问责制，一是减少财政幻觉[⑧]；二是减少政府和公民之间的信息不对称；三是加强

---

① Blazey A, Lelong M. Green Budgeting: A Way Forward[J]. OECD Journal on Budgeting, 2022(02): 1-18.

② Russel D, Benson D. Green Budgeting in an Age of Austerity: A Transatlantic Comparative Perspective[J]. Environmental Politics, 2014(02): 243-262.

③ Hertin J, Berkhout F. Analysing Institutional Strategies for Environmental Policy Integration: The Case of EU Enterprise Policy[J]. Journal of Environmental Policy & Planning, 2003(01): 39-56.

④ Santiso C. Banking on Accountability?Strengthening Budget Oversight and Public Sector Auditing in Emerging Economies[J]. Public Budgeting & Finance, 2006(02): 66-100.

⑤ Posner P L, Park C K. Role of the Legislature in the Budget Process: Recent Trends and Innovations[J]. OECD Journal on Budgeting, 2008(03): 1-26.

⑥ Santiso C. Banking on Accountability?Strengthening Budget Oversight and Public Sector Auditing in Emerging Economies[J]. Public Budgeting & Finance, 2006(02): 66-100.

⑦ Ríos A M，Benito B，Bastida F. Factors Explaining Public Participation in the Central Government Budget Process[J]. Australian Journal of Public Administration，2017（01）：48-64.

⑧ 财政幻觉系指，当政府税收未被观察到或未被完全观察到时，纳税人对税收负担的系统性误解。纳税人往往低估公共支出的税收负担，扭曲相关财政决策。财政幻觉假说被用来解释许多国家在过去一百年中公共支出占国民收入比例的大幅增长。

财政规则的执行（Sedmihradská & Haas，2013）。①绩效信息的使用也会有效改善信息不对称，绩效信息提供了更多关于政府目标和优先事项的信息，以及关于不同方案如何为实现这些目标作出贡献的信息，并通过向议会和公众提供更多更好的信息来提高透明度（Curristine et al.，2007）。②使用边际分析、项目评估、绩效衡量标准和成本效益分析来为预算过程提供信息，以形成满足问责制要求的文件（Kelly，2005）。③

　　政府可以通过为公民提供表达意见的机会来接受公众意见与讨论，从而完善问责制。在具体实践中，立法机构应促进有效的公众参与，在预算过程的每个阶段召开公开听证会，并允许公民提供相关意见（Renzio & Masud，2011）。④对于公民而言，更重要的是预算资料的可获得性，这与预算框架的呈现方式有关。政府预算框架往往只是作为投入（如政府人员工资和公用事业）呈现，而涉及目标实现的部分则太少。因而预算文件中绩效目标的设置是改善预算可获得性的最有效工具（Miller & Evers，2002）。⑤此外，通过设计更容易访问的网站以及通过图表等更有吸引力的方式呈现信息，也可以鼓励和支持公众更好地理解预算（Tanaka，2007）。⑥

1.1.5　公共预算配套改革的研究进展

（一）权责发生制政府会计改革

　　基于收付实现制的预算侧重于传统的公共部门对合法性的控制，确保遵守支出授权，而基于权责发生制的预算则关注决策效用性的目标。现金制（收付实现制）预算编制提供的信息只能评估财政政策的短期经济影响，而权责发生制允许在作出政策决定时评估未来的财政影响（Martí，

---

① Sedmihradská L, Haas J. Budget Transparency and Fiscal Performance: Do Open Budgets Matter?[J]. Economic Studies & Analyses/Acta VSFS, 2013(02): 1-13.

② Curristine T, Lonti Z, Joumard I. Improving Public Sector Efficiency: Challenges and Opportunities[J]. OECD Journal on Budgeting, 2007(01): 1-41.

③ Kelly J M. A Century of Public Budgeting Reform: The "Key" Question[J]. Administration & Society, 2005(01): 89-109.

④ De Renzio P, Masud H. Measuring and Promoting Budget Transparency: The Open Budget Index as a Research and Advocacy Tool[J]. Governance, 2011(03): 607-616.

⑤ Miller G J, Evers L. Budgeting Structures and Citizen Participation[J]. Journal of Public Budgeting, Accounting & Financial Management, 2002(02): 233-272.

⑥ Tanaka S. Engaging the Public in National Budgeting: A Non-governmental Perspective[J]. OECD Journal on Budgeting, 2007(02): 139-177.

2006）。①预算是面向未来的财务计划，在多数国家可以看到从现金制转向权责发生制的趋势日益明显。准确的信息和成本分配对公共资源分配的效率至关重要，特别是激励管理者对自己的行为更为负责（Caiden，2010）。② 权责发生制会计可以提高财政数据的质量，对资产负债等核心要素进行成本核算、绩效测量，并有效地增加政府制定政策的能力，以优化资源分配（PwC，2013）。③通常，权责发生制的实施与更广泛的公共部门财务管理改革有关，需要提高对计划成本的理解，扩大和改进资源分配信息，改进财务报告，促进改善资产和现金管理（Peter，2005）。④公共部门的权责发生制会计需要基于公认会计原则的统一准则来进行规范，这具体涉及固定资产的公允价值估值，例如部门的基础设施资产（Vinnari & Näsi，2008）。⑤

（二）预算支出限额及预算稳定基金

支出限额通常是参照预期收入来确定的，以便预算平衡或约束预算赤字不超过某一阈值（Anessi-Pessina & Sicilia，2015）。⑥确定支出限额意味着对预算编制采取权力下放的办法，根据这种办法，中央当局将指明每个部门的可用资源，然后，这些资源可以在部门负责人的控制下再分配给项目和活动，并对物品和服务的交付以及资源的使用负责。这一过程区分了最高一级的政策制定和部门一级的政策执行（Premchand，2001）。⑦如果紧缩是由特定的财政状况决定的，那么绩效标准体系可能会有所帮助，法律限制也是必要的（Ryu et al.，2008）。⑧约翰逊等（Johansson & Siverbo，

---

① Martí C. Accrual Budgeting: Accounting Treatment of Key Public Sector Items and Implications for Fiscal Policy[J]. Public Budgeting & Finance, 2006(02): 45-65.

② Caiden N. Challenges Confronting Contemporary Public Budgeting: Retrospectives/Prospectives from Allen Schick[J]. Public Administration Review, 2010(02): 203-210.

③ PwC. Towards a New Era in Government Accounting and Reporting[R]. PwC Global Survey on Accounting and Reporting by Central Governments, 2013.

④ Peter Van Der Hoek M. From Cash to Accrual Budgeting and Accounting in the Public Sector: The Dutch Experience[J]. Public Budgeting & Finance, 2005(01): 32-45.

⑤ Vinnari E M, Näsi S. Creative Accrual Accounting in the Public Sector: "Milking"Water Utilities to Balance Municipal Budgets and Accounts[J]. Financial Accountability & Management, 2008(02): 97-116.

⑥ Anessi-Pessina E, Sicilia M. Biased Budgeting in the Public Sector: Evidence from Italian Local Governments[J]. Local Government Studies, 2015(06): 819-840.

⑦ Premchand A. Public Budgeting and Economic Development: Evolution and Practice of an Idea[J]. International Journal of Public Administration, 2001(10): 1023-1039.

⑧ Ryu J E, Bowling C J, Cho C L, et al. Exploring Explanations of State Agency Budgets: Institutional Budget Actors or Exogenous Environment?[J]. Public Budgeting & Finance, 2008(03): 23-47.

2014）的研究也表明，在预算由于某种原因大幅扩张或收缩的情况下，严格的预算控制是一种有效的手段。[①]此外，预算平衡不是简单的某一年的平衡，而是跨年度的平衡（Lauth，2003）。[②]应考虑采用预算稳定基金，经验证据表明，预算稳定基金会增加财政能力，并且其具体设计很重要，应考虑将允许的基金余额水平上限提高到财政支出的 7%或更高（Hou & Duncombe，2008）。[③]

1.2 中国公共预算研究的知识图谱分析

1.2.1 研究方法与数据来源

（一）研究方法

科学知识图谱（mapping knowledge domains）作为科技计量分析的新工具，近年来迅速兴起并运用于各个领域。科学知识图谱以知识域（knowledge domain）为对象，兼具"图"和"谱"的双重属性，具有将知识可视化和知识谱系序列化的双重作用，并能够显示多个知识网络单元间交叉、互动等诸多关系。与此同时，各种科学绘制图谱工具兴起，主要流行的图谱绘制工具为 CiteSpace 软件系统。CiteSpace 软件系统主要运用于计量和文献数据的可视化分析，典型特征为基于共引分析理论（co-ciation）和寻径网络算法（pathfinder）等，绘制科学和技术领域的知识图谱，并追溯学科演化过程和探索学科发展前沿（侯剑华和胡志刚，2013；[④]陈悦等，2015[⑤]）。

本报告采用 CiteSpace 6.2.R2 软件作为分析工具，研究公共预算相关文

① Johansson T, Siverbo S. The Appropriateness of Tight Budget Control in Public Sector Organizations Facing Budget Turbulence[J]. Management Accounting Research, 2014(04): 271-283.

② Lauth T P. Budgeting during a Recession Phase of the Business Cycle: The Georgia Experience[J]. Public Budgeting & Finance, 2003(02): 26-38.

③ Hou Y, Duncombe W. State Saving Behavior: Effects of Two Fiscal and Budgetary Institutions[J]. Public Budgeting & Finance, 2008(03): 48-67.

④ 侯剑华, 胡志刚. CiteSpace 软件应用研究的回顾与展望[J]. 现代情报, 2013, 33（04）: 99-103.

⑤ 陈悦, 陈超美, 刘则渊, 胡志刚, 王贤文. CiteSpace 知识图谱的方法论功能[J]. 科学学研究, 2015, 33（02）: 242-253.

献的核心作者、机构和关键词，绘制知识图谱，并对其进行可视化分析。具体而言，核心作者是科研领域中的带头人，对核心作者的分析有助于了解该领域的研究现状及进程。关键词与文献研究内容和文章主题高度相关，关键词频次越高，说明该主题关注度越高，关键词突现度可以反映时域视角下某一研究领域的研究热点，关键词聚类侧重于体现聚类间的结构特征，突出关键节点和重要联结，具有总结文献研究热点的功能。

（二）数据来源

本报告以中国知网（CNKI）作为来源数据库。考虑到"公共预算"这一概念的确立经历了漫长的演进过程，为保证文献的全面性，本报告对"公共预算""国家预算""政府预算"取并集，[①]并将其作为主题词进行检索，检索时间为 2023 年 4 月 24 日，检索时间范围为 2000—2023 年。为确保分析结果的精准度和权威性，本报告进一步将检索范围限定为 CSSCI 来源期刊（含扩展版），并对其进行手工筛选。剔除财经要闻、会议通知和会议报道、政策法规、书评和书籍介绍、人物访谈等非学术性文献以及无作者信息的文献后，最终获得 1526 条有效样本并据此绘制知识图谱，以全面梳理分析 21 世纪以来中国公共预算研究的热点、前沿及演进趋势。

1.2.2　文献分布状况

（一）时间分布

根据本报告搜索条件设定，21 世纪以来公共预算研究发文总数共计 1526 篇，且呈现出短期小幅度震荡、长期波动增长的特征。自 1999 年以来，中国启动了新一轮预算改革，从部门预算改革、国库收付体系改革、政府采购改革等方面入手，逐步推出了全口径预算管理制度，建立健全财政收支绩效管理评价体系。学界对公共预算研究愈发重视，发文量于 2000—2009 年呈现快速上升趋势（见图 1.1），最高发文量达到 102 篇/年。2010—2022 年公共预算研究发文量呈现小幅度的震荡趋势，且年发文量维持在 60 篇以上。其中，2015 年公共预算研究发文量达到了 87 篇，其背后

---

① 在 20 世纪 90 年代中期以前，我国财政学研究中基本使用的是"国家预算"这一概念。直到 1998 年，在财政部每年修订一次的预算收支科目表中，将原来的"国家预算"改为"政府预算"。此后的研究中，使用"政府预算"概念便逐渐多了起来，但仍有一部分学者沿用"国家预算"这一概念。就公共预算而言，其主要研究对象也还是政府公共预算。关于这些概念之间的联系与区别，可参阅：马蔡琛. 国家预算、政府预算和公共预算的比较分析[J]. 中国财政，2006（02）：58-59.

原因是，2014 年 8 月 31 日第十二届全国人民代表大会常务委员会第十次会议通过《关于修改〈中华人民共和国预算法〉的决定》，这意味着我国预算管理改革取得了重大突破，预算管理体系从传统的"控制"导向转为"绩效"导向，实现了现代财政制度建设中里程碑式的飞跃。2021 年，公共预算研究发文量再次突破了 90 篇大关，达到 99 篇。这说明在面临新冠疫情冲击、经济下行等多重挑战下，学界更多将目光投向公共预算研究这一领域，试图探寻如何在有限的公共财力下科学合理地运用好每一分钱，以提高财政资金的使用效率，应对外部不确定性冲击。在需求收缩、供给冲击和预期转弱"三重压力"下，如何推进预算绩效管理改革，实现"精打细算""提质增效"目标，已成为当下亟待解决的重要命题。

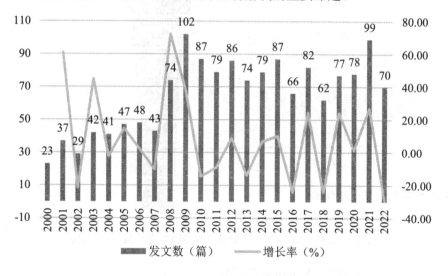

图 1.1　2000—2022 年公共预算发文数量年份分布图

数据来源：作者根据 Stata16 软件计算得到。

（二）期刊分布

根据 Stata 软件计算得到 2000—2023 年中国公共预算研究共涉及 350 本期刊，图 1.2 展示了发文量前 10 位的期刊，其中《财政研究》发文量最高，为 167 篇，然后分别为《中央财经大学学报》（58 篇）、《财贸经济》（46 篇）、《当代财经》（37 篇）、《中国行政管理》（30 篇）、《税务研究》（27 篇）、《经济纵横》（23 篇）、《财经问题研究》（21 篇）、《财政科学》（20 篇）和

《现代财经(天津财经大学学报)》（19 篇）。总体而言，中国公共预算研究发文量前 10 位的期刊共发文 448 篇，占比为 29.36%。上述期刊大多为财政学领域的重要刊物，拥有较高的影响因子，这也意味着公共预算研究一直以来都受到我国高水平期刊的关注。

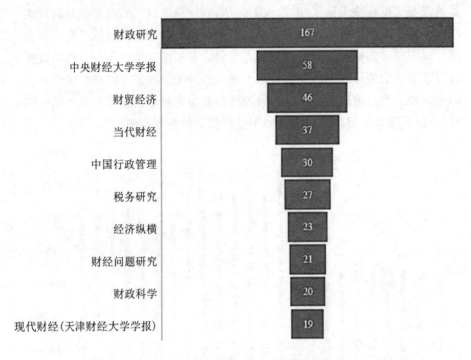

图 1.2　2000—2023 年中国公共预算领域发文量前 10 位期刊

数据来源：作者根据 Stata16 软件计算得到。

（三）研究机构及研究作者分布

首先，对 2000—2023 年中国公共预算研究机构进行排名。如表 1.1 所示，中央财经大学发文数量为 118 篇，位居第一位，其次分别是中国社会科学院（86 篇）、[1]中国人民大学（79 篇）、南开大学（72 篇）、上海财经大学（58 篇）、中国财政科学研究院（53 篇）、[2]北京大学（50 篇）、中南财经政法大学（48 篇）、厦门大学（46 篇）、武汉大学（43 篇）、东北财经

---

① 中国社会科学院的发文数由院属各研究单位的发文数加总得出。

② 财政部财政科学研究所在 2016 年更名为中国财政科学研究院，发文数为二者之和。

大学（41 篇）和中山大学（39 篇）。

表 1.1　2000—2023 年公共预算研究发文机构情况

序号	机构名称	发文数	序号	机构名称	发文数
1	中央财经大学	118	7	北京大学	50
2	中国社会科学院	86	8	中南财经政法大学	48
3	中国人民大学	79	9	厦门大学	46
4	南开大学	72	10	武汉大学	43
5	上海财经大学	58	11	东北财经大学	41
6	中国财政科学研究院	53	12	中山大学	39

数据来源：作者根据 Stata16 软件计算得到。

　　核心作者是指在特定领域中发表的论文数量较多，影响因子较大的作者集合。学界通常用文献计量学中的普莱斯定律来确定核心作者。普莱斯定律是由文献计量学家普莱斯（D Price）在《大科学，小科学》一书中提出的，指的是在同一研究领域中，半数的论文是由一批高质量作者撰写完成的，这一作者集合数约等于全部作者总数之和的平方根，核心作者最少发文数则根据单位作者的最高发文量之平方乘以系数 0.749 来确定。[1]
　　具体公式设定如下：

$$Q = 0.749\sqrt{C} \tag{1}$$

　　其中，Q 代表核心作者最少发文量，C 为 2000—2023 年发文数最多作者发文数量的累计值。根据知网统计可得，发文最多作者的发文数共计 60 篇，代入式（1），得出 Q 值约为 5.80。按照取整选择，发文 6 篇及以上可视为公共预算研究领域的核心作者。根据知网数据库筛选，表 1.2 展示了 2000—2023 年公共预算研究核心作者发文情况。根据普莱斯定律，当稳定的核心作者群体发文量达到论文发文总量的 50%时，则认为形成了核心作者群。通过统计文献作者情况，得到发文 6 篇及以上的核心作者数量为 31

位，发文量占总发文量 19.46%，远小于 50%，说明目前尚未形成核心作者群。

表 1.2 2000—2023 年公共预算研究核心作者发文情况

序号	核心作者	发文数	序号	核心作者	发文数
1	甲子	60	17	庚辰	7
2	乙丑	14	18	辛巳	7
3	丙寅	13	19	壬午	7
4	丁卯	12	20	癸未	6
5	戊辰	12	21	甲申	6
6	己巳	12	22	乙酉	6
7	庚午	10	23	丙戌	6
8	辛未	10	24	丁亥	6
9	壬申	9	25	戊子	6
10	癸酉	8	26	己丑	6
11	甲戌	8	27	庚寅	6
12	乙亥	8	28	辛卯	6
13	丙子	7	29	壬辰	6
14	丁丑	7	30	癸巳	6
15	戊寅	7	31	甲午	6
16	己卯	7			

资料来源：作者根据知网统计数据手工整理得到。为避免引致不必要的纠葛，表格中不再显示核心作者的姓名，而以天干地支代表之。

为探索公共预算研究领域的研究机构合作情况，本报告对全样本文献署名机构进行分析，得到了机构合作网络图谱（见图 1.3）。节点圆圈大小与发文量成正比，节点间连线代表机构间的合作，连线越粗则意味着机构间合作频次越高。根据图 1.3 可得，本图谱中网络节点数为 138，连线数为 22，网络密度为 0.0023，这说明了机构间合作较少。其中，中央财经大学、江西财经大学和新疆财经大学有合作，清华大学中国经济社会数据研究中心、清华大学经济管理学院也有一定的合作，这说明机构间合作大多集中于各财经院校和校内各院所。

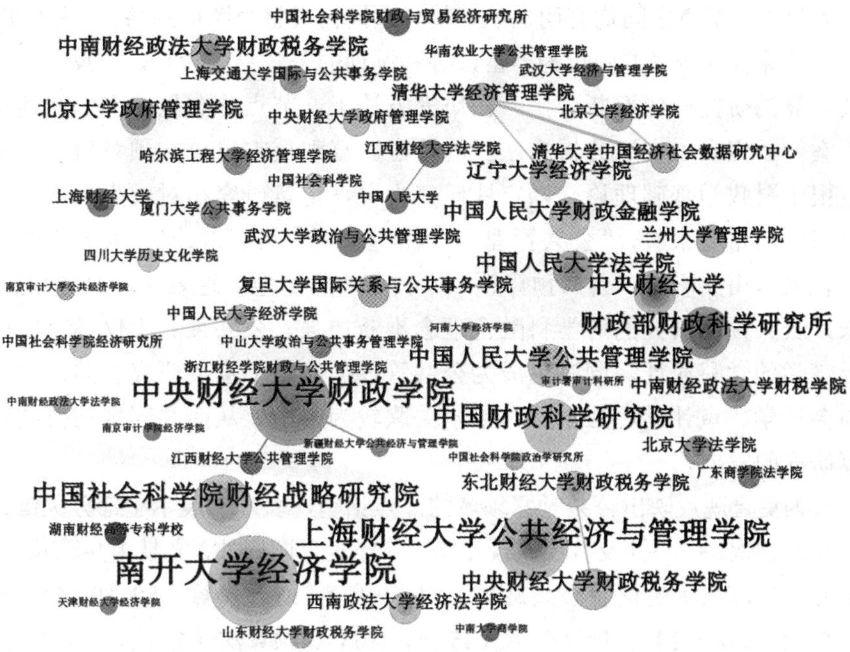

中国社会科学院财政与贸易经济研究所

中南财经政法大学财政税务学院　华南农业大学公共管理学院

上海交通大学国际与公共事务学院　武汉大学经济与管理学院

北京大学政府管理学院　中央财经大学政府管理学院　清华大学经济管理学院　北京大学经济学院

哈尔滨工程大学经济管理学院　江西财经大学法学院　清华大学中国经济社会数据研究中心

中国社会科学院　辽宁大学经济学院

上海财经大学　厦门大学公共事务学院　中国人民大学　中国人民大学财政金融学院

武汉大学政治与公共管理学院　兰州大学管理学院

四川大学历史文化学院

南京审计大学公共经济学院　复旦大学国际关系与公共事务学院　中国人民大学法学院　中央财经大学

中国人民大学经济学院　河南大学经济学院　财政部财政科学研究所

中国社会科学院经济研究所　中山大学政治与公共事务管理学院

浙江财经学院财政与公共管理学院　中国人民大学公共管理学院

中南财经政法大学法学院　审计署审计科研所　中南财经政法大学财税学院

中央财经大学财政学院　中国财政科学研究院

南京审计学院经济学院　新疆财经大学公共经济与管理学院　北京大学法学院

江西财经大学公共管理学院　中国社会科学院政治学研究所

中国社会科学院财经战略研究院　东北财经大学财政税务学院　广东商学院法学院

湖南财经高等专科学校　上海财经大学公共经济与管理学院

南开大学经济学院　中央财经大学财政税务学院

天津财经大学经济学院　西南政法大学经济法学院

山东财经大学财政税务学院　中南大学商学院

图 1.3　2000—2023 年公共预算研究机构合作图谱

资料来源：作者根据 CiteSpace 软件绘制。

1.2.3 21 世纪以来中国公共预算研究的热点及方向

（一）关键词共现图谱分析

关键词是对一篇文章核心与主要内容的精练与概括，看关键词往往能起到"一叶知秋"的效果（白彦锋和王心昱，2020）。[①]通过关键词进行可视化分析，能够清晰还原出 21 世纪以来公共预算研究的热点话题。本报告将筛选后的文献数据导入 CiteSpace 软件中，绘制关键词共现图谱。相关参数设置如下：时间范围为 2000—2023 年，时间切片设置为两年，阈值设定为 TOP50，[②]连线强度选择 Cosine 算法，采用最小生成树法（MST）对共现图谱进行修剪。[③]

从图 1.4 可以看到，公共预算研究的图谱网络节点数量众多，且分布

①　白彦锋，王心昱. 我国税收学研究态势——基于 2006 年至 2018 年 CSSCI 税收相关文章的分析[J]. 税收经济研究，2020，25（02）：75-88.

②　选取每个时间切片内出现频次前 50 的关键词参与生成图谱。

③　限于篇幅，仅保留图谱主体部分。

较为集中。节点之间均有明显的连线，共同构成整个图谱网络。^①这表明，公共预算领域研究方向较为丰富，各关键词的关联强度较高，也反映出公共预算的研究问题不断聚焦。在研究方法上，节点分布呈现出归纳演绎和案例研究多、实证分析方法少的特点。直观反映出公共预算研究深深植根于财政学基础理论，以定性研究为主，定量研究相对较少。从跨学科研究的角度来看，"公共管理""政府会计""国家审计""人大"的节点较大，相关研究在公共预算领域中占有一席之地。这表明，21世纪以来，公共预算研究的跨学科融合理念不断加强。公共预算不仅具有应用经济学的学科属性，同时也成为公共管理学的一个重要研究方向，并且与会计学、审计学、法学、政治学关联较为密切，从而共同推动公共预算研究的发展。

　　为更直观反映出公共预算领域的热点话题，表1.3展示了部分关键词的共现频次、中心性及首次共现年份。除检索主题词外，文献中共现频次、中心性较高的关键词有公共财政（67，0.19）、财政预算（50，0.14）、预算编制（49，0.14）、预算改革（45次，0.05）、预算法（42次，0.07）等，与其相关的研究可视作公共预算领域长久以来的热点。

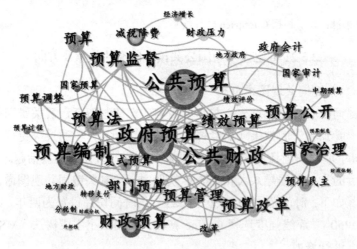

图1.4　关键词共现图谱

资料来源：作者根据CiteSpace软件绘制。

---

　　① 在关键词共现图谱中，节点越大说明该关键词在文献中出现次数越多，节点间的连线代表两个关键词在同一篇文章中同时出现，连线越粗表示关键词之间共现次数越多。

表 1.3 关键词共现图谱统计信息

序号	关键词	频次	中心性	起始年份	序号	关键词	频次	中心性	起始年份
1	公共预算	119	0.29	2000	11	国家治理	27	0.04	2012
2	政府预算	115	0.22	2000	12	预算监督	25	0.05	2007
3	公共财政	67	0.19	2000	13	绩效预算	24	0.02	2005
4	财政预算	50	0.14	2002	14	财政分权	23	0.08	2006
5	预算编制	49	0.14	2001	15	政府会计	19	0.01	2006
6	预算改革	45	0.05	2003	16	经济增长	17	0.03	2004
7	预算法	42	0.07	2003	17	预算民主	16	0.02	2010
8	预算	35	0.09	2000	18	部门预算	16	0.02	2002
9	预算公开	32	0.03	2010	19	复式预算	15	0.02	2002
10	预算管理	29	0.08	2004	20	改革	14	0.02	2003

数据来源：由 CiteSpace 软件计算得出。

（二）关键词聚类图谱分析

为深入分析研究热点的结构组成，考察公共预算的具体研究方向，本部分运用 CiteSpace 软件的聚类分析功能，通过 LLR 算法生成关键词聚类图谱。如图 1.5 所示，CiteSpace 软件自动生成 12 个聚类：#0 公共预算、#1 政府预算、#2 预算法、#3 公共财政、#4 预算编制、#5 复式预算、#6 预算管理、#7 财政预算、#8 国民经济、#9 转移支付、#10 新冠疫情、#11 分税制。[1]其中，聚类模块值（Q 值）为 0.5806，平均轮廓值（S 值）为 0.829。[2]

结合共现图谱以及对文献的梳理和阅读，将图 1.5 中的 12 个聚类进行整理合并，可以发现我国公共预算领域具体呈现以下七个研究方向：

---

① 限于篇幅，关键词聚类图谱统计信息放在章节附录中。
② 一般而言，Q 值>0.3 就意味着划分出来的社团结构是显著的，若 S 值在 0.5 以上，聚类一般认为是合理的。

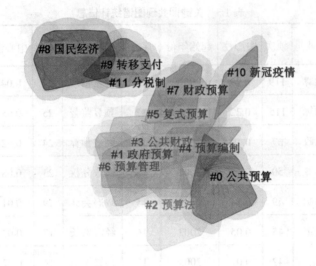

图 1.5　关键词聚类图谱

资料来源：作者根据 CiteSpace 软件绘制。

第一，预算编制，主要包括部门预算改革、复式预算体系完善、中期财政规划和跨年度预算平衡机制的建立等内容。预算编制作为整个预算过程的起点，科学的编制模式是形成优良预算案的决定性步骤，是服务于中国特色社会主义市场经济发展的基本保障（陈志英，2012）。[①]1995 年我国颁布预算法实施条例使得部门预算制度、收支两条线制度、全口径预算改革等取得了突破性进展，重构了预算编制与执行过程（马蔡琛等，2018）。[②]具体而言，在预算编制的组织形式上，表征为从缺乏对应关系的单式预算，转向能够反映财政收支结构的复式预算；在预算编制时间上，突破了单一的年度预算，构建了与经济建设长短期发展相匹配的中期财政规划，强调从年度预算到中期预算的渐进式演化；在预算编制方法上，从"粗放型"功能预算更替为打破"增量预算法"编制模式、整合预算内外资金管理"两张皮"，更符合客观内容细化要求的部门预算。

第二，预算绩效管理，主要包括绩效评价指标体系构建、绩效管理技

---

① 陈志英. 预算编制模式研究[J]. 北京社会科学，2012，121（05）：24-29.

② 马蔡琛，苗珊. 中国政府预算改革四十年回顾与前瞻——从"国家预算"到"预算国家"的探索[J]. 经济纵横，2018（06）：39-50+2.

术创新以及预算绩效管理改革的挑战和路径。首先，对于绩效评价指标体系的构建来说，马蔡琛和陈蕾宇（2019）[①]梳理了中国预算绩效指标体系的发展演进与实践探索，为完善预算绩效指标体系奠定了扎实的基础。绩效指标构建是全面实施预算绩效管理的核心环节，而预算绩效管理又是多元化考评主体相互协调的过程。在大数据时代，预算绩效管理变革产生了颠覆性的全方位位移，从制度建设、数据公开、技术扩展等多方面运用大数据技术，有助于提升指标设置的科学性和合理性，为预算绩效指标体系建设带来了新的机遇（马蔡琛和赵笛，2019）。[②]其次，就绩效管理技术创新而言，平衡计分卡、逻辑模型、作业成本法在预算绩效评价中的实践应用，有效推动了预算绩效管理改革的演变历程。平衡计分卡是一种多维度的绩效评价方法，其基本构建思路为"将愿景转化为战略—分解战略并将其与个人绩效联系—确定绩效指标—反馈和学习并相应地调整策略"，平衡计分卡在预算绩效管理中的本土化实践，有助于提供全面的战略管理体系，实现预算绩效提效增质（马蔡琛和桂梓椋，2019a）。[③]逻辑模型是由因果链组成的，解释从投入到产出过程中各类短期和长期影响的流程图表，旨在通过一系列可控活动来解释现象是否发生的原因，在预算管理从控制导向转向结果导向的过程中，被广泛运用于公共部门预算绩效评估（马蔡琛和桂梓椋，2019b）。[④]作业成本法以真实完备的资源耗用信息为基础，以作业为中心实施成本的分配，由强调产品对作业、资源的消耗和成本如何分配的成本分配观，以及阐释作业因何发生（成本动因）与作业完成效果如何（绩效测度）的成本流程观构成，其在各国的广泛运用，推动了以结果为导向的绩效预算管理变革（马蔡琛和管艳茹，2023）。[⑤]最后，对于预算绩效管理改革的挑战和路径，刘明和欧阳华生认为，我国政府预算绩效管理改革应采取"流程再造，整体设计，积极试点，分步实施"的推进

① 马蔡琛，陈蕾宇. 论预算绩效指标框架的构建——基于内外部评价主体视角[J]. 云南社会科学，2019（01）：107-113.

② 马蔡琛，赵笛. 大数据时代的预算绩效指标框架建设[J]. 中央财经大学学报，2019（12）：3-12.

③ 马蔡琛，桂梓椋. 平衡计分卡在政府预算绩效管理与指标设计中的应用[J]. 华南师范大学学报（社会科学版），2019（06）：102-112.

④ 马蔡琛，桂梓椋. 基于逻辑模型视角的预算绩效指标建设[J]. 地方财政研究，2019（11）：53-61.

⑤ 马蔡琛，管艳茹. 基于作业预算的公共部门绩效管理改革研究——基于政府成本会计的视角[J]. 河北学刊，2023，43（03）：131-138.

思路，全面规划财政资金的绩效框架，切实整合政府资源。①王泽彩认为，预算绩效作为一种约束决策机制，贯穿政府活动的整个过程，新时代全面实施绩效管理改革路径需集强化预算制度规范化、推进公共服务标准化和支持预算决策科学化于一体。②马蔡琛在总结从传统绩效预算到新绩效预算的当代世界预算改革浪潮基础上，认为当下预算绩效管理改革需要构建起覆盖横向（预算绩效管理内外部评价主体）、纵向（基于多级政府理论的财政层级差异和地区差异）和时间（预算循环周期和中期预算）维度的预算及绩效管理三维立体分析框架。③

第三，预算法治，主要围绕着预算法内容的修正和预算法的影响展开研究。例如，孙磊（2015）梳理了我国预算法修订的背景和历程，并认为新预算法的修订对全口径预算体系、财政管理体制、预算公开、地方政府性债务方面作出的重大修改，是深化财税体制改革的重要法律保障。④史耀斌（2019）在总括预算法修改的主要内容基础上，分析了目前预算法贯彻实施取得的积极成效，并提出全面深入贯彻实施预算法的路径安排。⑤马蔡琛和桂梓椋（2022）基于国际比较视角，考察了立法机构对于预算绩效监督的重要作用，并认为我国应以一部单独的预算绩效法律作为基本遵循，构建起以人大为主体的多元绩效监督格局。⑥

第四，预算公开与监督，可分为预算透明度、人大预算监督、审计部门预算监督等主题。预算公开是现代公共预算的基本要求，预算透明度能直观反映预算公开的程度和质量。推动预算公开、提升预算透明度，已然成为研究者的共识。值得一提的是，上海财经大学的财政透明度课题组自2009 年开始，一直致力于省级政府财政透明度的调查评估（邓淑莲和温娇

---

① 刘明，欧阳华生. 深化政府预算绩效管理改革：问题、思路与对策[J].当代财经，2010（04）：35-41.

② 王泽彩. 预算绩效管理：新时代全面实施绩效管理的实现路径[J]. 中国行政管理，2018（04）：6-12.

③ 马蔡琛. 2020 后的预算绩效管理改革前瞻[J]. 人民政坛·学术前沿，2020（14）：38-44.

④ 孙磊. 新预算法与我国新一轮财税体制改革[J]. 宏观经济研究，2015（02）：16-25.

⑤ 史耀斌. 深化财税体制改革　全面贯彻实施预算法[J]. 行政管理改革，2019（01）：4-10.

⑥ 马蔡琛，桂梓椋. 探索预算绩效监督的中国模式：基于国际比较视角[J]. 经济纵横，2022（01）：102-109.

秀，2015），①在一定程度上推动了预算公开领域的量化研究。在预算监督领域，人大和审计机关是对预算编制与执行实施监督和审查的重要主体，同时也是学术研究的重点对象。研究者围绕着预算监督机制（孙开，2007）、②预算监督效力评价（魏陆，2015）、③人大预算绩效监督（马蔡琛和赵笛，2021）、④绩效审计（马蔡琛和朱旭阳，2020）⑤等内容展开研究，取得了丰硕的研究成果。

　　第五，预算民主，现有文献主要集中于参与式预算和社会性别预算两大主题。参与式预算和社会性别预算都是实现预算民主、推进全过程人民民主的重要路径。早期的相关研究多为浙江省温岭市、河南省焦作市、河北省张家口市等地的实践经验总结及模式对比（马蔡琛和张莉，2013；⑥王自亮等，2017⑦）。随着参与式预算和社会性别预算从试点走向推广，研究者开始探索与公共预算改革的有效整合，并就其面临的现实挑战、优化路径等问题进行深入研究。例如，马蔡琛和李红梅（2010）基于社会性别预算和参与式预算，考察了性别预算中公民参与的重要性，认为二者的研究目标及对象具有总体一致性特征，呈高度交叉渗透的趋势。⑧在性别预算的焦作试验中，发现性别预算改革面临政策执行效力不佳、公民参与能力有待加强、性别预算分析工具不够完善等问题（马蔡琛，2015）。⑨

---

　　① 邓淑莲，温娇秀. 中国省级财政透明度存在的问题及改进建议[J]. 中央财经大学学报,2015(10):3-9.

　　② 孙开. 公共预算监督机制问题研究[J]. 财政研究, 2007（10）：30-33.

　　③ 魏陆. 人大预算监督效力评价和改革路径选择[J]. 上海交通大学学报（哲学社会科学版),2015,23（01）：65-74.

　　④ 马蔡琛，赵笛. 新时代人大预算绩效监督的发展实践与政策建议[J]. 财政科学,2021(02):5-13.

　　⑤ 马蔡琛，朱旭阳. 论绩效审计与预算绩效管理的衔接机制[J]. 经济与管理研究,2020,41（06）：108-118.

　　⑥ 马蔡琛，张莉. 社会性别预算：中国公共预算改革的重要一维——亚洲模式及其挑战之借鉴[J]. 探索与争鸣, 2013（11）：65-69.

　　⑦ 王自亮，许艺萍，陈伟晶. 政策网络、公民参与和地方治理——以浙江省温岭市参与式预算为例[J]. 浙江学刊, 2017（05）：176-182.

　　⑧ 马蔡琛，李红梅. 社会性别预算中的公民参与——基于社会性别预算和参与式预算的考察[J]. 学术论坛, 2010, 33（12）：130-133..

　　⑨ 马蔡琛. 中国社会性别预算改革的现实挑战与路径选择——基于焦作试验的考察[J]. 中国行政管理, 2015（03）：12-15+37.

第六，预算与国民经济，探究预算收支与经济社会发展的联系。在经济建设领域，保证经济增长、加快经济结构调整、加强基础设施建设等是预算支出的重点要求（姚东旻等，2021）。[①]结合具体文献，可以发现这一热点的主要研究主题涵盖预算收支对经济稳定（张凯强和陈志刚，2021）、[②]国民收入分配（贾康和刘微，2010）、[③]政府中长期规划（石英华，2012）、[④]社会福利改进（金成晓和张东敏，2016）、[⑤]企业税负（张凯强和陈志刚，2021）[⑥]以及企业经营效率（吕冰洋等，2022）[⑦]等方面的影响。

第七，地方政府预算管理，研究者主要围绕政府预算平衡、预算收支行为规范以及地方政府债务管理等方面展开。就政府预算平衡而言，现有研究热点为跨年度预算平衡机制的架构设置、国际经验与中国现实（孙开和沈昱池，2016；[⑧]马蔡琛和张莉，2016[⑨]）。王金秀（2000）对政府预算收支原则进行深入分析，认为平衡预算是处理政府预算收支关系的支配性原则，政府预算要从总体或长期上坚持动态、相对的平衡，允许在特定条件下出现非均衡预算。[⑩]地方政府债务管理的研究主要集中在风险防范及

---

① 姚东旻，许艺煊，赵江威，等. 我国地方政府预算支出的类型、特征及其影响因素[J]. 中国人民大学学报，2021，35（05）：70-83.

② 张凯强，陈志刚. 政府收支、预算偏离与经济稳定[J]. 统计与信息论坛，2021，36（07）：64-75.

③ 贾康，刘微. 提高国民收入分配"两个比重"遏制收入差距扩大的财税思考与建议[J]. 财政研究，2010（12）：2-18.

④ 石英华. 预算与政府中长期规划紧密衔接的机制研究——研究改善政府预算执行的新视角[J]. 财政研究，2012（08）：22-25.

⑤ 金成晓，张东敏. 公共支出结构、最优税收与经济增长[J]. 吉林大学社会科学学报，2016，56（05）：17-24+187.

⑥ 张凯强，陈志刚. 政府预算管理能减轻企业税负吗——基于预算偏离的视角[J]. 广东财经大学学报，2021，36（06）：98-112.

⑦ 吕冰洋，陈怡心，詹静楠. 政府预算管理、征税行为与企业经营效率[J]. 经济研究，2022，57（08）：58-77.

⑧ 孙开，沈昱池. 跨年度预算平衡：范式升级、运行机理与架构设计[J]. 财政研究，2016（08）：14-27.

⑨ 马蔡琛，张莉. 构建中的跨年度预算平衡机制：国际经验与中国现实[J]. 财政研究，2016（01）：26-37.

⑩ 王金秀. 政府预算收支平衡原则的辩证法[J]. 财贸经济，2000（01）：37-40..

改进对策（同生辉和李燕，2014）[①]、风险识别及预警体系研究（王振宇等，2013）[②]等方面。王静（2009）在考察我国政府或有负债风险构成的基础上，从公共财政的角度，对财政风险产生的制度原因进行了宏观分析，为加强政府债务管理提出了一些建议。[③]预算收支行为规范研究的热点主要集中在预算收支分类体系的界定，预算收支分类原则、现状及改进路径等方面。高培勇（2023）认为，健全现代预算制度的要害处和关键点，就是以"全口径预算管理"为基本目标，以将所有政府收支关进"统一"的制度笼子为重心，全面规范政府的收支行为及其机制。[④]这是将政府收支运作纳入"公共轨道"，进而让政府收支运作回归"公共规范"的最基本、最现实的路径选择。

1.2.4 21 世纪以来中国公共预算研究的演进趋势

关键词共现图谱和聚类图谱着重于对关键词频次和中心性的分析，为我们直观展现了中国公共预算研究的热点和方向。为进一步探究研究热点的演化趋势，把握当前研究的前沿，本报告以 2000 年为起点，运用 CiteSpace 软件中的 Bursts 算法对关键词进行突现分析。[⑤]表 1.4 为 21 世纪以来公共预算研究的关键词突现列表。总体来看，预算公开、减税降费、国家治理、政府预算、财政压力、公共财政、预算编制的突现强度均高于 5，代表了不同阶段的研究热点。预算公开、国家治理、预算管理、经济增长的突现时间跨度均超过 7 年，是公共预算领域中经久不衰的热点话题。通过突现开始时间可以看出，绩效评价、非税收入、转移支付、地方政府、新冠疫情是最新出现的突现词，相关话题的探讨可以视作近三年来公共预算研究的前沿。截至 2023 年，绩效评价、经济增长、减税降费、财政压力、公共价值等关键词的突现期依然没有消失，说明这些关键词的研究热度还在持续。

---

① 同生辉,李燕. 论地方政府性债务预算管理的风险控制及改进对策[J]. 经济学动态,2014(07): 70-76..

② 王振宇, 连家明, 郭艳娇, 等. 我国地方政府性债务风险识别和预警体系研究——基于辽宁的样本数据[J]. 财贸经济, 2013（07）: 17-28.

③ 王静. 公共财政框架下我国政府或有债务风险管理[J]. 经济问题, 2009（05）: 24-27+49.

④ 高培勇. 论健全现代预算制度的基础工程[J]. 中国工业经济, 2023（01）: 5-18.

⑤ 突现词是指在某一时间段内出现较多或使用频率较高的词，根据突现词的词频变化可以判断研究领域的前沿与演进趋势。

表 1.4 关键词突现列表

序号	关键词	突现强度	开始年份	截止年份	时间跨度 2000—2023
1	预算年度	2.96	2000	2003	
2	市场经济	3.03	2001	2003	
3	复式预算	3.05	2002	2005	
4	部门预算	3.96	2002	2007	
5	公共选择	2.72	2002	2007	
6	纳税人	2.53	2002	2007	
7	公共支出	2.43	2002	2005	
8	改革	2.89	2003	2005	
9	预算编制	5.08	2006	2009	
10	政府会计	2.4	2006	2011	
11	共同治理	2.07	2006	2009	
12	政府预算	5.85	2008	2009	
13	公共财政	5.18	2008	2011	
14	协商民主	3.4	2009	2011	
15	预算审议	2.47	2009	2011	
16	预算改革	2.35	2010	2013	
17	预算公开	9.33	2010	2017	
18	预算透明	2.23	2010	2011	
19	预算权	2.69	2011	2013	
20	预算管理	2.66	2012	2019	
21	国家治理	6.13	2014	2021	
22	财政赤字	3.25	2014	2019	
23	权力结构	2.34	2014	2015	
24	经济增长	3.47	2016	2023	
25	绩效预算	2.17	2016	2019	
26	中期预算	2.14	2016	2017	
27	绩效管理	2.49	2016	2021	
28	财政政策	3.95	2016	2021	
29	预算治理	3.46	2016	2021	
30	预算法治	3.24	2016	2019	
31	政府债务	2.91	2017	2019	

续表

序号	关键词	突现强度	开始年份	截止年份	时间跨度 2000—2023
32	财政压力	5.44	2018	2023	
33	支出结构	2.34	2018	2021	
34	减税降费	6.91	2019	2023	
35	公共价值	2.64	2019	2023	
36	绩效评价	2.51	2020	2023	
37	非税收入	2.17	2020	2021	
38	转移支付	3.91	2020	2023	
39	地方政府	2.59	2020	2023	
40	新冠疫情	4.16	2020	2021	

从纵向来看，学术研究总是超前或紧跟经济社会发展实际，相关研究热点的突现和持续同经济社会发展和财政整体改革趋势密不可分（赵涛和普小龙，2020）[①]，每一阶段关键词的突现都有其特定的时代背景。公共预算作为一种制度，主要反映政府计划做什么、正在做什么、已经做了什么，决定了预算是面向公民，直接支持公民的行为与福利的（李冬妍，2011）[②]。因此，公共预算领域的研究在本质上是以问题为导向的，服务于我国经济社会发展和财政整体改革，研究热点会随当下的主要现实问题而相应调整。表 1.5 列举了一些关键词突现时间发生的重要事件。在此基础上，本报告结合我国公共预算改革的实践进程，将考察期划分为三个阶段：以部门预算为核心的革新型改革时期（2000—2003 年）、多元探索的渐进型改革时期（2004—2013 年）、嵌入国家治理体系的现代预算制度建设时期（2014 年至今），分别探究不同时期公共预算领域关注的重点问题，梳理研究热点的演进趋势及特征。

[①] 赵涛，普小龙. 我国税收征管研究的演化路径、热点及展望——基于 CiteSpace 可视化的知识图谱分析[J]. 税务研究，2020（10）：124-132.

[②] 李冬妍. 公共财政框架下我国预算制度改革研究[J]. 中南财经政法大学学报，2011，185（02）：42-47+142-143.

表 1.5　重要相关事件

关键词	突现期	事件时间	重要相关事件
部门预算	2000—2007	2000 年	《财政部关于下达 2001 年国家计委等 10 个试点部门基本支出预算定员定额标准的通知》
		2001 年	《财政部 中国人民银行关于印发〈财政国库管理制度改革试点方案〉的通知》
复式预算	2002—2005	2000 年	《财政部关于将部分行政事业性收费和政府性基金纳入预算管理的通知》
预算公开	2010—2017	2007 年	《中华人民共和国政府信息公开条例》
		2008 年	《财政部关于进一步推进财政预算信息公开的指导意见》
		2010 年	《财政部关于进一步做好预算信息公开工作的指导意见》
		2011 年	《财政部关于深入推进基层财政专项支出预算公开的意见》
		2016 年	《中共中央办公厅国务院办公厅印发〈关于进一步推进预算公开工作的意见〉的通知》
预算管理	2012—2019	2014 年	《国务院关于深化预算管理制度改革的决定》
		2021 年	《国务院关于进一步深化预算管理制度改革的意见》
预算编制	2006—2009	2007 年	《财政部关于印发〈中央国有资本经营预算编报试行办法〉的通知》
协商民主	2009—2011	2005 年	浙江省温岭市首创参与式预算形式
		2005 年	河北省张家口市开展社会性别预算试点
		2009 年	河南省焦作市完成社会性别反应预算编制工作
国家治理	2014—2021	2013 年	《中共中央关于全面深化改革若干重大问题的决定》
预算法治	2016—2019	2014 年	《中华人民共和国预算法》（2014 年修正）
中期预算	2016—2017	2015 年	《国务院关于实行中期财政规划管理的意见》
政府债务	2017—2019	2016 年	《财政部关于印发〈地方政府一般债务预算管理办法〉的通知》

关键词	突现期	事件时间	重要相关事件
绩效预算/绩效管理	2016—2019	2015 年	《财政部关于印发〈中央部门预算绩效目标管理办法〉的通知》
		2015 年	《财政部关于印发〈中央对地方专项转移支付绩效目标管理暂行办法〉的通知》
		2018 年	《中共中央 国务院关于全面实施预算绩效管理的意见》《关于贯彻落实〈中共中央 国务院关于全面实施预算绩效管理的意见〉的通知》
减税降费	2019—2023	2019 年	《财政部 税务总局 海关总署关于深化增值税改革有关政策的公告》
		2019 年	《国家税务总局关于实施小微企业普惠性税收减免政策的通知》
绩效评价	2020—2023	2020 年	《财政部关于印发〈项目支出绩效评价管理办法〉的通知》
		2021 年	《财政部关于印发〈第三方机构预算绩效评价业务监督管理暂行办法〉的通知》
新冠疫情	2020—2021	2020 年	《财政部 税务总局关于支持新型冠状病毒感染的肺炎疫情防控有关税收政策的公告》
		2020 年	《财政部加强新冠肺炎疫情防控财税政策落实和财政资金监管工作的通知》

资料来源：作者根据中央人民政府门户网站、中华人民共和国财政部官网信息整理而得。

（一）以部门预算为核心的革新型改革时期（2000—2003 年）

进入 21 世纪以来，与市场经济相适应的预算管理制度已初步形成（杨志勇，2014）[①]，支出的预算改革全面兴起。此阶段的预算改革以部门预算为核心，总体以内部控制为主。在这一时期，公共预算研究的主题聚焦于部门预算改革以及复式预算体系的完善，突现强度较高的关键词有部门预算（3.96）、复式预算（3.05）、市场经济（3.03）、预算年度（2.96）、改革（2.89）。

（二）多元探索的渐进式改革时期（2004—2013 年）

这一时期的改革主要是对预算管理制度进行渐进式的改良和补充，"多

---

① 杨志勇. 我国预算管理制度的演进轨迹：1979—2014[J]. 改革，2014（10）：5-19.

元探索"的特征更为明显。预算改革重点关注合规性控制，不仅强调内部控制，更强调人大和审计的外部监督（马蔡琛和苗珊，2018）①。与此同时，参与式预算和社会性别预算开始在国内试点，浙江省温岭市、河北省张家口市、河南省焦作市等地围绕预算编制如火如荼地开展基层协商民主实践，也在一定程度上推动了公共预算研究的发展。此阶段，突现强度较高的关键词有预算公开（9.33）、政府预算（5.85）、公共财政（5.18）、预算编制（5.08）、协商民主（3.4）、预算权（2.69）、预算管理（2.66）等。

（三）嵌入国家治理体系的现代预算制度建设时期（2014 年至今）

2013 年 11 月，党的十八届三中全会明确了财政的新定位，即"财政是国家治理的基础和重要支柱"。为适应国家治理体系和治理能力现代化的需要，我国开始新一轮更加深入的预算制度改革。公共预算领域的研究方向也随之不断拓展，国家治理（2014 年）、预算法治（2016 年）、中期预算（2016 年）、绩效预算（2016 年）、绩效管理（2016 年）、预算治理（2016 年）等相继成为突现词。在这一时期，突现词的数量达到峰值（22 个），有 20 个为新增突现词。其中，预算绩效管理涉及的突现词数量最多，②逐渐成为当前和今后一个时期非常重要的研究方向，也契合了我国公共预算制度从控制导向转变为绩效导向的改革路径。在这一时期，公共预算研究更加关注经济社会发展中的现实问题，与减税降费（6.91）、财政压力（5.44）、新冠疫情（4.16）相关的话题迅速成为研究者的关注重点。

1.2.5 结论与未来研究展望

（一）结论

本报告基于中国知网（CNKI）数据库，对 21 世纪以来公共预算领域的 CSSCI 期刊文献进行筛选，最终获得 1526 条有效样本。运用 CiteSpace 软件进行可视化分析，得到以下研究结论：

1. 文献分布结果表明：在时间分布上，21 世纪以来公共预算研究发文呈现短期小幅度震荡、长期波动增长的特征；在期刊分布上，《财政研究》

---

① 马蔡琛，苗珊. 激荡十年的中国政府预算改革（2008—2018）——基于政府预算报告的文本分析[J]. 财政科学，2018（06）：5-11.

② 主要涉及预算管理、绩效预算、绩效管理、绩效评价等突现词。

《中央财经大学学报》《财贸经济》《当代财经》《中国行政管理》等期刊发文量较高,表明公共预算领域的研究是国内众多优秀期刊的一个关注重点;在研究机构及研究作者分布上,作者分布较为分散,机构间合作仍集中于校内各院所,跨机构间的合作相对较少。

2. 关键词共现图谱表明:21 世纪以来公共预算的研究方向较为丰富,研究问题不断聚焦;与公共财政、财政预算、预算编制、预算改革、预算法相关的话题是长久以来的研究热点;公共预算的研究范式较为固定,研究方法主要以定性分析为主,定量分析相对较少;公共预算研究的跨学科融合理念不断加强,公共预算作为应用经济学领域中的一个重要财政问题,也是公共管理学的一个研究方向,还与会计学、审计学、法学、政治学、心理学关联较为密切。

3. 关键词聚类图谱表明:21 世纪以来我国公共预算领域具体涵盖预算编制、预算绩效管理、预算法治、预算公开与监督、预算民主、预算与国民经济、地方政府预算管理等七个研究方向。

4. 关键词突现分析结果表明:预算公开一直是公共预算研究的焦点问题之一,预算绩效管理、减税降费、地方政府预算管理等领域的研究热度也会一直持续;综合来看,我国公共预算研究的演进趋势与财政体制改革的发展历程总体同步,研究前沿与社会现实问题紧密关联。

(二)未来研究展望

21 世纪以来,在研究者的共同努力下,公共预算领域积累了丰富的学术成果,为今后研究方向的拓展打下了坚实的理论基础。在未来,公共预算在以下方面仍然存在纵深研究空间:首先,切实呼应国家和社会的重大现实需求。党的二十大作出了"健全现代预算制度"的战略部署,为广大预算研究者提出了新的命题。当前和今后一个时期,财政处于紧平衡状态,现代预算制度改革中的一些现实问题亟待解决。公共预算的研究仍需要在实践中不断探索和积累,以提升对预算改革的指导作用和启迪价值。其次,研究不同预算管理制度的衔接机制。譬如,在全过程人民民主重大理念的指导下,研究参与式预算、社会性别预算和绩效管理之间的整合;探讨在预算管理中引入绩效审计、人大预算监督的可行路径。再次,加强不同学科研究范式、研究方法的借鉴。扎根于公共预算的基础理论，综合运用组态视角与定性比较分析（QCA）、①文本计量分析等研究方法，定性分析与定量分析相结合，增强公共预算研究的创新性。最后，加强不同学科、不同领域间的相互融合，为公共预算研究提供更为丰富的视角和方法。譬如，从政治学和社会学的角度切入，把握公共预算改革与国家治理的关系；以数字技术赋能预算管理实践，增强预算编制和绩效管理的科学性和精确性，进而推动公共预算研究的发展。

---

① QCA 结合了案例研究与定量研究两条传统研究道路的优势，并在一定程度上弥补了他们的劣势，提供了开展案例研究和定量研究的通用工具，为解释管理学研究中非对称、并发因果、等效性等复杂因果关系提供了新的研究思路和方法。QCA 的详细介绍可参阅：杜运周，贾良定. 组态视角与定性比较分析（QCA）：管理学研究的一条新道路[J]. 管理世界，2017（06）：155-167.

第 2 章　全球公共预算管理改革的实践与发展

　　公共预算制度并非一成不变，而是一个与特定时空环境相联系的历史现象，需要将其置于全球视野和历史演化中加以考察。①自 20 世纪下半叶以来，政府预算管理改革在许多国家渐成一种政府治理变革的发展潮流。不论是中期预算框架（medium-term budget framework），还是绩效预算（performance budget），在一些国家推广已近二十年。在 2008 年全球金融危机爆发前的四年中，经济合作与发展组织（OECD）成员国平均国内生产总值（GDP）增长率始终保持在 2%以上，这种良好的增长态势止步于 2008 年的金融危机（这一数据降至 0.25%），2009 年进一步恶化为-3.445%。②面对金融危机带来的经济环境巨变，许多国家相继调整了财政政策，并由此激发了诸多预算管理改革的新举措。在这十多年间，公共预算面临着诸多新的挑战，如预算项目和结构的复杂化与多样化、财政压力与日俱增、金融危机及经济全球化（抑或逆全球化）的影响、年度项目向多年期项目的转变等。③为了应对这些挑战，公共预算领域涌现出众多理念创新和相应的改革实践。譬如，为了将预算决策的重点由资金的多少，转移至项目的效果上来，各国引入了绩效预算；为应对金融危机带来的财政不确定性，各国进一步将风险管理技术引入预算领域。④

　　现代预算的演进历史表明，公共预算有三个层次的基本目标：优化资

---

　　① Caiden N A. New Perspective on Budgetary Reform[J]. Australian Journal of Public Administration, 1989(01): 53-60.

　　② 数据来源为国家统计局网站：http://data.stats.gov.cn/workspace/index;jsessionid=52B8C4456 F4FA6A4FE82372FD68BA8E1?m=hgjd.

　　③ Rubin I. Past and Future Budget Classics: A Research Agenda[J]. Public Administration Review, 2015(01): 25-35.

　　④ 马尔科·坎贾诺，特里萨·克里斯汀，米切尔·拉扎尔. 公共财政管理及其新兴架构[M]. 马蔡琛，张慧芳，赵铁宗，等译. 大连，东北财经大学出版社，2017: 6-13, 204-238, 262-299.

源配置、加强总额控制、提高运作效率。总的来说，进入 21 世纪以来，预算制度更加侧重于管理和计划，加之受到金融危机的影响，财政的可持续性问题得到了重点关注。

这一时期的相关改革在公共预算的三大目标领域均有所突破，主要集中体现在以下三个方面：为优化资源配置而推进新绩效预算改革；为加强总额控制而强化财政风险管理；为提高运作效率而组建独立财政委员会。其中，新绩效预算改革在预算过程中注入了更多的理性因素，以期更加合理地解决资金分配问题，体现了预算决策机制科学化的内在要求。相对而言，强化财政风险管理和独立财政委员会的组建则受外部经济环境的影响较大，与经济形势的冲击性因素更为紧密。

2.1 以结果为导向的绩效预算改革

20 世纪 90 年代以来，受新公共管理理论所倡导的政府再造运动影响，澳大利亚、新西兰、英国等发达经济体开展了以结果为导向的绩效预算改革。为了与 20 世纪 60 年代不甚成功的传统绩效预算改革相区别，也称为新绩效预算改革。[①]传统绩效预算和新绩效预算均强调基于绩效手段来分配财政资源，但二者最大的区别在于使用的绩效手段不同。绩效预算更关注投入（input）和产出（output），而新绩效预算更加强调预算决策的效率和结果（outcome）的有效性。本报告后续所涉及的绩效预算均指新绩效预算（详细内容参见 3.4 节）。[②]在过去的二十多年间，绩效预算在世界范围内不断拓展。对于绩效预算的定义，研究者大多强调绩效信息和预算决策之间的关系。例如，经济合作与发展组织（OECD，2005）将其界定为一种将资金分配与可测量的结果相联系的预算模式。[③]更有一些研究者直接将绩效预算表述为公共服务的绩效信息。例如，索利特等（Soulet et al.，2003）就认为，绩效预算体现为包含行政机构运用公共资金做了什么（或

---

① Lu H. Performance Budgeting Resuscitated: Why is It Still Inviable?[J]. American Journal of Hospital Pharmacy, 1998（02）: 151-172；马蔡琛，童晓晴. 公共支出绩效管理的国际比较与借鉴[J]. 广东社会科学, 2006（02）: 30-34.

② Robinson M, J Brumby. Does Performance Budgeting Work? An Analytical Review of the Empirical Literature[J]. IMF Working Paper, 2005（05）: 1-75.

③ OECD. Modernising Government: The Way Forward[R]. OECD, 2005: 59.

计划做什么）的信息的预算形态。[1]

在各国实践中，绩效预算更多被视为一种行政手段，不仅会影响公共资源的分配，还对项目管理[2]、预算的结构和进程[3]、不同机构间以及行政机构与立法机构间的关系[4]、政治结构和权力分布[5]等造成影响。当然，绩效预算的施行效果会受到多重因素的影响，如测量系统[6]（如何衡量项目结果、如何收集绩效信息、如何选择绩效手段等）、政治支持[7]、政府推行绩效管理的能力[8]（法律制度、人力资源储备、信息系统的构建等）。此外，城市（人口）规模也会显著影响绩效预算的施行效果，研究人员（Ho & Ni，2005）发现，在一些国家，其大城市在预算过程中更多地运用绩效手段，[9]而在一些小城市（特别是人口少于 50000 人的城市），其预算过程中很少采用绩效手段。[10]总体而言，绩效预算有效实施的条件主要包括：较小的预算执行偏差、有效的内部控制系统、高技能的员工、较强的公民参与意识等。这些条件比绩效预算的具体模式选择更为重要。这也解释了为什么高效率的政府更容易成功推行绩效预算。经过多年的发展，绩效预算逐渐走向成熟，但仍面临着许多挑战（如缺乏精确且及时的数据、尚未形成绩效

① Soulet A, B Crémilleux, F Rioult. The Performing State: Reflection on an Idea Whose Time has Come but Whose Implementation has not[J]. OECD Journal on Budgeting, 2003(02): 71-103.

② Paul L Posner, Denise M Fantone. Assessing Federal Program Performance: Observations on the U.S. Office of Management and Budget's Program Assessment Rating Tool and Its Use in the Budget Process[J]. Public Performance & Management Review, 2006(03): 351-368.

③ Jordan M M, Hackbart M. The Goals and Implementation Success of State Performance-based Budgeting[J]. Journal of Public Budgeting Accounting & Financial Management, 2005(17): 471-487.

④ Willoughby K G. Performance Measurement and Budget Balancing: State Government Perspective[J]. Public Budgeting & Finance, 2004(02): 21-39.

⑤ Ho A. The Governance Challenges of the Government Performance and Results Act: A Case Study of the Substance Abuse and Mental Health Administration[J]. Public Performance & Management Review, 2007(03): 369-397.

⑥ Lu Y. Managing the Design of Performance Measures: The Role of Agencies[J]. Public Performance & Management Review, 2008(01): 7-24.

⑦ Pattison S. Commentary on "State Performance-based Budgeting in Boom and Bust Years: An Analytical Framework and Survey of the States"[J]. Public Administration Review, 2011(03): 370-388.

⑧ Lu Y, K Willoughby. Performance Budgeting in the States: An Assessment[Z]. IBM Center for the Business of Government, Fall/Winter 2012.

⑨ Ho A T, A Y Ni. Have Cities Shifted to Outcome-oriented Performance Reporting?—A Content Analysis of City Budgets[J]. Public Budgeting & Finance, 2005(02): 61-83.

⑩ Rivenbark W C, J M Kelly. Performance Budgeting in Municipal Government[J]. Public Performance & Management Review, 2006(01): 35-46.

文化、绩效信息或超载或低相关）。尽管各国绩效预算的实践不尽相同，但"确定支出优先顺序"和"有效使用绩效信息"则体现为颇具共性的重要环节。

2.1.1　确定支出优先顺序

所谓确定支出优先顺序是指，依据政府的战略目标和政策重点，在预算编制之前确定支出次序，从而保证将资金配置到关键领域，提高资金的使用效率。在近二十年的各国实践中，确定支出优先顺序的方法有很多，其中较具代表性的当属中期支出框架和支出审查。

中期支出框架（MTEF）体现为将战略目标与预算资金联系起来的多年期预算规划，一般涵盖 3 至 5 个财政年度。[1]中期支出框架采用前瞻性的战略方法，确立支出的优先次序并配置资源，从而保证公共支出水平和结构均由新的需求决定。[2]中期支出框架发展至今，已然不仅局限于发达国家，在拉丁美洲[3]、欧洲新兴经济体[4]以及东部和南部非洲[5]等地区均有应用，俨然成为一种世界性的发展潮流。研究表明，中期支出框架可以引导更多的资源投入优先序较高的支出项目中去。[6]此外，该框架还有利于强化财政纪律，控制预算赤字和公共债务的非理性扩张。[7]但与发达国家相比，一些发展中国家实行中期支出框架却很难达到预期的效果。其原因在于，中期支出框架的有效实行受制于多重因素：（1）"被动型"改革导致的内生动力不足，例如非洲国家的中期预算改革便是由世界银行推动和支

---

① Medium Term Expenditure Framework[EB/OL]. https://intranet.btcctb.org/claroline/claroline/backends/download.php?url=LzExX1BVQkxJQ19GSU5BTkNFX01BTkFHRRU1FTlQvVFJBSU5JTkdTL0RBTklEQSQB QRk0gT1BFTiBDT1VSU0UUvTU9EVUxvxFIElJSS5wZGY%3D&cidReset=true&cidReq=PROJ.[2017-9-20].

② World Bank. Beyond the Annual Budget: Global Experience with Medium-term Expenditure Frameworks[R]. World Bank Publications, 2013: 7-17.

③ Filc G, C Scartascini. Is Latin America on the Right Track? An Analysis of Medium-term Frameworks and the Budget Process[R]. Inter-American Development Bank, 2010.

④ Kasek L, D Webber. Performance-based Budgeting and Medium-term Expenditure Frameworks in Emerging Europe[R]. Washington DC: World Bank, 2009.

⑤ Oyugi L. Experience with Medium Term Expenditure Framework in Selected Southern and Eastern African Countries[R]. SEAPREN Working Paper, 2008.

⑥ World Bank. Beyond the Annual Budget: Global Experience with Medium-term Expenditure Frameworks[R]. World Bank Publications, 2013.

⑦ Lundbäck E J. Medium-term Budgetary Frameworks-Lessons for Austria from International Experience[J]. IMF Working Paper, 2008(163): 1-30.

持的；（2）缺乏健全有序的公共预算制度基础，特别是经济预测和成本核算制度，难以满足实施中期支出框架的要求，例如莫桑比克和马拉维；（3）与年度预算的关联不够紧密，仅仅是预算形式上的表面结合，如加纳和约旦；（4）建立中期支出框架的进程过快，如爱沙尼亚。对于很多国家来说，建立中期支出框架是对预算制度的极大挑战，如欲取得成功，政策制定者的支持、将中期支出框架融入预算进程的方式、相关主体的能力提升以及组织结构的优化，都是至关重要的。

此外，支出审查（spending review）在确定支出优先次序方面的影响也不容小觑，国际货币基金组织（IMF）和经济合作与发展组织（OECD）已然将其视为绩效预算的组成部分，用于对现有项目的有效性和适当性进行审查，并运用绩效信息鉴别应该削减哪些项目，以此来拓展财政空间。[①] 由于新的财政空间受限，为节约财政资金，提高资金使用效率，支出审查的目标逐渐转移至基线支出（baseline expenditure）。[②] 2020 年经济合作与发展组织（OECD）的调查显示，38 个经合组织成员国中有 31 个每年进行支出审查，其中，20 个国家每年进行一次，11 个国家定期进行一次。自 2011 年以来，使用支出审查的国家数量几乎翻了一番，当时只有 16 个经合组织成员国在进行支出审查。根据政府试图实现的最终目标，支出审查可细分为功能性审查和战略性审查。前者主要对现有项目的投入和执行进行审查，以运用最少的资源达到最好的效果；而后者除了对项目的效率加以审查外，还依据政策目标和绩效信息对项目进行排序，以确定支出重点。目前，选择功能性审查模式的国家已有 29 个，而选择战略性审查的国家也达到了 20 个，部分国家（如英国、美国、芬兰、加拿大、澳大利亚等）选择两种方式同时推进。从变化趋势来看，近年来，选择战略性审查模式的国家呈现增长态势，优先性排序对于预算配置效率的提升作用愈加显现。这一变化既凸显了支出审查的灵活性和适用性，同时也表明各国运用支出审查这一技术工具的目标已然有所变化。[③]

---

① Robinson M, D Last. A Basic Model of Performance-based Budgeting[J]. IMF Working Paper, 2009(01): 1-16.

② Robinson M. Budget Reform Before and After the Global Financial Crisis[J]. OECD Journal on Budgeting, 2016(01): 29-63.

③OECD. Spending Reviews in Government at a Glance 2021[M]. OECD Publishing, Paris, 2021: 130-131; Tryggvadottir Á. OECD Best Practices for Spending Reviews[J]. OECD Journal on Budgeting, 2022, 22(01): 1-12.

2.1.2　有效使用绩效信息

在经济合作与发展组织（OECD）成员国中，发展绩效信息已经成为一个普遍的趋势。[1]有效使用绩效信息能够使公共预算事半功倍，主要体现在以下三个方面：一是帮助确定支出优先次序，提高财政资金的配置效率；二是督促各支出部门完善预算编制，改进预算项目；三是保证公共服务的数量和质量，提高财政资金的使用效率。[2]因此，各国均强调绩效信息在预算过程中的应用，譬如南非财政部就强调绩效信息在计划、预算和报告中的作用。[3]乔伊斯（Joyce，2003）建立了如何在预算制定、批准、执行和审计过程中运用绩效信息的框架。[4]除财务类绩效信息外，约四分之三的经合组织成员国的预算文件中还包含非财务类绩效信息，但非财务类绩效信息在预算谈判中的作用相对较小，主要提供给相关机构（如立法机构、审计机关、行政首脑办公室等）作为参考。[5]

从各国实践来看，绩效信息往往并未真正应用于预算决策，特别是那些绩效预算起步较晚的国家，更倾向于将绩效信息作为背景信息，而非决定性信息。这也是绩效预算发展过程中遇到的极大挑战。这一共性问题在美国、智利等国均得到了验证。其主要原因在于，缺乏合理有效的机制来阐释怎样使用绩效信息。此外，绩效信息的质量、及时性、相关度欠佳，也是制约其作用发挥的重要因素。

基于绩效信息，可以生成有效且可行的绩效目标，以衡量资金的使用情况。在理论研究与实践中，各国在绩效目标的选择上存在巨大差异，主要体现在绩效目标的数量上。例如，美国有3700个绩效目标，紧随其后的是斯洛伐克共和国（1641个）和韩国（1033个），法国、日本、新西兰的

---

① OECD 认为绩效信息包括"评估"和"绩效指标"，详细参见：OECD. Modernising Government: The Way Forward[R]. OECD, 2005.

② Robinson M. Connecting Evaluation and Budgeting[R]. Washington DC:Independent Evalution Group, The World Bank Group, 2014.

③ Republic of South Africa National Treasury. Framework for Managing Programme Performance Information[R]. Republic of South Africa National Treasury, 2007.

④ Joyce P G. Linking Performance and Budgeting: Opportunities in the Federal Budget Process[R]. Routledge, 2003.

⑤ OECD. Greening Public Budgets in Eastern Europe, Caucasus and Central Asia[R]. OECD, 2011.

绩效目标个数在 500—600 个之间，而瑞典的绩效目标仅有 48 个。[①]还有一些国家为防止信息超载而限制了绩效目标的数量，这一点是值得我们关注的。在绩效目标的设定上，目前存在两种主要模式：一是以美国为代表的通过制定年度绩效计划来体现绩效目标；二是以英国为代表的采用"公共服务合同"（public service agreement）的形式来明确绩效目标。相比较而言，英国模式更加强调绩效目标与多年期预算的结合，较之美国模式，其与预算过程的联系往往更加紧密。[②]

2.2　强化财政风险的管理

根据国际货币基金组织（IMF）的界定，财政风险是指在短期到中期的时间跨度内，财政变量与政府预算或其他财政预测中的预测值相偏离的可能性。[③]其成因包括偏离预期的经济增长、贸易冲击、自然灾害、政府担保等。

在 2008 年全球金融危机爆发之后不久，相关研究者就曾指出，为应对金融危机，各国不得不增加公共支出，一些国家的债务已然远超欧盟《稳定与发展条约》（SGP）规定的警戒线（即占 GDP 的 60%）。究其原因，一方面是长期性支出的压力，特别是养老金等公民权利性支出以及巨额债务的刚性利息支出；另一方面是金融危机后的税收增速放缓，使得控制财政赤字和减少债务负担变得更加困难。这不是一个暂时现象，而是一个受经济下行影响将会长期存在的问题。因此，世界各国政府开始重视财政风险评估，并将其引入预算管理体系，其主要举措包括如下几个方面：

第一，提高财政透明度，充分披露财政风险的相关信息。金融危机暴露了这样一种情况：即使在发达经济体中，政府对其当前财政状况的了解，也是不够充分且客观的，这表现为未能充分披露的财政赤字和政府债务，以及政府隐性债务向金融部门的转移。国际货币基金组织（IMF，2001）

---

① OECD Budgeting Practices and Procedures Database [EB/OL]. http://www.oecd.org/governance/budgeting/internationalbudgetpracticesandproceduresdatabase.htm.(2007) [2017-10-01].

② Robinson M. Performance Budgeting Models and Mechanisms[M]. Performance Budgeting. Palgrave Macmillan UK, 2007: 211-234.

③ IMF. Fiscal Risks: Sources, Disclosure, and Management[R]. IMF, 2008.

认为，如果政策目标和工具能够被公众适当知晓，且政策部门能够作出可信的承诺来实现这一目标，财政风险管理的有效性便能够增强。[①]国际货币基金组织（IMF，2016）进一步指出，现有的财政风险披露是不完整、碎片化和定性为主的，通过财政压力测试[②]的方式，对潜在风险进行综合评估，有助于准确预测外部冲击对偿付能力的影响。[③]

第二，准确地识别并控制风险来源。阿伯尔（Alper et al.，2012）将财政风险分为短期和中长期两类，短期压力来自总体融资需求、市场对违约风险的预期以及风险的外溢性；中长期压力则来自财政预算的调整需要，以及债务对增长与利率冲击的敏感性。[④]财政可持续性分析是识别财政风险的重要手段，包括动态模拟、敏感性分析等多种测度方法。在对风险进行有效识别的基础上，政府可以针对不同风险类型选择不同的管理方式。例如，通过限制个体和机构的市场活动来直接控制财政风险敞口；通过规制手段来减少市场实施冒险行为的激励，或通过避险工具、对冲工具等实现财政风险的转移。[⑤]

第三，加强对政府或有债务的风险管理。或有债务是指当且仅当出现特殊事件时才需要偿付的义务。当宏观经济框架、金融部门、监管体系和市场信息披露弱化时，或有债务便会非正常增长。或有负债隐蔽性较强，很容易被忽略，经济合作与发展组织（OECD）成员国中仅有少数国家对或有债务进行报告。例如，新西兰要求中央政府每一年（或每半年）报告或有负债的数据，主要包括：担保和补偿、未申请的资产、立法程序或抗辩导致的债务等。[⑥]在现实中，政府往往缺乏有效管理风险的能力和动力，故应当对担保设置上限，将部分风险转移至私人部门承担。但由于大量刚性兑付的存在，对或有债务的监督和管理权限应当集中于财政政策的实施

---

① IMF, World Bank. Guidelines for Public Debt Management[R]. IMF Policy Paper, 2001.

② 财政压力测试有两个关键要素：一是宏观经济风险，主要通过建立详尽的财政模型，解释宏观经济波动作用于税收侧时带来的非线性影响，或预算刚性导致支出侧的财政调整减缓；二是或有负债，主要考虑显性或隐性或有负债的范围和可能性，以及与经济波动之间的联系，可通过财政透明度报告、或有债权分析报告等获得相关信息。详细参见：IMF. Analyzing and Managing Fiscal Risks Best Practice[R]. IMF, 2016.

③ IMF. Analyzing and Managing Fiscal Risks Best Practice[R]. IMF Policy Paper, 2016.

④ Alper C E, Arbatli E C, Caceres C, et al. A Toolkit for Assessing Fiscal Vulnerabilities and Risks in Advanced Economies[R]. IMF, 2012.

⑤ IMF. Analyzing and Managing Fiscal Risks: Best Practice[R]. IMF Policy Paper, 2016.

⑥ 马骏，赵早早. 公共预算：比较研究[M]. 北京：中央编译出版社，2011：271.

部门。此外，为有效降低或有债务转化为现实的概率，应该减少公共部门的直接风险敞口，并要求政府担保的受益者追加抵押物。[①]

2.3 中期预算改革

中期预算框架（MTBF）是以多年期视角对预算收支进行优化配置和管理的一系列制度安排。总体来看，将年度预算的视野扩展到三至五年的中期视野，可以通过加强财政纪律来提高财政的可持续性和资源配置效率。自 20 世纪 80 年代以来，许多经济合作与发展组织（OECD）成员国就开始采用中期预算框架，将公共政策的未来成本纳入预算决策考量。例如，戈斯塔（Gosta，2007）对瑞典中期预算的研究显示，自 1997 年以来，瑞典的预算准备过程已全面运用中期预算框架。[②]通过设定财政目标和使用先进的经济预测模型，三年期的视野使财政纪律更趋完善，而对收入和支出预测的持续更新，使得政府决策的效率和质量大幅提升。在中期预算框架最初被采纳的 20 世纪 80 年代，当时欧洲整体经济水平尚属平稳，而美国则大量举债，泡沫经济初露端倪。对比近年来的欧洲债务危机和美国财政悬崖，令人颇为尴尬的是，有着二十多年历史的中期预算框架，似乎并未能为各国提供强有力的财政约束。因此，对中期预算框架作用的反思，以及相关作用机制的改进就显得尤为重要。

2.3.1 欧盟的多年期预算框架改革

早在 2006 年，欧洲议会、欧盟理事会和执委会之间就达成了一项跨机构协议，要求建立 2007—2013 年的多年期财政框架（以下简称"七年期预算"），对预算决策作出了详细的预测和规定，这标志着欧盟正式采用中期预算框架。该协议要求在每一财年开始之时，执委会要对下一年的预算进行一系列技术调整。该规定主要基于以下两点考虑[③]：第一，由于中期财

---

① Bova E, M Ruizarranz, F G Toscani, et al. The Fiscal Costs of Contingent Liabilities: A New Dataset[R]. Social Science Electronic Publishing, 2016.

② Gosta Ljungman. The Medium-term Fiscal Framework in Sweden[J]. OECD Journal on Budgeting, 2007(03): 1-17.

③ 欧盟预算数据网站: http://ec.europa.eu/budget/figures/fin_fwk0713/fwk0713_en.cfm#adjust.

政框架中的预算数据是以不变价格表示的，故必须在年初考虑通胀率的变化，以使未来支出保持既有的购买力；第二，支出拨款的上限不能超过欧盟的自有资源（own resources）①，自有资源中最主要的资金来源是各成员国向欧盟的转移支付，以各国的国民生产总值（GNP）的百分比来计算。各成员国经济状况的变化会导致国民生产总值（GNP）的变动，进而影响支出拨款的上限，因此应该定期加以修正。

尽管欧盟并非一个国家，但欧盟采用与多年期预算框架相似的七年期预算，可以视为是一种强烈的信号：无论是在国家层面还是在跨国家层面，多年期预算框架均可以更好地配置公共资源。

2.3.2　渐行渐变的多年期预算框架类型

在各国实践中，多年期预算框架规定了三种预算支出上限的类型：约束性框架（binding framework）、固定性框架（fixed framework）和指示性框架（indicative framework）。②在约束性框架中，多年支出变量（multiyear expenditure parameter）在 t-1 年或更早的时候进行预设，t 年制定 t+1 年的预算并预测后续 t+2 年和 t+3 年的支出变量。当有证据表明，之前设定的支出上限会被突破时，就需要重新设定支出限额。在指示性框架中，对中期指标预测的更新，可以不必参考前期的各项预测。土耳其采用了指示性框架，每年 5 月 30 日内阁会通过新一轮的中期预算框架，包括经济预测指标、下一财年及之后两年的预算。然而，中期预算框架中的支出限额并不具有法律效力，而且在第二年修正限额时不会考虑前期的各项预测。③固定性框架可以看作约束性框架的一个子集，支出上限一旦设定，后期将不会修改限额。经济状况瞬息万变，支出上限一旦确定就不再调整的做法，并不符合中期预算框架的设计初衷，也鲜有国家使用这种方法，故本节不再赘述。

多年期预算框架在具体应用中存在多种模型，这是各国在实践中不断

---

① 欧盟自有资源包括以下几项：农业税、海关关税、成员国增值税收入的一定比例以及成员国 GNP 的一定百分比。关于自有资源更详细的介绍，请参阅欧盟网站：http：//ec.europa.eu/budget/mff/resources/index_en.cfm.

② Cangiano M, Curristine T, Lazare M. Public Finance Management and Its Emerging Architecture [M]. Washington DC: International Monetary Fund, 2013: 138.

③ Kasek L, D Webber. Performance-based Budgeting and Medium-term Expenditure Frameworks in Emerging Europe[R]. Washington DC: World Bank, 2009: 215.

试验与探索的结果，因此一个采用多年期预算框架的国家未必始终使用同一种模型，而是根据经济状况和政策变化相机转换。在表 2.1 中，归纳了 24 个经济合作与发展组织（OECD）典型成员国中多年期预算框架的采用情况（各国施行时间不同，且类型选择时有变化，表格中呈现的是 2013 年各国的框架类型）。

表 2.1　24 个 OECD 成员国多年期预算框架类型

类型	国家	特点
不采用多年期预算框架	希腊、冰岛、爱尔兰、波兰、葡萄牙、西班牙	没有多年期收支预测，尽管存在对总体的财政或预算预测，但这些预测资料未能组成预算文件，也很难为预算编制建立相应的事前预防框架
指示性框架	意大利、捷克、比利时、德国、匈牙利、日本、土耳其、加拿大、丹麦、斯洛伐克、新西兰	多年期支出和收入的估计量，能够反映当前政策的未来成本，但不能约束未来的政策和决策，每年会修正估计量，可以充分考虑经济变动的细节，但缺少对未来总体支出水平的确定性评价
约束性框架	奥地利、芬兰、荷兰、瑞典、法国、英国、澳大利亚、斯洛文尼亚	多年期支出和收入的估计量，既能反映当前政策的未来成本，也能约束未来政策的变动。不同国家设置约束的对象、细节程度、覆盖范围存在较大差异

资料来源：Cangiano M, T Curristine, M Lazare. Public Finance Management and Its Emerging Architecture [M]. Washington DC: International Monetary Fund, 2013: 143-145.

约束性框架还可以细分为三种不同的限制方法：固定总量限制法（fixed aggregate ceiling approach）、固定部门限制法（fixed ministerial ceiling approach）和向前滚动预测法（forward estimates approach）。[①]

奥地利[②]、芬兰和瑞典运用固定总量限制法对中央政府多年期的主要支出作出了限定，其中，芬兰的约束性框架是较具代表性的。2014 年 10 月，国际货币基金组织（IMF）课题组对芬兰的财政透明度进行了评估，

[①] Cangiano M, T Curristine, M Lazare. Public Finance Management and its Emerging Architecture [M]. Washington DC: International Monetary Fund, 2013: 144.

[②] Erik J Lundback. Medium-term Budgetary Frameworks-Lessons for Austria from International Experience[R]. IMF Working Papers, 2008.

结果显示，芬兰的中期预算框架对提升财政透明度具有重要意义。[①]2003年，芬兰开始施行中央政府支出限额（CGSL），该支出限额每四年编制一次（因芬兰议会选举四年举行一次），[②]但每年会根据公共服务成本和价格水平的变化适时更新限额。[③]但这种方式的不足之处在于，税式支出和预算外资金并未能纳入限额之中。在这方面，瑞典则进一步将养老金支出纳入中央政府支出限额。[④]在约束性框架中，尽管总额限制是非常重要的，但在总额限制之下并未对支出的细项再行设置多年期限制，而是在年度预算决策中预留相对充分的自由裁量权。可见，这种约束性框架在总量层面体现了全面且高度的控制，但在细节上又留有足够的分配和修改空间。

斯洛文尼亚使用固定部门限制的方法，对中央政府主管部门设置三年期的收支限制（不包括特别基金，如社保基金、医保基金等）。[⑤]法国和英国也使用同样的限制方法，对 25—30 个中央政府主管部门设置了多年期支出限制。这种针对部门的多年收支限制，在预算执行中，确实降低了部门间重新配置预算资源的需求，然而，这种在细节层面上设置支出限制的做法也有很大风险，不得不依据经济环境来频繁修改支出上限的预测。同时，在使用该方法的早期，不应涉及过多的政府支出科目。尽管这种部门限制的方法具有高度的确定性和固定性，但缺乏对支出总量的全局考虑。

目前，使用向前滚动预测方法的国家主要是澳大利亚，[⑥]欧盟成员国甚少使用此种方法。该方法与固定部门限制方法的不同之处在于，如果满足一定的前提条件（如年度内通胀率变化较大），就需要重新配置预算资源，一年内甚至可以两次修改预测估计量。

就各国实践而言，指示性中期预算框架是应用最为广泛的类型，但近年来采用约束性框架的国家日渐增多：芬兰采用该框架的时间是 2003 年，

---

① Torben Hansen, Majdeline El Rayess, Tim Irwin, Johann Seiwald Ohann. Fiscal Transparency Evaluation[R]. IMF Country Report, 2015.

② Arto Jaaskelainen. Finish Election System Overview[M]. Finland: Ministry of Justice, 2010: 10.

③ Arvi Suvanto. The Multi-annual Spending Limits System in Finland[R]. OECD, 2007.

④ Marten Blix. Fiscal Rules and the Budgetary Framework in Sweden [EB/OL]. http://www.oecd.org/mena/governance/44909294.pdf. [2017-09-20].

⑤ Kasek L, D Webber. Performance-based Budgeting and Medium-term Expenditure Frameworks in Emerging Europe[R]. Washington DC: World Bank, 2009.

⑥ Jon R Blondal, Daniel Bergvall, Ian Hawkesworth, Rex Deighton-Smith. Budgeting in Australia[J]. OECD Journal on Budgeting, 2008(02): 1-64.

法国和奥地利①分别于 2008 年和 2009 年开始采用。这种转变趋势是值得关注的，尤其是法国和奥地利改变中期预算框架类型的时间节点，恰逢金融危机爆发之际。其或然性原因在于，随着经济环境的复杂多变和应对危机措施的频繁变动，世界各国政府难以负担频繁修改中期预测的高昂成本。此外，由于政策具有时滞性，应在中期预测的时间跨度内，为当前和未来的政策预留较为充足的财政空间，而不是频繁地变更支出限制。②

无论采用何种类型的多年期预算框架，都需要在预测未来财政收支时考虑通胀率。欧盟制定七年期预算框架之初，就要求在每年年初重新预测通胀率，以保证预算周期内的支出购买力相同。例如，关乎民生的支出可以使用消费者物价指数（Consumer Price Index），与基础建设相关的支出可考虑使用工程价格指数（Construction Price Index）。③

2.4　适时组建财政委员会

根据欧盟的定义，独立财政委员会是指那些为预算过程提供宏观预测信息、监督财政绩效的独立公共机构。④早在四十多年前，一些国家已然出现了此类机构的雏形。2013 年，欧盟通过了《稳定、协调与治理公约》的修正，要求成员国在国家层面建立独立财政委员会，用以监督公共财政规则的遵从情况，并提供预算准备过程所需的无偏见的经济和预算预测数据。

2008 年以来，许多国家开始筹建独立财政委员会，其主要原因在于：第一，独立财政委员会通过预测经济趋势和财政状况，可以为预算全过程和财政政策提供一个长远性的分析视角，从而提高财政稳健性，避免财政状况在危机爆发后出现巨幅波动。第二，一些国家为应对危机制定了许多公共政策目标，独立财政委员会的监督有望促成这些承诺的实现，进而提

---

① Erik J Lundback. Medium-term Budgetary Frameworks-lessons for Austria from International Experience [R]. IMF Working Paper, 2008.

② 主要包括认识时滞、决策时滞、执行时滞。对于一些各种原因而生造名词术语的新兴经济体，或许还存在政策的解释和理解时滞。

③ GFOA. Inflationary Indices in Budgeting[R]. GFOA, 2010.

④ 定义来自欧盟网站。http：//ec.europa.eu/economy_finance/db_indicators/fiscal_governance/independent_institutions/index_en.htm.

升公共政策的可信度。

2.4.1 各国财政委员会的类型

经济合作与发展组织（OECD）成员国中已有 20 多个国家组建了财政委员会，其类型可以分为四种[①]：

第一种是设立议会预算办公室，[②]最典型的是成立于 1974 年的美国国会预算办公室（CBO）。澳大利亚的议会预算办公室（PBO）成立于 2012 年 7 月，其职责就是为议会提供关于预算周期和财政政策之经济影响的独立分析与预测。[③]

第二种是将财政委员会设在行政机构下，[④]如英国的预算责任办公室（以下简称 OBR）。OBR 是英国组建的全新的财政委员会（成立于 2010 年 5 月），提供关于公共财政独立且极具权威性的预测和分析。OBR 每年提供两次对经济和财政状况的五年期展望预测。这样不仅可以保证经济和财政预测信息的动态更新，还能促使中长期预算针对预测信息的变动而相机调整。[⑤] OBR 也会对财政部门的税收成本和福利支出进行详细审查，将相关成本收益分析结果视为一种事前绩效信息，作为编制下一财年的年度和中期预算的决策参考。此外，OBR 还可以利用财政预测信息，针对政府绩效能否达到当初承诺的财政目标作出专业性判断，从而作为一种事中绩效信息对政府绩效表现进行监督与鞭策。[⑥]

第三种是作为一个单独机构而存在的财政委员会。[⑦]例如，瑞典的财政政策委员会（Fiscal Policy Council）就与相关文献中描述的独立财政委员会最为接近。但在现实中，这种财政委员会的独立性远未达到描述的完

---

① 作者根据 Debrun X & T Kinda. Strengthening Post-Crisis Fiscal Credibility—Fiscal Councils on the Rise. A New Dataset[R]. IMF Working Paper，2014 整理。

② 澳大利亚（2012）、加拿大（2008）、意大利（2014）、韩国（2003）、墨西哥（1999）和美国（1974）的财政委员会属于这一类型。

③ 根据澳大利亚 PBO 网站和第四届经合组织议会预算办公室与独立财政委员会会议资料整理，获取地址：http://www.oecd.org/gov/budgeting/49778640.pdf.

④ 比利时（1989）、丹麦（1962）、日本（1950）、荷兰（1945）、斯洛文尼亚（2009）和英国（2010）的财政委员会属于这一类型。

⑤ 根据 OBR 2015 年 7 月发布的《经济与财政展望 2015》整理。http://cdn.budgetresponsibility.independent.gov.uk/July-2015-EFO-234224.pdf.

⑥ 根据 OBR 网站内容整理。http://budgetresponsibility.org.uk/about-the-obr/what-we-do/.

⑦ 德国（1963）、匈牙利（2009）、爱尔兰（2011）、葡萄牙（2011）、斯洛伐克（2011）和瑞典（2007）的财政委员会属于这一类型。

美程度。2009 年，匈牙利成立了财政委员会（Fiscal Council），旨在重建财政稳定性和提升财政透明度，并发布了 2010 年预算的基线预测（baseline projection）报告。[1]然而，2010 年 5 月匈牙利政府换届后，财政委员会对新政府提出的中期预算进行了严格审查，这令新政府十分不满，开始通过立法等方式削弱财政委员会的职能，使其成为一个没有具体职能的"空壳"机构。[2]

第四种是由审计机构担任财政委员会的角色，目前只有芬兰和法国属于这一类型。2012 年法国通过的《公共财政组织与管理基本法》（Organic Law on the Programming and Governance of Public Finances）要求建立财政委员会（High Council of Public Finance）。[3]法国的财政委员会主要负责提供编制预算需要的经济预测数据和监督预算执行情况。该机构由审计法院院长领导，工作人员组成情况为：4 名来自审计法院的员工，4 名财政领域专家，分别由国民议会议长、参议院议长和财政部（2 名）指定。[4]从人员构成来看，不可避免地受到审计法院的影响，这是有利也有弊的。一方面，法国审计法院是一个独立于政府的最高经济审计机构，具有高度的客观性和独立性，这将强化财政委员会的可信程度；[5]但另一方面，过度依赖审计法院可能会降低委员会的经济预测能力。

各种类型的财政委员会在功能描述上大多提及"独立的"这一形容词，强调委员会不论如何设置都必须保持独立，其中较具启示性的是加拿大议会预算办公室的创设与改革。2006 年成立的加拿大议会预算办公室，第一年就发布了经济与财政状况展望报告，准确预测了加拿大在 2009 年会出现经济衰退以及十年中的第一次财政赤字。如图 2.1 所示，从 2008 年开始，

---

① 基线预测，也称为基准值（baseline）筹划，是实行中期预算中的一个技术术语，是指假定政策不变的情况下，基于对经济状况的预测，对预算收支进行推测，可以作为未来政策变化时调整预算的参考标准。

② Kopits G. Independent Fiscal Institutions: Developing Good Practices[J]. OECD Journal of Budgeting, 2011(03): 1-18.

③ Robin Gadbled. Constitutional Change through Euro Crisis Law: "France"[R]. Cambridge University Press, 2014.

④ Henri Sterdyniak. The Governance of Public Finances:From the Fiscal Pact to France's Organic Law[EB/OL]. https://www.ofce.sciences-po.fr/blog/the-governance-of-public-finances-from-the-fiscal-pact-to-frances-organic-law/ .(2012-10-17) [2018-01-30].

⑤ 林树杰，朱天华. 中法财政监督法律制度比较研究及启示[J]. 江苏工业学院学报，2009（12）：13-18.

加拿大开始出现财政赤字，与预测数据基本吻合。但在 2008 年预算中，政府部门并未根据该预测对 2008 年及之后几年的预算资源分配进行相应调整。由于政府对这种直言不讳的预测并不满意，反而收回了向议会预算办公室增加预算拨款的决定，这促使加拿大的议会预算办公室开始致力于进一步的独立性改革。①

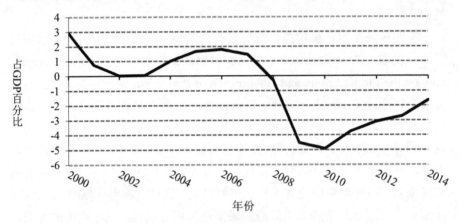

图 2.1　2000—2014 年加拿大的财政赤字（占 GDP 百分比）

资料来源：OECD 网站。https://data.oecd.org/gga/general-government-deficit.htm.

2.4.2 各国财政委员会的主要功能

一是预测功能，主要包括预测宏观经济、财政收支以及政府债务水平等核心经济变量，这是财政委员会的核心职能。其宏观经济、未来财政收支预测数据主要服务于预算决策机构，为编制年度预算和中长期预算提供基础性数据支撑。在一些应用中期预算框架的国家中，财政委员会需要将预测的视野扩展为五到十年。例如，英国的预算责任办公室（OBR）每年要对经济和财政状况进行两次为期五年的预测。②这种预测可以削弱政府为了在未来预留更多财政空间而进行"乐观预测"的动机。在政府预算和财政政策付诸执行之前，事先切断非正确使用预算资源的可能，这较之单纯

---

① Robert Hagemann. How can Fiscal Councils Strengthen Fiscal Performance? [J]. OECD Journal: Economic Studies, 2011(01): 1-24.

② 根据英国预算责任办公室网站的信息整理。http://budgetresponsibility.org.uk/.

依靠审计机关进行事后监督具有更高的管理绩效。

二是评估功能，主要包括评估官方财政收支预测数据的准确性以及各种财政措施的成本。某些国家会发布比实际情况更为乐观的官方财政收入预测数据，以规避数值性财政规则①的硬性约束。②因而，财政委员会有责任对官方的收支预测进行重新评估，并衡量执行新财政措施的真实成本。这一方面可以减少非经济因素造成的财政赤字和顺周期偏差，而这两个因素均会影响相机抉择财政政策的斟酌取舍；另一方面可以视为财政委员会的一种自我监督机制，每隔一定的时间节点，将财政委员会的预测数据，分别与官方机构的预测结果、现实经济表现以及决算数据进行对比。如果二者的偏差过大，在进一步查找原因的同时，还要对财政委员会自身的预测能力进行重新评判。这种做法的目的在于，避免为追求"独立"地位而带来低质量的预测数据。

三是监督功能，主要是监督财政规则的遵守情况和预算执行的偏离度。在预算编制环节引入第三方监督力量，可以提升财政资金的分配效率。基于数据优势，财政委员会能够监督财政政策的各阶段目标是否达成。德布兰和金达（Debrun & Kinda，2014）用财政平衡程度指标来衡量财政绩效，将财政委员会的某些职能特点作为控制变量，通过实证分析，认为"监督财政规则遵守情况""评估官方预测数据"和"评估财政措施成本"等职能，有助于预算平衡的实现。③

为保障上述功能的发挥，国际货币基金组织（IMF）要求财政委员会尽量向公众披露更多的信息，包括各项预测数据、政策评估和监督结果。④同时，政府也应针对财政委员会的公开报告作出必要的回应。例如，公布财政委员会提供的数据和建议被采纳的情况，并解释未采纳的原因。这种信息公开可以使政府和财政委员会获得来自公众的监督，也为二者提供了

---

① 数值性财政规则是对财政变量总量作出数值限制的一种财政规则，可以对财政政策施加持久的约束。数值性财政规则大致可以分为四类：预算平衡规则、债务规则、财政收入规则和支出规则。

② Frankel J A, J Schreger. Over-optimistic Official Forecasts in the Eurozone and Fiscal Rules[R]. NBER Working Papers, 2012.

③ Debrun, Kinda. Strengthening Post-crisis Fiscal Credibility—Fiscal Councils on the Rise. A New Dataset [R]. IMF Working Papers, 2014.

④ 马尔科·坎贾诺，特里萨·克里斯汀，米切尔·拉扎尔. 公共财政管理及其新兴架构[M]. 马蔡琛，张慧芳，赵铁宗，等译. 大连，东北财经大学出版社，2017：257.

提升效能的空间。

在各国实践中，财政委员会是一个具有行政或法定职权的常设机构，依据公共财政的长期可持续发展、短中期的宏观经济稳定以及其他官方目标，对政府的政策、计划及其执行进行公开而独立的评估。[①]自荷兰 1945 年成立经济政策分析局（CPB）以来，各国开始关注财政委员会的建设。特别是 2008 年以后，为了维持宏观经济稳定并重新恢复财政政策的可信性和可持续性，财政委员会的数量呈现爆发增长的态势，其数量较之此前增加了两倍。[②]特别是在欧洲，欧盟 2013 年开始执行的《欧洲财政协定》（European Fiscal Compact）要求各成员国建立财政委员会。据统计，截至 2016 年 12 月，国际货币基金组织（IMF）成员国中共有 39 个国家建立了财政委员会或类似机构，其中危机后组建的就有 26 个。[③]德布兰和金达（Debrun & Kinda，2014）将各国的财政委员会分为四种类型：附属于议会（一般为议会预算办公室）、附属于行政机构、附属于审计机构以及独立机构（参见表 2.2）。[④]各国的财政委员会在规模、独立程度等方面不尽相同，如美国国会预算办公室员工（全职）超过 200 人，而爱尔兰的财政顾问委员会仅有 3 人。[⑤]

表 2.2　财政委员会的类型

类型	代表性国家
附属于议会	美国、澳大利亚、南非
附属于行政机构	英国、荷兰、比利时
附属于审计机构	法国、芬兰
独立机构	德国、匈牙利、爱尔兰

资料来源：IMF. Fiscal Council Dataset[R]. http://www.imf.org/external/np/fad/council/，2016.

[①] IMF. The Functions and Impact of Fiscal Councils[R]. IMF, 2013.

[②] Debrun X, Kinda T. Strengthening Post-crisis Fiscal Credibility—Fiscal Councils on the Rise. A New Dataset[R]. IMF Working Papers, 2014.

[③] IMF. The Fiscal Council Dataset: A Primer to the 2016 Vintage[R]. IMF, 2017.

[④] Debrun X, T Kinda. Strengthening Post-crisis Fiscal Credibility—Fiscal Councils on the Rise. A New Dataset[R]. IMF Working Papers, 2014.

[⑤] IMF. The Fiscal Council Dataset: A Primer to the 2016 Vintage[R]. IMF, 2017.

　　各国财政委员会的职责主要集中在以下两个方面：

　　一是预测分析职能，即通过对经济趋势与财政状况的预测和分析，就财政政策和计划提出建议，为政策制定者提供更多的信息，但并不影响政策的决定。进入 21 世纪以来，一些研究者指出，政府对经济形势的预测往往过于乐观，特别是在经济繁荣时期，欧洲国家的这一现象更为明显，而独立机构（如财政委员会）对于真实产出的预测误差通常更小。[1]不过，当国内生产总值（GDP）或财政变量存在内生的不确定性时，财政委员会在预测误差上的优势便会减弱。

　　二是监督审查职能，即对财政计划和绩效情况进行审查，并对财政纪律的遵守情况以及预算执行的偏离度进行监督。一些跨国证据表明，财政委员会有助于营造一种政府能够维护财政纪律的正面形象。[2] 哈格曼（Hagemann，2011）通过对比智利、比利时、匈牙利和英国建立财政委员会之前和之后的财政绩效发现，独立财政委员会对政府遵守财政规则确实具有促进作用。[3]对于财政委员会在预测的准确性以及推动财政纪律遵守方面的贡献，应该给予充分肯定，但也不应过分夸大，特别是对于那些财政改革路远且长、制度执行能力和人力资源相对有限的发展中国家而言，更是如此。

　　就未来发展而言，财政委员会或类似机构在全球范围的传播或许会呈现为一种潮流。但无论是发达国家还是发展中国家，若想建立有效的财政委员会，都需要综合考虑本国的具体国情，如人力资源、财政资源、文化传统及财政赤字和债务成因等，不要"盲目跟风"或"束之高阁"。

---

　　① Frankel J A, J Schreger. Over-optimistic Official Forecasts in the Eurozone and Fiscal Rules[R]. NBER Working Papers, 2012.

　　② Xavier Debrun, Manmohan Kumar. Fiscal Rules, Fiscal Councils and All that:Commitment Devices, Signaling Tools or Smokescreens?[R]. Social Science Electronic Publishing, 2007.

　　③ Hagemann R. How can Fiscal Councils Strengthen Fiscal Performance?[J]. OECD Journal Economic Studies, 2011(01): 1-24.

第3章 从"国家账本"透视公共预算的发展

3.1 中央政府预算报告的文本分析

预算，简单来说就是政府的收支计划；而预算报告则是政府展示预算的文本载体。通常来讲，预算报告特指政府的年度预算报告，就是财政部门受行政首长委托每年在全国人民代表大会上做的演讲报告或书面报告，内容是对上年预算执行情况以及当年预算计划的说明。此外，政府还会公布与之对应的明细表、明细说明、部门预算文本等辅助文件。作为饱含期待与责任的国家理财报告，政府预算报告是公共预算执行的范本，涵盖了政府活动的方方面面，集中体现了财政收支政策及财税改革举措，因此也被形象地称为"国家账本"。

自 1979 年我国恢复编制并向全国人民代表大会提交政府预算报告以来，政府预算报告制度已经持续了四十多年。在这四十多年间，政府预算报告的内容愈发翔实合理，数据展现更为直观简洁，条理更加清晰明了，较好地体现了"以天下之财，利天下之人"的宗旨。表格数量的增加，名词解释的出现，答记者（网友）提问的常态化，使得政府预算报告不再是晦涩难懂的专业文件，而是更加贴近人们生活的"国家账本"。①纵观百年预算史，政府预算制度始终是与特定历史时空相联系的、充满变革的动态过程。政府预算改革则被视为重塑公共治理结构的重要基石，往往是历史上重大经济与社会变革的切入点和突破口。进入 21 世纪以来，全球预算

---

① 马蔡琛，苟燕楠. 解读 2014 年"国家账本"[J]. 中国财政，2014（08）：26-27.

环境发生了巨大变化，预算制度也随之掀起了变革的浪潮。我国的公共预算改革亦是如火如荼地进行，并成为全面深化财税改革进程中启动最早、力度最大、成效最为显著的领域之一，日益贴近匹配国家治理体系和治理能力现代化的时代需求。[①]

循着中央政府预算报告的踪迹，透视我国公共预算的改革进程，大致可以从发展预算、民生预算、绩效预算、阳光预算四个维度来加以考察。

3.1.1　巩固发展预算，统筹发展与安全

政府预算作为政府的年度财政收支计划，对政府活动和经济发展具有重要的作用。

一方面，针对经济运行中的突出问题，完善财政政策的宏观调控职能。在中央政府预算报告中，无论是针对上一年度财税政策的客观回顾，还是对本年度财政经济形势谨慎且乐观的展望，都体现出着眼于宏观经济调控的发展预算色彩。系统回顾并总结上一年度财税政策的实施效果，能够更好地明确本年度财政宏观调控的重点方面与改进方向。其中，对于本年度财政收支规模的预测，也是基于上一年度的客观数据，结合本年度财税经济形势与宏观调控客观需要，进行综合研判后得出的。例如，自 2008 年全球金融危机以来，我国经济下行的压力较大，2009 年的政府预算报告中全国财政赤字安排 9500 亿元，并开地方政府债券发行之先河，就凸显了以积极财政政策应对经济形势变化的色彩。

另一方面，在明确国家对经济发展的支持力度的同时，兼顾经济增长和风险防范的现实需要，保障财政可持续。随着地方政府债务和财政风险问题日益严峻，化解和防范财政风险成为预算报告中的重点内容。自 2018 年以来，预算报告中提及"财政可持续"与"财政风险"的次数呈现明显的上升杰势（参见图 3.1）。就时序特征而言，两者的变化也表现出一定程度的同步性。由此可见，我国的预算工作安排，正是围绕着化解财政风险隐患这一重点方面，在保持宏观政策的连续性、稳定性的基础上，着力于保障财政更可持续。

---

① 马蔡琛，苗珊. 激荡十年的中国政府预算改革（2008—2018）——基于政府预算报告的文本分析[J]. 财政科学，2018（06）：5-11.

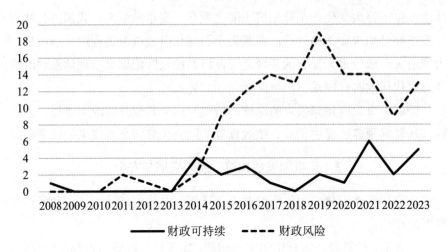

图 3.1　2008—2023 年政府预算报告中出现"财政可持续"与"财政风险"的频次统计

资料来源：依据 2008—2023 年政府预算报告整理而得。

　　进一步地，为持续化解财政风险隐患，"举债""化解""防范"等词语时常出现在预算报告中，作为对财政风险问题的现实回应。规范地方政府举债是切断债务风险向财政、金融风险扩散的关键所在。一方面，地方政府的违法违规举债是产生隐性债务风险的主要渠道；另一方面，由无序举债规模飙升所导致的债务风险是制约财政可持续的重要风险来源。为此，预算报告从现实问题妥善处理和中长期风险防控机制构建的双重维度，全方位描绘了加强地方政府性债务管理的政策取向与制度安排。针对现实存量债务问题，如 2015 年的政府预算报告提出了将"存量债务分类纳入预算管理""合理设置过渡期，避免资金链断裂"等过渡性制度安排[①]。针对中长期风险防控机制而言，则主要体现为机制（制度）维度的建立和健全。2016 年的政府预算报告明确了加强地方政府债务管理的关键性举措，如"加强债务限额管理和预算管理""健全风险评估和预警机制""做好地方政府债券发行工作""完善地方政府债务监管和考核问责机制""加快推进融资平台公司市场化转型和融资"等[②]。这些制度安排和现实举措有助于妥善化解地方政府债务风险，增强财政的可持续性，体现政府预算着力于促

---

① 财政部《关于 2014 年中央和地方预算执行情况与 2015 年中央和地方预算草案的报告》。
② 财政部《关于 2015 年中央和地方预算执行情况与 2016 年中央和地方预算草案的报告》。

进经济发展与控制财政风险的双元目标。

3.1.2 落实民生预算，确保民生政策托底保障

现代公共治理的主要使命有两个，一是以促进宏观经济稳定运行为核心的经济发展；二是以关注民生为重点的社会建设。公共预算关注社会民生，并非始于某一特定年度的财政预算报告，而是在责任政府理财观念指引下，中国公共预算建设一以贯之的经典亮剑。[①]近年来，政府预算对于民生支出的投入力度逐步加大，民生领域的覆盖范围日益全面，所引起的社会关注更为广泛。据统计，"民生"一词在 2008—2023 年间的政府预算报告中出现的频次颇高，并于 2019 年度、2021 年度和 2023 年出现三次高峰（参见图 3.2），充分体现出责任政府理财观下的民生财政支出在我国公共预算中的重要地位。

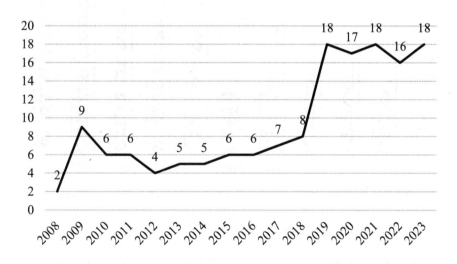

图 3.2　2008—2023 年政府预算报告中出现"民生"的频次统计

资料来源：依据 2008—2023 年政府预算报告整理而得。

党的十九大报告明确指出，"中国特色社会主义进入新时代，我国社会的主要矛盾已经转化为人民日益增长的美好生活需要和不平衡不充分的发展之间的矛盾"。从 2018 年开始，"民生"的出现频次显著增加，并持续

---

① 马蔡琛. 民生•发展•绩效•阳光——2008 年财政预算报告解读[J]. 中国财政, 2008（07）: 18-20.

维持在高位。这反映出"以人民为中心"的社会主义政党在落实民生预算上的决心与力度，也凸显了公共预算情系社会民生的时代主旋律。

从支出的投向来看，政府预算报告中的民生预算色彩，主要呈现出普惠性支出与重点保障相结合的特点：

第一，为实现"学有所教、劳有所得、病有所医、老有所养、住有所居"的民生改善目标，增加在教育、社会保障和就业、医疗卫生等方面的预算支出。在2011年至2021年这十年中，我国对教育、社会保障和就业、医疗卫生等重要民生领域的财政投入力度不断加大（参见图3.3），推动基本民生保障水平不断提高，公共财政的普惠性日益加强。

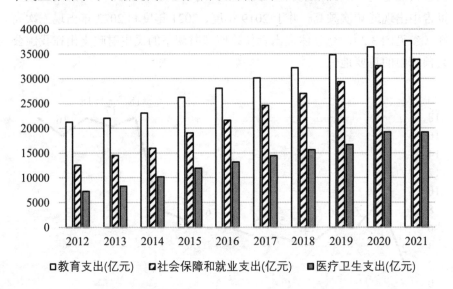

图3.3　近十年重要民生领域的财政投入力度不断加大

数据来源：财政部和国家统计局公布的一般公共预算支出表（2012—2021）。

十年来，国家财政性教育经费累计支出33.5万亿元，年均增长9.4%；学生资助资金累计超过2万亿元，年均增长8.24%。财政投入持续稳增，支撑起世界上规模最大的国民教育体系和覆盖最广的学生资助体系。中央财政持续补助企业职工基本养老保险基金，2022年补助金额达6500亿元；中央层面已划转国有资本1.68万亿元充实社保基金，居民养老保障更为坚实。十年来，全国城乡低保平均标准分别增长了1.5倍和4.0倍，困难残疾人生活补贴和重度残疾人护理补贴制度惠及 2700 多万人,各级财政累计支出基本生活救助资金 2.04 万亿元,有力地保障了困难群众基本生活。十年来,基层公共文化服务设施网络将原有的 6000 多个文化馆、图书馆,发展出 9.5 万个分馆和服务点。①

　　第二,重点关注乡村贫困群体,确保民生政策托底保障。2010 年财政预算报告要求"完善农村义务教育经费保障机制""提高新型农村合作医疗和城镇居民基本医疗保险参保率"以及"加大城乡医疗救助制度""提高城乡最低生活保障标准等社会保障和就业方面的支出"。②这些教育、医疗卫生、社会福利方面的支出都注重发挥公共预算对于乡村贫困群体生活水平的兜底性保障功能。2012 年的政府预算报告将"提高农村贫困地区和贫困人口自我发展能力"作为财政专项扶贫资金的重点目标,③旨在建立针对贫困群体致富能力的长效机制,实现全体人民的民生改善。2016 年,中央财政进一步加大了扶贫方面的各项支出力度,其中财政扶贫专项资金增加201 亿元,增长 43.4%。④这些资金被用于支持贫困县统筹整合使用财政涉农资金,集中力量解决突出贫困问题。2019 年和 2020 年的预算报告,则进一步将"脱贫攻坚"作为预算工作的重要任务。(1)在资金投入方面,为坚决打赢脱贫攻坚战,持续加大财政扶贫投入力度,加强财政扶贫资金监管,强化扶贫项目资金全过程绩效管理。2020 年,中央财政补助地方专项扶贫资金安排 1461 亿元,已连续五年每年增加 200 亿元。⑤(2)在政策保障方面,落实产业扶贫、就业扶贫、消费扶贫、教育扶贫等政策,加强易地扶贫搬迁后续扶持,继续执行对摘帽县的主要扶持政策,接续推进解决相对贫困的支持政策。⑥(3)在战略衔接方面,推动脱贫攻坚任务与乡村振兴战略有机衔接。为了巩固拓展脱贫攻坚成果,2023 年的政府预算报告要求,"优先支持联农带农富农产业发展,用于产业发展的衔接推进乡村振兴补助资金占比力争提高到 60%以上,推动帮扶产业提档升级",⑦将

---

　　① 曲哲涵. 推动基本民生保障水平不断提高 民生领域财政投入持续增长[N]. 人民日报,2023-01-22(001).

　　② 财政部《关于 2009 年中央和地方预算执行情况与 2010 年中央和地方预算草案的报告》。

　　③ 财政部《关于 2011 年中央和地方预算执行情况与 2012 年中央和地方预算草案的报告》。

　　④ 财政部《关于 2015 年中央和地方预算执行情况与 2016 年中央和地方预算草案的报告》。

　　⑤ 财政部《关于 2019 年中央和地方预算执行情况与 2020 年中央和地方预算草案的报告》。

　　⑥ 财政部《关于 2020 年中央和地方预算执行情况与 2021 年中央和地方预算草案的报告》。

　　⑦ 财政部《关于 2022 年中央和地方预算执行情况与 2023 年中央和地方预算草案的报告》。

乡村振兴战略作为脱贫攻坚成果的巩固与提升工具。

3.1.3 强化绩效预算导向，提升资金使用效率

追求效率是人类生活的永恒主题。自财政学作为一门独立的经济科学产生以来，公共预算支出的效率始终是一个常话常新的命题。国际经验表明，实施"以结果为导向"的绩效预算，是现代预算管理的发展方向，创建高绩效的政府组织也始终是现代国家产生以来，各国公共管理者的理想与追求。

当前，我国经济已由高速增长阶段转向高质量发展阶段，财政收入高速增长的态势已有所变化。但与此同时，各级政府面临着更为严峻的"三保"支出压力，导致财政收支缺口不断扩大，日渐呈现出"紧平衡"状态。强化绩效预算导向，通过预算绩效管理提升有限资金的使用效率，成为缓解财政收支矛盾的现实选择。

综观中央政府预算报告，"过紧日子"与"绩效管理"的重要性日渐突出，出现的频次显著上升，发展趋势上也表现出一定的同步性（参见图 3.4）。这不仅体现了现阶段预算管理改革的绩效导向，也从侧面反映出两者之间的协同性与紧密联系。实际上，"过紧日子"与"绩效管理"本身就是相互作用、互为促进的统一体。绩效包括节约和有效两个方面。通过控制政府支出、压减一般性支出来实现财政资金的节约，是提升政府绩效的题中之义。反之，预算绩效管理也能够综合运用支出标准和绩效信息来指导预算安排和决策，使预算编制有依据、财政支出有约束，有助于真正落实政府"过紧日子"的要求。

从绩效评价的范围来看，覆盖面不断扩大。2007 年，我国选取了 4 个部门 6 个项目作为试点进行了预算支出绩效考评。考评试点到 2008 年扩展至 74 个部门 108 个项目，2009 年扩展至 94 个部门 167 个项目。2012 年的政府预算报告提出，要继续扩大预算支出绩效评价试点的范围，原则上要涵盖所有的中央部门和省、市、县地区。2014 年的政府预算报告进一步指出，要将绩效目标管理和绩效评价试点范围扩大到各层级预算单位。总体来看，我国绩效评价的范围不断扩展，至今已经基本覆盖各层级的预算单位。

图 3.4 2008—2023 年中央政府预算报告中出现"过紧日子"与
"绩效管理"的频次统计

资料来源:依据 2008—2023 年政府预算报告整理而得。

从绩效评价的内容、方法与环节来看,从最初的预算支出项目绩效评价,到之后强调的重点领域、重点项目特别是专项资金和项目的绩效管理,呈现出一条渐推渐进且加速优化的发展路径。例如,2013 年选择就业补助、农村危房改造等专项转移支付资金开展绩效考核,再后来制定了全面实施绩效管理的指导性文件,绩效管理逐渐涵盖了所有财政资金,并深度融入预算编制、执行、监督的全过程。绩效评价的内容从预算过程、预算资金两个维度不断深入,愈发全面,逐步树立了"花钱必问效,无效必问责"的预算绩效管理理念。在绩效评价的环节上,不断完善全过程预算绩效管理链条。绩效评价由事后向事前拓展,2020 年的政府预算报告要求对"新出台重大政策、项目"进行事前绩效评估。[①]

从绩效评价结果的运用来看,预算与绩效的链接机制逐步确立,"绩效"与"预算"两张皮的状况有望发生根本性转变。在绩效评价取得了一定成效之后,近年来各级政府更加强调绩效评价结果的运用,积极探索评价结果公开、绩效约谈、绩效奖惩等多种运用方式,以加强绩效问责力度。[②]例

[①] 财政部《关于 2019 年中央和地方预算执行情况与 2020 年中央和地方预算草案的报告》。
[②] 财政部《关于 2013 年中央和地方预算执行情况与 2014 年中央和地方预算草案的报告》。

如，2015 年中央部门绩效评价项目数量和金额占比分别为 26.3%、27%，其评价结果与 2016 年的预算安排紧密挂钩。2016 年部分中央部门预算绩效管理工作开展情况和项目绩效评价结果首次同部门决算一并向社会公开。类似地，2017 年，部分绩效自评结果和重点绩效评价结果向人大报告并向社会公开。但目前为止，绩效评价结果的公开仍未达到全覆盖，且评价结果与预算安排如何挂钩尚未形成统一科学的机制设计，这或许将是下一步预算绩效管理的改革方向。

3.1.4　推进阳光预算，加强预算监督

公共预算是"以众人之财，办众人之事"。既然如此，那么资金从何处来，用到何处，效果如何，都应该置于"阳光之下"，让众人知晓。因此，预算公开是公共预算改革的必然要求，也是现代预算制度的重要特征。

（一）积极推进预算公众监督进程

自 2010 年的政府预算报告中首次对备受关注的预算公开问题作出系统回应以来，预算公开一直是政府预算报告中引人关注的亮点（参见表 3.1）。

表 3.1　2008—2023 年政府预算报告中涉及预算公开的内容汇总

年份	内容
2010	积极推进预算公开，建立健全规范的预算公开机制，自觉接受社会监督；探索建立绩效评价结果公开机制和有效的问责机制
2011	加快推进预算公开，进一步细化预算公开内容，推进基层财政部门和有关部门向社会公开重点民生支出情况，抓紧做好行政经费等支出公开的有关工作
2012	积极推进财政决算公开，增强预算透明度；扩大部门预决算公开范围，细化部门预决算公开内容；做好"三公"经费、行政经费公开工作，推进基层财政专项支出公开
2013	健全预决算公开机制，规范公开内容和程序
2014	深入推进政府和部门预决算公开。细化政府预决算公开内容，政府支出预决算全部细化到项级科目，专项转移支付预算细化到具体项目；扩大部门预决算公开范围，除涉密部门外，中央和地方所有使用财政拨款的部门均应公开本部门预决算；细化部门预决算公开内容，除按项级科目公开外，要逐步将部门预算公开到基本支出和项目支出，研究将部门决算按经济分类公开；加大"三公"经费公开力度，所有财政拨款安排的"三公"经费都要公开

续表

年份	内容
2015	完善预算管理各项制度,切实推进预算公开透明;除涉密信息外,所有使用财政拨款的部门都要做好预算公开
2016	建立地方政府债务限额及债务收支情况随同预算公开的常态机制;深入推进预决算公开,加快建立透明预算制度
2017	加强政策信息公开,提高政策透明度,向市场主体传递明确的政策信号;加大预决算公开力度,着力打造阳光财政
2018	进一步推进预算公开,扩大向人大报送和社会公开的重点支出项目范围,指导和推动地方做好预算公开工作;加大绩效信息公开力度,推进绩效目标、绩效评价结果向人大报送并向社会公开
2019	省市县扶贫资金分配结果一律公开,乡村两级扶贫项目安排和资金使用情况一律公告公示,防止扶贫资金被挤占挪用;加大预算决算公开力度,拓展公开范围和内容;稳步推进重大政策和项目绩效目标、绩效评价结果向同级人大报告,并随同预算决算向社会公开
2020	严格执行预决算公开规定,推动预决算公开规范化、常态化、制度化,提高财政透明度,主动接受各方面监督;大力推动绩效信息公开
2021	加大预算公开力度,提高预算透明度,主动接受各方面监督
2022	强化绩效评价、结果应用和信息公开
2023	加大政府和部门预决算公开力度,优化形式、扩大范围、细化内容,大力推进财政政策公开;积极推进绩效信息公开,主动接受社会公众监督

资料来源:依据 2008—2023 年政府预算报告整理而得。

从公开范围来看,预算公开由中央部门逐渐扩展至各省级部门,并不断推动省以下预决算的公开。2010 年,74 个中央部门公开部门预算,2011 年增加至 92 个,并同时公开了部门决算。2023 年,公开部门预算的中央部门已经达到 97 个。此外,2014 年,31 个省(自治区、直辖市)已经全部公开了一般公共预算和本级部门预算。

从公开内容来看,公开内容不断细化,特别是备受关注的"三公"经费。2009 年,对外公开了中央财政预算的 4 张表格,至 2010 年表格数量增加至 12 张,且细化到款级科目。2014 年,中央财政预决算和部门预决算已经公开至支出功能分类最基层的项级科目。2015 年,首次公开了分地区、分项目专项转移支付预算,并开展了地方财政预决算公开情况的专项检查，以提高地方财政透明度。2017 年，中央部门预算草案中首次增加了 10 个中央部门重点项目，被视为中央部门主动接受人大代表监督的突破性举措。除此之外，备受关注的"三公"经费公开也取得了相当的进展。2011 年中央和地方有关部门公布了"三公"经费的支出情况，并于 2012 年公开了相关实物量信息，便于公众知晓并进行监督。

从公开形式来看，获得预算信息的便利程度不断提高。2009 年的预算报告包含了 7 个图表，12 张附表。至 2013 年图表的数量增加至 35 张，预算报告的数据展示更为清晰直观。2016 年，中国政府网和财政门户网站首次集中发布了中央部门决算信息，并制定了地方预决算的公开操作规程。除此之外，中央预决算公开平台的建立，亦为预算信息的获取提供了更为方便快捷的渠道，新增的漫画、图解等形式的预算解读也让预算不再晦涩难懂。政府预算不再是远在云端的专业文件，而成为手边可看可取的信息资源。①

（二）大力发挥人大预算监督作用

人大预算监督是推动实施全面规范、公开透明的预算制度的有效举措。为更好打造"阳光财政"，提高"国家账本"的透明度，2013 年，政府预算报告中首次对人大预算监督问题作出回应。2018 年，中共中央办公厅印发了《关于人大预算审查监督重点向支出预算和政策拓展的指导意见》，此后，人大预算监督在政府预算报告中的重要性日益凸显，有关内容和要求更加丰富和具体（参见表 3.2）。

表 3.2　2008—2023 年政府预算报告中涉及人大预算监督的内容汇总

年份	内容
2013	自觉接受全国人大的监督，进一步提高财政管理水平
2016	将地方政府债务收支纳入预算，自觉接受各级人大的监督
2018	扩大向人大报送和社会公开的重点支出项目范围，加大监督检查力度；继续配合推进预算联网监督；做好向全国人大常委会报告财政医疗卫生资金分配和使用管理情况及接受专题询问工作

① 马蔡琛，苗珊. 激荡十年的中国政府预算改革（2008—2018）——基于政府预算报告的文本分析[J]. 财政科学，2018（06）：5-11.

年份	内容
2019	支持和配合人大依法开展预算审查监督： 1.结合人大代表和人民群众普遍关心的热点难点问题、审计查出的突出问题、制约事业发展的关键问题等，不断完善支出预算和政策 2.认真落实人大及其常委会有关预算决算的决议，及时通报落实工作安排和进展情况，增强落实效果 3.完善服务代表委员工作，充分研究吸纳代表委员的意见和建议，在加强日常沟通交流、优化预算报告和草案编制、提高建议提案办理质量、解决代表委员关注的实际问题等方面下更大功夫
2020	自觉接受预算决算审查监督： 1.认真听取吸纳人大代表和社会各界的意见建议，紧紧围绕贯彻落实党中央、国务院重大决策部署，改进预算报告和草案编报工作，提高支出预算和政策的科学性和有效性 2.认真落实人大及其常委会有关预算决议和决算决议；积极配合推进预算联网监督；积极主动回应人大代表关切，做好解释说明工作，更好服务人大代表依法履职
2021	主动接受人大依法监督和政协民主监督： 1.积极配合全国人大推进加强预算审查监督的相关改革工作，认真落实全国人大及其常委会有关预算决算的决议和审议意见，及时报告落实举措和进展情况，不断提高预算管理水平 2.认真听取代表委员意见，及时回应代表委员关切，在加强日常沟通交流、优化预算报告和草案编制、提高建议提案办理质量等方面下更大功夫，更好支持和服务代表委员依法履职
2022	主动接受和积极配合预算审查监督： 1.贯彻落实全国人大及其常委会有关预算决议和审查意见，及时报告财税改革和财政重点工作进展，持续加强和改进财政预算管理 2.做好与代表委员日常沟通交流，认真研究代表委员提出的意见建议，把办理建议提案同完善政策、健全机制、改进工作结合起来，推动解决群众关心、社会关注的重点难点问题
2023	主动接受人大预算审查监督： 1.持续完善报送全国人大审查的政府和部门预算内容和范围，预算执行中按要求及时提交有关情况；在编制预算、制定政策、推进改革过程中，主动通过座谈会、通报会、专题调研等方式听取人大代表意见建议 2.认真办理人大代表议案建议，加强日常沟通走访，积极回应代表关切

资料来源：依据 2008—2023 年政府预算报告整理而得。

总体来看，政府预算报告对于人大预算监督的回应，经历了由技术层面逐步转向机制层面的渐进过程。具体而言，先是从技术层面入手，通过"认真听取吸纳人大代表和社会各界的意见建议"来提高支出预算和政策的科学性与有效性，通过"认真落实人大及其常委会有关预算决议和决算决议"来落实预算工作安排和进展情况，并在此基础上，进一步向机制建设努力。譬如，加强代表委员日常沟通机制、回访机制、办理建议提案健全机制等，从而为人大预算监督作用的发挥提供机制保障。从长远来看，这将有助于最终完成中国政府预算公共化改革的历史进程。①

聚焦中央政府预算报告，不难发现，我国的公共预算制度在巩固发展预算、落实民生预算、强化绩效预算、推进阳光预算等方面均取得了较大的成就，逐渐向着匹配国家治理体系和治理能力现代化的需求靠拢。我们有理由相信，公共预算改革作为建设现代预算制度的关键一环，在推进中国式现代化的伟大征程中，必然能够更好地发挥预算在资源配置、财力保障等方面的重要作用，更好地满足人民日益增长的美好生活需要，更好地推动人的全面发展、社会全面进步。

3.2 政策导向下的发展预算的实践回眸

3.2.1 金融危机前后的预算安排：基于 2008—2009 年预算报告的考察

（一）宏观调控的发展预算

2008 年财政预算报告体现了促进经济发展的时代旋律。无论是针对2007 年财税政策的客观回顾，还是对 2008 年财政经济形势谨慎且乐观的展望，都体现出着眼于宏观经济调控的发展预算色彩。

第一，针对经济运行中的突出问题，完善财政政策的宏观调控职能。2008 年财政预算报告在回顾财政宏观调控问题时，开宗明义地指出，针对经济运行中存在的突出问题，在认真落实加大"三农"投入和转移支付力度等措施的基础上，及时完善稳健财政政策有关措施，并与其他政策协调配合，促进经济又好又快发展。并进一步将其概括为，较大幅度地削减财

---
① 马蔡琛. 解读 2013 年"国家账本"[J]. 中国财政，2013（08）：33-35.

政赤字，优化中央建设投资结构；实施缓解流动性过剩的财税措施；调整完善促进国际收支平衡的财税措施；强化支持节能减排的财税措施；大力支持科技进步和自主创新等几个主要方面。上述内容，基本上涵盖了财政宏观调控政策的主要方面。

在展望 2008 年中国财税经济形势中，本着求真务实的精神，提出坚持增收节支、统筹兼顾、留有余地的方针，合理把握财政收支规模，加强和改善宏观调控，着力推进经济结构调整和发展方式转变的总体原则。并进一步将其概括为，适当减少财政赤字和国债资金规模，促进经济结构优化，发挥财税政策稳定物价作用等内容，从而体现了 2008 年财政预算安排紧密配合宏观经济调控的基本指导思想。

第二，综合考虑宏观经济运行情况，积极稳妥地预测 2008 年财政收入。近年来财政预算执行情况的实际结果，往往产生较多的预算超收收入，这是由多种因素造成的，既包括加强税收征管、经济形势变化、预测误差以及防止地方层层指标加码而适度低估等客观因素，也在一定程度上与年初预算的收入安排预测偏低有关。

2008 年财政预算报告中，中央本级收入和全国财政收入按增长 14% 安排，处于当时的较高水平（2000 年预算增长 8.4%，2001 年预算增长 10.3%，2002 年预算增长 7.7%，2003 年预算增长 8.4%，2004 年预算增长 7%，2005 年预算增长 11%，2006 年预算增长 12%，2007 年预算增长 13.8%）。尽管最终的预算执行结果，还是难以避免产生一定数量的超收，但是预算增幅预测的提高，会在一定程度上降低预算超收的幅度，有利于实现财政预算的精细化管理。

（二）科学发展的积极预算

鉴于 2008 年以来国内外经济形势发生了诸多重大变化，国家宏观经济政策调整力度较大，社会各界对于 2009 年财政预算报告的期望值更高。因此，2009 年财政预算报告与往年最大的不同之处就是，凸显了财政政策针对经济形势变化加以理性对应的积极色彩。

第一，政策导向上重新启动积极的财政政策。根据经济形势的变化，围绕扩内需、保增长、调结构、上水平、抓改革、增活力、重民生、促和谐的要求，在政策导向上重新启动了积极的财政政策，分别从扩大政府公共投资，着力加强重点建设；推进税费改革，实行结构性减税；提高低收入群体收入，大力促进消费需求；进一步优化财政支出结构，保障和改善民生；大力支持科技创新和节能减排，推动经济结构调整和发展方式转变等多重维度，理性地构建了新一轮积极财政政策的积极导向。

在具体制度安排上，为实现上述政策目标，2009 年全国财政赤字安排为 9500 亿元，并开地方政府债券发行之先河，政策调节力度之大，在某种意义上，也刷新了改革开放以来宏观经济政策的纪录，其积极色彩是不言而喻的。

第二，政策工具上体现了财政收支手段的积极整合应用。2009 年积极财政政策在政策工具的组合运用问题上，较之上一轮积极财政政策，较大的不同之处在于，并非单纯在财政支出一翼的扩张上加以谋划，而是积极综合地运用了几乎全部财政收支政策的工具组合，凸显了财政政策的综合调节特色。

就预算收入一翼而言，体现为"税利债费"等全部收入调节政策的统筹启动。在税收政策上，2009 年全面实施消费型增值税，实施成品油税费改革推动节能减排等结构性税收减免政策，估计将减轻企业和居民负担约 5000 亿元。在国有企业利润科学化管理问题上，提出全面推行国有资本经营预算试点。在规范收费管理问题上，取消和停征 100 项行政事业性收费，切实减轻企业和居民负担。在政府债务问题上，为应对经济形势变化的挑战和弥补财政减收增支形成的缺口，较大幅度扩大了财政赤字并相应增加国债发行规模，根据综合国力的可承受性和财政安全性，中央财政国债余额限额控制为 60237.68 亿元，控制在年度预算限额 62708.35 亿元以内。更加重要的是，为妥善处理地方财政收支差额，国务院同意地方发行 2000 亿元债券，由财政部代理发行，列入省级预算管理。所有这些举措，充分体现了"税利债费"等各种预算收入调节手段，在政策工具层面上的积极整合运用。

就预算支出一翼而言，综合运用了支出总量扩张、支出结构调整、财政补贴和贴息、财政资金引导等多种政策工具组合。仅以财政补贴和贴息为例，在 2009 年财政预算安排中，针对涉及十个产业的调整振兴规划，促进企业加快技术改造和技术进步，安排 200 亿元技改贴息资金，针对支持中小企业和服务业吸纳就业，促进自主创业和自谋职业，制定完善小额担保贷款贴息、社会保险补贴、公益性岗位补贴、职业培训补贴等财税政策。在支持农村改革与发展问题上，涉及的财政补贴政策手段就更加丰富了。例如，2009 年，粮食直补、农资综合补贴、良种补贴、农机具补贴共安排资金 1230.8 亿元，增长 19.4%，农资综合补贴安排 756 亿元，增长 5.6%，农机具购置补贴大幅增加，安排 130 亿元，增长 2.25 倍，良种补贴范围安排 154.8 亿元，增长 25.4%，实行新的扶贫标准，对农村低收入人口全面实施新的扶贫政策，安排经费 197.3 亿元，增长 17.9%，安排家电下乡补贴 200 亿元，增长 9 倍。在财政支出政策工具上，充分体现了积极主动的管理创新思路。

3.2.2 积极财政政策促进经济健康发展：基于 2010—2014 年预算报告的考察

在宏观经济运行分析层面，财政政策的未来走向已成为社会各界判断经济运行近中期走势的重要风向标。如果从 1992 年明确建立社会主义市场经济体制的改革目标算起，中国的财政政策先后经历了从 "适度从紧" 到 "积极"，转向 "稳健"，再重启 "积极财政政策" 的螺旋式演进。财政政策的近中期走势，也成为研判宏观经济走势和稳定公共预期的关键。

（一）政策导向促进经济可持续发展

在 2011 年和 2012 年财政预算报告中，分别从财政政策的作用效果和未来走势的双向维度，系统展开了本轮积极财政政策的全景式演化脉络。

针对 2010 年积极财政政策实施情况，2011 年财政预算报告从五个方面详尽梳理了积极财政政策的作用效果。第一，认真落实积极的财政政策，促进国民经济继续朝着宏观调控的预期方向发展，进一步巩固经济向好势头。第二，提高城乡居民收入，扩大居民消费需求。增加对农民的补贴，加强农业基础设施和农业综合生产能力建设，促进农民增收。提高对城乡低保对象、企业退休人员和优抚对象等群体的补助水平，增强居民消费能力。继续实施家电、汽车下乡以及家电、汽车以旧换新等鼓励消费的一系列政策。第三，安排使用好政府公共投资，优化投资结构。通过统筹使用公共财政预算拨款、政府性基金收入、国有资本经营收益等，中央政府公共投资支出 10710 亿元，主要用于农业基础设施及农村民生工程、教育卫生等社会事业以及保障性安居工程、节能减排和生态建设、自主创新和结构调整等方面。第四，落实结构性减税政策，引导企业投资和居民消费。巩固增值税转型改革以及成品油税费改革成果。第五，对部分小型微利企业实施所得税优惠政策。继续执行各项税费减免政策，严格行政事业性收费和政府性基金项目的审批管理。结合 2011 年积极财政政策的实施情况，2012 年财政预算报告从四个方面概括了积极财政政策的作用效果。第一，充分发挥财税政策的作用，实施多种政策性举措，促进市场供求平衡，促进物价总水平保持基本稳定。第二，合理调整国民收入分配关系，扩大财政补助规模，增加城乡居民收入，提高居民消费能力。第三，优化投资结构，加强经济社会发展的薄弱环节，有序启动"十二五"规划重大项目建设。第四，完善结构性减税政策，引导企业投资和居民消费。在个人所得税工资薪金所得减除费用标准、部分小型微利企业所得税优惠政策、继续实施西部大开发等税收优惠政策、取消和减免收费及基金项目等方面，完善结构性减税政策，降低中低收入者税负，减轻中小企业负担。

在财政政策的近中期走势问题上，2011 年与 2012 年财政预算报告开宗明义地指出，紧紧围绕科学发展主题和加快转变经济发展方式主线，继续实施积极的财政政策，深化财税制度改革，推进国民收入分配格局调整，优化财政支出结构，加大对"三农"、教育、医疗卫生、社会保障和就业、保障性安居工程、节能环保以及欠发达地区的支持力度，切实保障和改善民生，推动经济增长、结构调整、区域协调和城乡统筹发展。通过加强和改善财政宏观调控，促进经济社会又好又快发展；加强对经济运行情况的监测分析，密切跟踪积极财政政策的实施情况，适时调整和完善相关政策措施，强化财政政策与货币、产业等政策的协调配合。

在财政政策的重点关注领域问题上，2011 年财政预算报告分别从提高城乡居民收入，扩大居民消费需求；着力优化投资结构，加强经济社会发展的薄弱环节；调整完善税收政策，促进企业发展和引导居民消费；进一步优化财政支出结构，保障和改善民生；大力支持经济结构调整和区域协调发展，推动经济发展方式转变等五个方面，系统描绘了中国积极财政政策近中期的全景画卷。从这个意义上讲，2011 年的财政预算报告，通过对未来财政政策走势的系统性诠释，实现了稳定社会预期、促进经济可持续发展的政策导向功能。2012 年财政预算报告分别从完善结构性减税政策，减轻企业和居民负担；增加居民收入，提高消费能力；进一步优化支出结构，着力保障和改善民生；促进经济结构调整和区域协调发展，推动经济发展方式加快转变等四个方面，进一步明确了财政政策的工具选择与政策着力点。

（二）强化宏观调控实现经济可持续发展

针对如何实现"处理好政府和市场的关系，使市场在资源配置中起决定性作用和更好发挥政府作用"这一经济体制改革的重要命题，政府预算报告作出了积极回应。

首先，明确未来财政政策走向，有效稳定市场预期。在宏观经济运行层面，财政政策的未来走向已然成为社会各界判断经济运行近中期走势的重要风向标。政府预算报告明确指出，2014 年继续实施积极的财政政策，适当扩大财政赤字，保持一定的刺激力度，同时赤字率保持不变，体现宏观政策的稳定性和连续性，促进经济持续健康发展和财政平稳运行，着力提高宏观调控水平，推动经济更有效率、更加公平、更可持续发展。

其次，正视财政收入中低速增长与支出刚性增长之间的矛盾，通过深化财税体制改革，促进加快转变经济发展方式，提高经济发展质量和效益。报告指出，当前我国经济发展环境依然错综复杂。从财政看，收支矛盾十分突出。受经济潜在增长率放缓、推进税收制度改革等因素影响，财政收入增长将趋于平缓。同时，支持全面深化改革、调整优化经济结构和促进各项社会事业发展，都需要增加投入。针对这些问题，提出了 2014 年预算安排的基本思路。

最后，切实加强地方政府性债务管理，有效防控财政风险。针对社会各界广为关注的地方政府性债务问题，政府预算报告指出，研究赋予地方政府依法适度举债融资权限，建立以政府债券为主体的地方政府举债融资机制；研究制定地方政府债券自发自还改革方案，推动部分地方开展改革试点；对地方政府性债务实行分类管理和限额控制；推广运用政府和社会资本合作模式（PPP），鼓励社会资本通过特许经营等方式参与城市基础设施等的投资和运营。同时，建立债务风险预警及化解机制，列入风险预警范围的高风险地区不得新增债务余额，强化金融机构等债权人约束，推进建立考核问责机制和地方政府信用评级制度。

3.2.3　新常态下的发展预算：基于 2015—2017 年预算报告的考察

随着经济市场化进程的不断推进，财政政策的近中期走向已然成为微观主体判断未来经济走势的重要风向标。只有财政政策的作用方向与作用力度得到进一步明确之后，地方和企业才能真正吃上"定心丸"。针对经济增长的传统动力减弱，经济下行压力加大，面临"三期叠加"的矛盾（增长速度换挡期、结构调整阵痛期和前期刺激政策消化期），经济发展进入新常态，正处在爬坡过坎的关口。因此，创新宏观调控思路和方式，对于稳定微观经济主体的政策预期是尤为重要的。

（一）运用财政政策促进经济平稳发展

针对财政政策如何促进经济平稳健康发展的问题，2015 年预算报告明确指出，继续实施积极的财政政策并适当加大力度，充分发挥财税政策稳增长、调结构、促改革的重要作用。具体而言，分别从"2015 年财政政策"和"改善和加强宏观调控"两个方面，作出了详尽的阐释。

2015 年财政政策主要体现为四个方面：一是适当扩大财政赤字规模和动用以前年度结转资金，加大支出力度。2015 年财政赤字占国内生产总值的比重约 2.3%，尽管比 2014 年提高 0.2 个百分点，但仍处于 3% 的安全警戒线之下，从而兼顾了促进经济发展与控制财政风险的双元目标。二是实行结构性减税和普遍性降费，加强对实体经济的支持。这种将财政政策与税费改革有机结合的思路，是颇有新意的。在积极推进税制改革、消除重复征税、清理规范税收优惠政策等结构性减税举措的同时，更为强调落实普遍降费措施，减免涉及小微企业的行政事业性收费和政府性基金，继续清理乱收费，切实减轻小微企业负担。三是加大盘活财政存量资金力度，提高财政资金使用效益。按照新预算法要求，清理结转结余资金，将盘活的财政资金重点投向民生改善、公共服务和基础设施等领域。清理财政专户，设定预算周转金和预算稳定调节基金的上限，编制三年滚动财政规划，防止产生新的资金沉淀。四是保持一定的政府投资规模，调整优化基建投资的安排方向，主要用于国家重大工程，跨地区、跨流域的投资项目以及外部性强的重点项目，进一步减少竞争性领域投入。在对 2015 年积极财政政策总体诠释的基础上，报告进一步从教育、科技、社会保障和就业、医药卫生、农业、生态环保、保障性安居工程、文化、司法等多重维度，详细阐述了相关领域的支出政策。

针对改善和加强宏观调控问题，政府预算报告详解了财政宏观调控的近中期政策取向。在保持政策连续性稳定性的基础上，适时适度预调微调，在区间调控基础上更加注重定向调控，加大结构性调控力度，重点支持薄弱环节发展，保持稳增长和调结构之间的平衡，给市场一个企稳的预期，为经济平稳运行创造有利的宏观环境。

（二）积极财政政策加力增效

一段时间以来，如何应对新常态下持续加大的经济下行压力，成为一个热议话题。通过更加积极的财政政策，创新宏观调控方式，在区间调控基础上实施定向调控和相机调控，加强预调微调，促进经济在合理区间运行，实现稳增长、调结构、防风险，构成了 2016 年"国家账本"中令人瞩目的亮点之一。

就财政收入一翼而言，扩大结构性减税范围，实行普遍性降费，着力支持实体经济发展和减轻企业负担。全面完成"营改增"改革，将试点范围扩大到建筑业、房地产业、金融业、生活服务业，实行不动产进项税抵扣。加大收费基金清理和改革力度，将 18 项行政事业性收费的免征范围，由小微企业扩大到所有企业和个人；将新菜地开发建设基金、育林基金的征收标准降为零，停征价格调节基金；将教育费附加、地方教育附加、水利建设基金的免征范围，由月销售额或营业额不超过 3 万元的缴纳义务人，扩大到不超过 10 万元的缴纳义务人。认真落实减税降费的各项政策，坚决不收过头税、过头费。通过实行上述"减税降费"政策，预计全年减轻企业和个人负担 5000 多亿元。这一系列改革举措充分体现了供给侧结构性改革的核心内涵，对于减轻企业负担，支持实体经济发展，具有非常深远的影响。

就财政支出一翼而言，加大积极财政政策力度，适度扩大财政赤字规模。2016 年全国财政赤字拟安排 2.18 万亿元，比 2015 年增加 5600 亿元，赤字率提高到 3%。其中，中央财政赤字 1.4 万亿元，地方财政赤字 7800 亿元。安排地方专项债券 4000 亿元，继续发行地方政府置换债券。扩大的赤字，在适当增加必要财政支出的同时，主要用于弥补减税降费带来的财政减收，保障政府应该承担的支出责任，使支出总水平和重点支出达到一定的力度。综合研判，我国的财政赤字率和政府负债率在世界主要经济体中是相对较低的，这样的安排是必要的、可行的，也是安全的。

（三）着力推进供给侧结构性改革

尽管积极财政政策已然成为经济新常态下的重要政策工具选项，但 2017 年的政府预算报告中，又赋予了财政政策更加积极的含义。

回顾 2016 年，通过实行大规模减税降费，有效实施了积极的财政政策。全面推开营改增试点，将试点范围扩大到建筑业、房地产业、金融业、生活服务业，并将所有企业新增不动产所含增值税纳入抵扣范围，新增试点行业全部实现总体税负只减不增的预期目标，全年降低企业税负 5736 亿元。进一步扩大企业研发费用加计扣除范围，加大对高新技术企业支持力度，出台股权激励和技术入股递延纳税政策，完善科技企业孵化器税收政策。取消、停征和归并一批政府性基金，扩大 18 项行政事业性收费免征范围，推动地方清理规范涉企行政事业性收费，减轻企业和个人负担 460 多亿元。合理扩大财政支出规模，赤字率适当提高，增加的赤字主要用于弥补减税降费带来的财政减收，保障政府应该承担的支出责任。

展望 2017 年，在继续深化实施积极财政政策过程中，着力推进供给侧结构性改革，推动解决结构性供需失衡。继续支持做好钢铁、煤炭行业化解过剩产能过程中职工分流安置工作，按照各地安置职工进度及时拨付专项奖补资金，落实并完善相关支持政策。对职工安置困难较大和财政收支压力大的地区，加大专项奖补资金和就业专项资金倾斜力度。防范化解煤电产能过剩风险。支持深化农业供给侧结构性改革。着力推动提高金融服务实体经济效率，引导更多信贷资金进入实体经济。发挥好工业转型升级专项资金作用，支持智能制造、工业强基、绿色制造和制造业创新中心建设，加快实施《中国制造 2025》。支持实施"十三五"国家战略性新兴产业发展规划，促进节能环保、新一代信息技术、高端装备制造等战略性新兴产业发展壮大。加大重大装备首台套推广应用支持力度，将新材料纳入首批次应用保险保费补偿范围。继续安排中小企业发展专项资金，深入开展小微企业创业创新基地城市示范，加快国家中小企业发展基金、国家新兴产业创业投资引导基金投资运行，继续落实固定资产加速折旧、众创空间等税收优惠政策，积极支持"大众创业、万众创新"。设立服务贸易创新发展引导基金，培育外贸竞争新优势。支持实施"一带一路"建设、京津冀协同发展、长江经济带发展三大战略，促进区域协调发展。

3.2.4 公共预算推动高质量发展：基于 2018—2019 年预算报告的考察

回顾 2017 年，通过着力推进减税降费政策，有效实施了积极财政政策。享受减半征收企业所得税优惠的小型微利企业年应纳税所得额上限由 20 万元提高到 50 万元；科技型中小企业研发费用加计扣除比例由 50% 提高到 75%；将商业健康保险个人所得税税前扣除试点政策推至全国；继续实施 2016 年底到期的部分税收优惠政策等，通过上述一系列措施，全年新增减税超过 3800 亿元。取消、停征或免征房屋转让手续费等 43 项中央行政事业性收费，降低 7 项政府性基金，降低 2 项征收标准；取消工业企业结构调整专项资金，加上地方自主清理的政府性收费，全年涉及减收超过 1900 亿元。此外，相关部门还出台了清理规范经营服务性收费、推进网络提速降费、降低企业用能成本、推进物流降本增效等措施，全年减轻社会负担超过 4400 亿元。

展望 2018 年，我国财政赤字率拟按 2.6%安排，尽管比去年预算低 0.4%，但是积极的财政政策取向不变，要聚力增效，落实创新驱动发展战略，推动我国经济实现高质量发展。在收入方面，通过重点降低制造业、交通运输等行业税率，实施个人所得税改革，再次扩大享受减半征收所得税优惠政策的小微企业范围等一系列措施，2018 年全年预计减税 8000 多亿元。加上进一步清理规范政府性基金和行政事业性收费等各种收费，将减轻税费负担 1 万亿元以上。在支出方面，落实创新驱动发展战略，推动我国经济由高速增长阶段向高质量发展阶段转变。一方面，推动提升科技创新能力。大力支持公共科技活动，加大对基础研究的投入力度；加快实施国家科技重大专项、"科技创新 2030—重大项目"；支持组建国家实验室和建设一流科研院所；推动建立以企业为主体、市场为导向、产学研深度融合的技术创新体系，支持符合条件的企业更多承担国家科技计划项目；充分发挥激励机制作用，加速科技成果向现实生产力转化。另一方面，促进创业创新和小微企业发展。深入开展小微企业创业创新基地城市示范，对拓展小微企业融资担保规模、降低担保费用成效明显的地区给予奖励，促进"双创"升级；设立国家融资担保基金，完善普惠金融发展专项资金政策，优化小微企业、"三农"主体融资环境。

（一）推动科技创新能力建设

回顾 2018 年，通过大规模减税降费，聚力增效继续实施积极的财政政策，多角度推动了科技创新能力的建设。中央一般公共预算本级科学技术支出增长 10.3%。支持实施国家科技重大专项，并选取部分专项探索开展基于诚信和绩效的"绿色通道"试点。推动智能制造、工业强基、绿色制造和工业互联网发展，支持制造业创新中心加强能力建设。落实首台（套）重大技术装备保险补偿试点政策，累计支持推广 1087 个项目，涉及装备价值总额 1500 多亿元。为激发创业创新活力，支持 100 个国家级、省级实体经济开发区打造特色载体，助推中小企业"双创"升级。设立国家融资担保基金，提升服务小微企业和"三农"等的能力。对扩大小微企业融资担保业务规模、降低小微企业融资担保费率成效明显的地方予以奖补激励。

2019 年，安排全国财政赤字 27600 亿元，赤字率由 2.6%适度提高到 2.8%，同时，安排地方政府专项债券 21500 亿元，比 2018 年增加 8000 亿元，这样的安排释放了财政政策更加积极的信号，并有助于继续推动科技创新能力建设。在推动制造业高质量发展方面，支持重大短板装备攻坚、重点产业创新服务平台等，推进战略关键领域创新突破。在支持科技创新企业发展方面，综合运用风险补偿、后补助等手段，引导企业加大科技投入，促进成果转化和产业化。再支持一批实体经济开发区打造不同类型的创新创业特色载体；发挥好国家中小企业发展基金、新兴产业创业投资引导基金作用，加大对早中期、初创期创新型企业的支持，培育更多新动能。落实好创业投资个人所得税优惠政策，适当提高居民企业技术转让所得免征企业所得税限额标准。在支持基础研究和应用基础研究方面，加大对突破关键核心技术的支持。加强国家战略科技力量建设，推进国家实验室建设和科技创新基地布局优化，推动科研设施与仪器开放共享，实施国家科技重大专项和"科技创新 2030—重大项目"。加大对科研院所稳定支持力度，加强科技人才队伍建设。狠抓中央财政科研项目资金管理改革等政策落地见效，开展基于绩效、诚信和能力的科研管理改革试点，形成更有效的创新激励机制。推动健全以企业为主体的产学研一体化创新机制，支持企业牵头实施重大科技项目。综合运用风险补偿、后补助、创投引导等手段，引导企业加大科技投入，促进成果转化和产业化。支持全面加强知识产权保护。

（二）实施更大规模减税降费

回顾 2018 年，降低制造业、交通运输、建筑、基础电信服务等行业及农产品等货物的增值税税率，统一增值税小规模纳税人标准至 500 万元，对装备制造等先进制造业、研发等现代服务业，符合条件企业和电网企业的期末留抵税额予以一次性退还。实施个人所得税改革，修改个人所得税法，自 2018 年 10 月 1 日起，提高基本减除费用标准，调整优化税率结构，在此基础上研究制定个人所得税专项附加扣除暂行办法，设立子女教育等 6 项专项附加扣除，修订个人所得税法实施条例，自 2019 年 1 月 1 日起正式实施，实现从分类税制向综合与分类相结合税制的重大转变，惠及约 8000 万纳税人。加大小微企业税收支持力度。将享受减半征收企业所得税优惠政策的小型微利企业年应纳税所得额上限由 50 万元提高到 100 万元，将符合条件的小微企业和个体工商户贷款利息收入免征增值税单户授信额度上限由 100 万元提高到 1000 万元。此外，对扩大小微企业融资担保业务规模、降低小微企业融资担保费率成效明显的地方予以奖补激励。

展望 2019 年，将实施更大规模的减税降费，综合运用融资增信、以奖代补、税收优惠等方式共同激发微观主体活力。在税收方面，大幅放宽可享受企业所得税优惠的小型微利企业标准并加大所得税优惠力度，将小规模纳税人增值税起征点由月销售额 3 万元提高到 10 万元，允许地方在 50% 税额幅度内减征资源税、城市维护建设税、房产税、城镇土地使用税、印花税（不含证券交易印花税）、耕地占用税和教育费附加、地方教育附加，扩展投资初创科技型企业享受税收优惠政策的范围。以制造业为重点实质性降低增值税税率，将制造业适用的税率由 16% 降至 13%，逐步建立期末留抵退税制度，有效降低企业成本负担。在企业融资方面，鼓励金融机构加大对民营企业和中小企业的支持，缓解企业融资难融资贵问题。加快国家融资担保基金运作，对单户担保金额 500 万—1000 万元的，实行与 500 万元以下统一的收费政策，收费由原不高于承担风险责任的 0.5% 降为 0.3%，引导合作机构逐步将平均担保费率降至 1% 以下。支持 30 个城市开展深化民营和小微企业金融服务综合改革试点，引导试点城市降低企业综合融资成本。

3.2.5　新冠疫情后的可持续预算：基于 2020—2023 年预算报告的考察

与 2019 年强调积极的财政政策加力提效不同的是，2020 年财政工作的原则被确定为"积极的财政政策更加积极有为"。作为打好脱贫攻坚战的决战之年，也是全球新冠疫情对经济形势影响十分不确定的一年，财政更应该大力发挥逆周期调节作用，从而保障经济的协调与稳定。面对地方财政"紧平衡"的运行特征以及新冠疫情防控常态化等因素的影响，对冲经济下行压力成为 2020 年财政工作的首要目标。一方面，2020 年将继续提升财政赤字水平，赤字率拟按照 3.6% 以上安排，赤字规模预计比上年增加 1 万亿元，一定程度上弥补了减税降费政策实施带来的收支缺口，传递了积极的经济信号，提振市场信心。另一方面，中央财政发行 10000 亿元抗击新冠疫情特别国债，全部转给地方用作公共卫生等基础设施建设和抗击新冠疫情相关支出，有效平衡地方财政支出压力。而作为特殊时期的特殊国债举措，考虑到地方财力及还本压力，抗击新冠疫情特别国债的全部利息及 30% 的本金将由中央财政进行偿还。此外，2020 年还建立了财政资金"一竿子插到底"的特殊转移支付机制，新增财政赤字和抗击新冠疫情特别国债是运用该机制的资金重点，中央新增财政资金直达市县基层、直接惠企利民，能够确保最大限度地提升地方可支配资金额度及地方财政自主权，从而保障新增财政资金为落实"六稳""六保"工作提供坚实财力支撑。

（一）注重加强财政可持续性

回顾 2020 年，在新冠疫情的重大冲击下，财政政策更加积极有为、注重实效。为有效控制新冠疫情，缓解财政资金紧张，赤字率提升了近 1 个百分点，财政赤字规模也大幅增加。在中央层面，中央本级支出下降 0.1%，其中非急需非刚性支出压减 50%以上。在地方层面，地方财政也进一步压减一般性支出，严格控制"三公"经费，对于各类结余、沉淀资金，实现应收尽收，尽快重新安排。在制度创新方面，首次建立了中央财政资金直达机制，大力推动省级财政资金的下沉，使得新增的 2 万亿元资金直达市县基层，同时建立直达资金专项国库对账机制，使得资金分配、拨付及使用情况得到动态监督，财政部和审计署分别设置了中央财政直达资金监控系统和直达资金专项审计，大大提高了宏观政策的实施效果。

与 2020 年预算报告中的"财政政策更加积极有为"相比，2021 年对财政政策的定位放在"提质增效、更加持续"上面，在新冠疫情得到有效控制和国民经济恢复稳定的情形下，财政收支深层矛盾有所凸显，财政可持续性需要受到更多关注，预算安排也牢牢把握了这一原则。第一，继续优化调整支出结构，增强地方政府财力。延续 2020 年的负增长，中央本级支出 35015 亿元，下降 0.2%，同时增加对地方的转移支付，资金金额达83370 亿元，较去年实际增长了 7.8%，其中均衡性转移支付以及县级基本财力保障机制奖补资金等增长了 10%以上，大大增强了对地方的财政支持。地方一般公共预算支出则持续增长，较 2020 年增长 1.9%，达到 214605 亿元。第二，建立常态化财政资金直达机制，提高财政资金使用效能。纳入直达机制的资金使用进度整体上较往常加快了一个季度以上，促进了各项政策的快速落实，显著提高了政策效果。2021 年将进一步常态化和制度化这一机制，纳入了中央财政资金 2.8 万亿元，与 2020 年的 2 亿元相比，规模显著扩大，有助于进一步提升市县财政惠企利民政策的实施效果。第三，持续化解财政风险隐患，保障财政更可持续。在经济逐渐恢复的大背景下，合理下调赤字率，较 2020 年的 3.6%下调 0.4 个百分点，拟安排 3.2%，赤字规模也有所下降，由 2020 年的 3.76 万亿元减少至 3.57 万亿元。同时，减少新增地方政府专项债券的发行总额，较 2020 年减少 1000 亿元，并将地方政府隐性债务风险的化解作为 2021 年的重点工作。2021 年，财政资金的使用依旧精打细算，注重提质增效，财政经济运行也将更为稳定，财政可持续性进一步增强。

（二）更加注重精准可持续

2021 年，全国一般公共预算收入 20.25 万亿元，比上年增长 10.7%。一般公共预算支出 24.63 万亿元，同比增长 0.3%，为"十四五"开好局、起好步提供了坚实的财力支撑。在这一年中，国民经济恢复稳定，对积极的财政政策定位放在"提质增效、更可持续"上面。一方面，为保证积极的财政政策提质增效，建立了常态化财政资金直达机制，纳入中央财政资金 2.8 万亿元，规模显著扩大，进一步提升了市县财政惠企利民政策的实施效果；另一方面，为保证积极财政政策的可持续性，在经济逐渐恢复的大背景下，合理下调赤字率，赤字规模也有所下降。从总体来看，2021 年在保持财政支出规模适当增加的同时，各项举措既保持了宏观政策的连续性、稳定性，明确了国家对于经济恢复的必要支持力度，又兼顾稳增长和防风险需要，保证了各项政策的实施更加精准有效，体现了推动经济高质量发展的决心。

2022 年对于积极的财政政策的定位是"要提升效能，更加注重精准、可持续"，既延续了 2021 年对于财政政策要提质增效、更可持续的要求，又进一步提出要让积极的财政政策精准发力、靠前发力。在提升财政政策效能方面，按照宏观政策要稳健有效的要求，统筹财政资源，加强与货币、就业、产业等政策相协调。在促进财政政策精准实施方面，聚焦制造业高质量发展、聚焦中小微企业减负纾困、聚焦科技创新，实施新的减税降费，大力改进增值税留抵退税制度；进一步优化财政支出结构，落实"过紧日子"要求，加强对基本民生的保障、对重点领域的保障、对地方特别是基层财力的保障。在增强财政政策可持续性方面，统筹需要和可能安排财政支出，坚持在发展中保障和改善民生；赤字率由 2021 年的 3.1% 进一步下调至 2.8% 左右，有利于财政可持续运行，也有利于合理安排债务规模，有效防范财政风险。另外，全国一般公共预算支出安排规模为 26.71 万亿元，比上年增加 2 万亿元以上，增长 8.4%；中央财政对地方的转移支付规模近 9.8 万亿元，比上年增加近 1.5 万亿元，同比增长 18%，是 2012 年以来的最高增幅。由此看来，虽然赤字率有所下降，但财政支出规模继续扩大，积极的财政政策力度不减。总的来说，2022 年积极的财政政策既保持了必要力度，支持经济恢复发展；又预留了政策空间，应对今后可能出现的风险挑战，是完整、准确、全面贯彻新发展理念，落实党中央决策部署的战略安排，也是促进经济健康发展的重要举措。

2023 年的预算报告强调"积极的财政政策要加力提效，注重精准、更可持续"，这是"加力提效"一词自 2019 年后再次被提起，不仅延续了提升财政政策效能的要求，还释放出了更为积极的政策发力信号。"加力"主要指加强财政资金统筹，适度扩大财政支出规模，保持必要的支出强度。在落实"过紧日子"要求的前提下，赤字率由上年的 2.8%上调至 3%，中央本级支出同比增长 6.5%。通过统筹财政收入，优化组合财政赤字、专项债、贴息等政策工具，重点保障国防、外交等国家重要安全领域以及乡村振兴、教育、医疗等基层民生实事项目。"提效"主要指统筹财政资源，提升财政政策效能。财政政策与货币、产业、科技、社会等政策协调配合，最终实现财政支出结构的调整与优化。同时，持续完善税费优惠政策，对科技创新、重点产业链等领域出台新增的减税降费政策，着力提升税费优惠的精准性与靶向性。另外，小规模纳税人增值税征收率阶段性降至 1%，继续对月销售额 10 万元以下的小规模纳税人免征增值税，切实提升企业抗风险能力。最后，财政政策兼顾"促发展"与"防风险"，不断增强财政可持续性。财政赤字比上年增加 5100 亿元，且新增赤字均由中央财政承担，这在一定程度上降低了地方政府债务风险，减轻了地方政府财政压力。总的来说，2023 年积极的财政政策切实践行系统观念，既采取了更有力的有效举措，持续巩固了稳中向好的经济态势，也充分考虑到发展中的诸多不确定性因素，为实现经济发展行稳致远保驾护航。

3.3 以人民为中心的民生预算

透过纷繁复杂的各项财政收支数字，可以发现每年的财政预算报告最为突出的特点之一，就是凸显了公共财政情系社会民生的时代主题。"民生、幸福、和谐"，这些百多年来中国现代化进程中时常被寻觅与叩问的理想和追求，始终在政府财政预算中得到发扬与彰显。

3.3.1 重点领域民生支出逐年增加

2008 年财政预算报告所具有的民生预算色彩，总体上体现为强农惠农政策、优先发展教育、推进医疗卫生改革、完善社会保障体系、加强环境生态建设、建立廉租住房制度等几个重要方面。在加快推进以改善民生为重点的社会建设战略目标下，改善民生的具体目标可以细化为"学有所教、劳有所得、病有所医、老有所养、住有所居"等诸多方面。初步计算，2007年中央财政支出中，用于上述"三农"、教育、医疗卫生、社会保障和就业、环境保护和生态建设、住房制度改革等社会民生方面的支出，约计 8796.52亿元（分别是中央财政用于"三农"各项支出合计 4318 亿元，教育支出1076.35 亿元，医疗卫生支出 664.31 亿元，社会保障和就业支出 2303.16亿元，环境保护和生态建设方面 383.7 亿元，建立廉租住房制度 51 亿元），占 2007 年中央财政支出（包括中央本级支出及对地方税收返还和转移支付支出）29557.49 亿元的比重，高达 29.76%（需要说明的是，由于"三农"支出并不是单独的预算科目，在报告中为便于审议，专门把涉农的各方面支出项目综合反映在"三农"支出中，因此与教育、医疗卫生等相关科目会有交叉，故上述比重的测算可能会有所偏差，下同）。2008 年中央财政预算安排中，用于上述民生方面的支出约计 11875.46 亿元（分别是中央财政安排用于"三农"各项支出合计 5625 亿元，安排教育支出 1561.76 亿元，安排用于医疗卫生支出 831.58 亿元，安排社会保障和就业支出 2761.61 亿元，环境保护支出 1027.51 亿元，建立健全廉租住房制度中央财政安排资金 68 亿元），占 2008 年中央财政支出 34831.72 亿元的比重，高达 34.09%。

承继 2008 年预算报告首次将"三农"支出情况汇总报告的风格，2009年财政预算报告在此基础上，又首次增加报告了民生支出的情况，将与人民群众生活直接相关民生支出诸如教育、医疗卫生、社会保障、就业、保障性安居工程、文化等做了详细说明。2009 年中央预算用于这些方面的民生支出达到 7285 亿元，比上年增加 1653 亿元，增长 29.4%。地方财政也都把重点放在民生的支出上。

具体而言，一是推动教育优先发展，着力提高基础教育保障水平，推动高水平大学加速发展。中央财政安排教育支出 1981 亿元，在上年增长48.5%的基础上，进一步增长 23.9%。主要用于提高农村义务教育经费保障水平，实施农村义务教育阶段中小学校舍的安全工程，落实免除城市义务教育阶段学生学杂费工作，支持解决农民工随迁子女就学问题，实施农村义务教育教师绩效工资制度，大力支持职业教育的发展，继续推进高水平大学和重点学科建设等。二是加快发展医疗卫生事业，重点缓解"看病难，看病贵"问题，健全公共卫生服务体系。中央预算安排医疗卫生的支出 1181

亿元，比上年增长 38.2%。大力支持深化医疗卫生体制改革，包括完善新型农村合作医疗制度，全面建立城镇居民基本医疗保险制度，中央和地方财政的补助标准 2009 年全部达到人均 80 元，进一步加大城乡医疗救助力度，健全基层医疗卫生服务体系。三是进一步完善社会保障制度，稳步提高保障力度，构筑社会安全网络。中央财政安排社会保障支出达到 2930 亿元，增长 17.6%。按照月人均 15 元、10 元的标准，继续提高城乡低保补助水平；对全国城乡低保对象、农村五保户等 7570 多万困难群众，在春节之前发放一次性生活补助；按照上年企业退休人员月人均基本养老金 10% 左右，继续提高企业退休人员的基本养老金水平；提高部分优抚对象抚恤补助标准，进一步健全失业保险制度等。四是实施更加积极的就业政策，建构覆盖全社会的就业促进网络，利用公共投资创造更多的就业岗位。中央财政安排就业扶持资金 420 亿元，比上年增长 66.7%。重点帮扶就业困难人群、零就业家庭以及受灾地区劳动力就业；对返乡创业的农民工给予政策扶持；在国家增加的公共投资，特别是农林水利等建设中，尽可能多地吸纳当地农民和农民工就业，积极推行以工代赈；实施促进大学生到城乡基层、中西部地区、中小企业就业的优惠政策，要支持加大对下岗失业人员以及农民工的职业技能培训，提高他们的技能，促进就业；综合运用一系列财税政策，以及社会保障基金提取的规定，支持中小企业以及服务业尽量多地吸纳就业，促进自主创业、自谋职业。五是大力支持保障性安居工程的实施，在改善群众居住条件的同时拉动内需。中央财政安排保障性安居工程建设资金以及补助资金 493 亿元，比上年增长 171%，主要用于加大对廉租住房建设和棚户区改造的投入，对中西部地区适当提高补助标准；主要以实物方式，结合发放租赁补贴，解决 260 万户城市低收入住房困难家庭的住房问题，以及 80 万户林区、垦区、煤矿等棚户区居民住房的搬迁维修改造问题；加强农村危房改造，实施少数民族地区游牧民定居工程。六是积极推进文化事业发展，促进公共文化产品和服务的提供和使用，丰富广大人民群众的精神文化生活。中央财政安排文化支出 280 亿元，主要用于支持免费开放全国各级文化文物部门归口管理的公共博物馆、纪念馆和全国爱国主义教育示范基地。推动实施大遗址保护工程，加强国家重点文物保护。支持推进农村中央广播电视节目无线覆盖、全国文化信息资源共享、农村电影数字化放映、农家书屋等文化惠民工程。推动文化体制改革，促进经营性文化事业单位转制为企业，发展文化产业。

2010 年公共财政用于民生支出的投入力度进一步加强。从预算支出结构变化来看，2010 年的预算安排对于教育、医疗卫生、社会保障和就业、保障性住房、文化方面的民生支出合计 8077.82 亿元，增长 8.8%。就各项主要支出的增长幅度而言，基本上都高于中央财政支出的平均增幅水平。这充分体现了在不断做大的财政"蛋糕"中，其配置格局进一步向重点民生领域倾斜，更加注重保障和改善民生、切实推动经济社会协调发展。

在 2011 年预算安排中，提出了集中财力办几件保障和改善民生的大事：一是全面落实国家中长期教育改革和发展规划纲要要求，加大教育投入力度，提高教育资金使用效率；二是大力支持医药卫生体制改革，提高医疗服务和保障水平；三是加大保障性安居工程投入力度，推进公共租赁房、廉租房建设和农村危房及各类棚户区改造；四是支持加快建立覆盖城乡居民的社会保障体系，进一步扩大新型农村社会养老保险试点范围，并将试点地区城镇无收入居民纳入保障范围；五是加强农业农村基础设施建设，大力推进农田水利建设、中小河流治理、小型病险水库除险加固、山洪灾害防治等，切实改善农村生产生活条件；六是支持节能减排和科技创新，促进经济结构调整和发展方式转变。这种集中诠释当前民生支出重点领域的报告风格，更加清晰地彰显了民生财政建设的中长期发展方向，体现了公共财政"取之于民、用之于民"的不懈追求。

在 2012 年预算安排中，中央财政用于重点民生支出的支持力度，也同样体现了跨越式增长的特点。例如，落实促进学前教育发展的一系列政策措施，重点支持中西部地区和东部困难地区，增长 48.1%；继续加强职业教育基础能力建设，逐步实行中等职业教育免费制度，增长 91.7%；将新型农村合作医疗和城镇居民基本医疗保险的财政补助标准增加到每人每年 240 元，并适当提高报销水平，补助 1050 亿元，增长 37%；加大农业科技投入，改善农业科技创新条件，支持现代种业发展和基层农技推广体系建设，促进农业科技成果转化与技术推广，增长 53%。

按照稳增长、调结构、促改革、惠民生的要求，预算执行中根据经济社会发展需要，2013 年在没有扩大中央财政支出（包括中央本级支出和对地方转移支付）预算规模的条件下，调整支出结构，重点增加了保障性安居工程、农业水利、节能环保等民生领域的投入。

针对社会各界广为关注的"三农"、环保、公共卫生等重点民生领域，2014 年财政预算报告提出了一系列加快民生财政建设的制度安排与改革举措：研究建立财政转移支付同农业转移人口市民化挂钩机制；支持黑龙江省开展"两大平原"涉农资金整合试点；开展财政支持农民专业合作组织发展创新试点和新型农业生产社会化服务体系建设试点；选择部分省份开展新一轮退耕还林试点；从 2014 年起，取消部分地区大豆和棉花临时收储政策，开展目标价格补贴试点；支持开展重金属污染综合防治试点；研究调整基层医疗卫生机构补助政策，调动基层医疗卫生机构和人员增加服务数量和提高服务质量的积极性；稳步推进县级公立医院综合改革试点和基层医疗卫生机构综合改革，开展基层医疗卫生机构全科医生特岗计划试点；开展保障性安居工程预算绩效综合评价试点。

在 2016 年的"国家账本"中，突出强调了"调整优化支出结构，按可持续、保基本原则安排好民生支出"这一现代财政制度的核心要义。就财政投入的方向而言，严格控制"三公"经费预算，压缩会议费等一般性支出。对收入高增长时期支出标准过高、承诺过多等不可持续支出或政策性挂钩支出，在合理评估的基础上及时压减。优化转移支付结构，重点压减专项转移支付数额，相应提高均衡性转移支付以及老少边穷地区转移支付规模。中央基建投资集中支持属于中央事权的公益性基本建设项目，减少小散项目支出。

就具体主要支出政策而言，在教育方面，继续实施农村义务教育薄弱学校改造计划等重大项目，对建档立卡的家庭经济困难学生率先免除普通高中学杂费；继续实施现代职业教育质量提升计划，推动地方建立健全职业院校生均拨款制度，改善中职学校办学条件，加强"双师型"教师队伍建设；支持普惠性幼儿园发展；健全家庭经济困难学生资助政策体系，提高资助精准度。在社会保障和就业方面，2016 年中央财政按城市、农村低保人均补助水平分别提高 5%、8%对地方补助；研究建立健全特困人员供养制度和资金保障机制；支持地方全面建立困难残疾人生活补贴和重度残疾人护理补贴制度；保障优抚对象等人员各项抚恤待遇落实。在职工工资增长机制方面，统筹考虑职工平均工资增长率和物价涨幅等因素，自 2016 年起，按 6.5%左右提高企业和机关事业单位退休人员养老金标准，并向退休较早、养老金偏低的退休人员和艰苦边远地区企业退休人员适当倾斜；建立基本工资正常调整机制，促进在职和退休人员待遇水平协调增长；完善职工养老保险个人账户，坚持精算平衡，建立更加透明易懂的收付制度，进一步健全多缴多得、长缴多得的激励约束机制。在医药卫生方面，建立健全合理分担、可持续的医保筹资机制,将城乡居民基本医疗保险财政补助标准由每人每年 380 元提高到 420 元,加大对城乡居民大病保险的支持力度;将基本公共卫生服务项目年人均财政补助标准由 40 元提高到 45 元;推进重特大疾病医疗救助,加强与相关医疗保障制度的衔接,减轻低收入大病患者治疗费用负担。在脱贫攻坚方面,2016 年中央财政加大了扶贫方面各项支出力度,其中财政扶贫专项资金增加 201 亿元,增长 43.4%,其增幅之大充分体现了实现脱贫攻坚目标的决心与力度;进一步推广资产收益扶贫试点,大力推动易地扶贫搬迁,支持贫困县统筹整合使用财政涉农资金,集中力量解决突出贫困问题;推进少数民族扶贫、国有贫困农(林)场扶贫、以工代赈等,实施彩票公益金支持贫困革命老区项目;通过实施精准扶贫、精准脱贫,增强贫困地区"造血"功能和发展后劲,推动贫困地区和贫困群众加快脱贫致富步伐。在保障性安居工程方面,继续开展运用政府和社会资本合作(PPP)模式投资建设和运营管理公共租赁住房试点,落实棚户区改造税费优惠政策和贷款贴息政策,积极推进棚改货币化安置和政府购买棚改服务;全年计划棚户区改造开工 600 万套,农村危房改造 314 万户。

2017 年,新增财力以及调整存量腾出的资金,优先用于支持推进供给侧结构性改革,适度扩大有效需求,加大对基本民生保障和扶贫、农业、教育、生态文明建设等重点领域的投入,使财力进一步向困难地区和基层倾斜,增强财政对基本公共服务的保障能力。在教育方面,从春季学期开始统一城乡义务教育学生"两免一补"政策,实现"两免一补"和生均公用经费基准定额资金随学生流动可携带;继续开展薄弱学校改造等工作,着力解决农村义务教育发展中存在的突出问题;提高研究生国家助学金补助标准;进一步聚焦贫困地区和贫困人口,加快推进教育脱贫攻坚。在社会保障和就业方面,适当提高退休人员基本养老金标准,建立基本养老金合理调整机制;稳步推动基本养老保险制度改革,提高制度覆盖面;加大统筹社会救助资源力度,科学合理确定城乡最低生活保障标准;完善特困人员救助供养政策;加强困境儿童保障和农村留守儿童关爱保护工作;加强对残疾人事业发展的支持;适时研究调整优抚对象等人员抚恤和生活补助标准;规范开展长期护理保险制度试点;实施更加积极的就业政策,健全就业创业政策措施,着力促进重点群体就业,研究建立终身职业技能培训制度。在医疗卫生方面,健全基本医保稳定可持续筹资和报销比例调整机制，坚持适度保障原则，更加注重保大病；将城乡居民基本医疗保险财政补助和个人缴费标准均提高 30 元，分别达到每人每年 450 元和 180 元；全面推开公立医院综合改革，完善基层医疗卫生机构运行机制；将基本公共卫生服务项目年人均财政补助标准由 45 元提高到 50 元。在财政扶贫方面，中央财政安排补助地方专项扶贫资金 861 亿元，比上年增加 200 亿元，增长 30.3%，用于支持落实精准扶贫、精准脱贫基本方略；统筹安排农业、教育、社保、医疗等领域用于扶贫的资金，进一步加大支持打赢脱贫攻坚战的投入力度，切实发挥政府投入在扶贫开发中的主体和主导作用；加快改善贫困地区基础设施和基本公共服务，加大产业、教育、健康扶贫支持力度；全面推进贫困县涉农资金整合试点。在住房保障方面，大力支持棚户区改造，继续推进公租房等保障房及配套设施建设，完善棚改安置和公租房分配方式，推动房地产库存量大的城市提高货币化安置比例。继续推进农村危房改造工作，中央财政补助资金集中用于低保户、农村分散供养特困人员、贫困残疾人家庭和建档立卡贫困户的危房改造，同时适当提高补助标准。在支持困难地区财政运转和基本民生兜底方面，继续增加阶段性财力补助规模，并统筹县级基本财力保障机制奖补资金等转移支付，加大对资源能源型和财政困难地区支持力度，兜住保障基本民生的底线；继续加大对革命老区、民族地区、边境地区转移支付力度。

2018 年，为了进一步提高保障和改善民生水平，在支持发展公平优质教育方面，巩固落实城乡统一、重在农村的义务教育经费保障机制，改善贫困地区义务教育薄弱学校基本办学条件；实施第三期学前教育行动计划、高中阶段教育普及攻坚计划和现代职业教育质量提升计划；支持加快世界一流大学和一流学科建设，加强教师队伍建设，进一步健全学生资助制度；支持和规范社会力量兴办教育。在加强就业和社会保障方面，落实积极的就业政策，继续安排就业补助资金，促进就业创业；从 2018 年 1 月 1 日起，提高企业和机关事业单位退休人员基本养老金及城乡居民基础养老金水平；按一定比例适当提高城乡居民低保补助水平，适时调整优抚补助标准，加强对特困人员、残疾人等群体的兜底保障。在医疗卫生方面，巩固破除以药补医成果，健全医疗卫生服务体系；全面推进城乡居民医保制度整合，将城乡居民基本医疗保险财政补助标准提高 40 元（其中 20 元用于提高大病保险保障水平），达到每人每年 490 元，相应提高个人缴费比例；将基本公共卫生服务项目年人均财政补助标准再提高 5 元，达到每人每年 55 元。

在完善住房保障机制方面，继续推进保障性安居工程建设，2018 年支持新开工各类棚户区改造 580 万套，加大对公共租赁住房及其配套基础设施建设的支持力度。继续支持各地优先开展 4 类重点危房改造，进一步加大对深度贫困地区的倾斜力度。在提高基本公共服务均等化水平方面，大幅增加中央对地方一般性转移支付，重点增加均衡性转移支付、老少边穷地区转移支付、民生政策托底保障财力补助等；加大重点领域专项转移支付对发展薄弱地区和财政困难地区的支持力度；推动省级财政进一步下沉财力，增强省以下政府基本公共服务保障能力。在财政扶贫方面，安排中央财政补助地方专项扶贫资金 1060.95 亿元，比 2017 年增加 200 亿元，增长 23.2%，增量重点用于"三区三州"等深度贫困地区；加大教育转移支付、重点生态功能区转移支付、中央基建投资等资金渠道向深度贫困地区的倾斜力度。

2019 年，为优先保障重点领域支出，要树立"过紧日子"的思想，严格压缩一般性支出，厉行勤俭节约，把钱花在刀刃上，严控"三公"经费预算，取消低效无效支出，清理收回长期沉淀资金。其中，中央财政带头严格管理部门支出，一般性支出按照不低于 5% 的幅度压减，"三公"经费再压减 3% 左右。在重点领域的支持上，中央财政专项扶贫资金安排 1260.95 亿元，增长 18.9%，增量主要用于深度贫困地区；加大污染防治投入力度，将打赢蓝天保卫战作为重中之重，中央财政大气污染防治资金安排 250 亿元，增长 25%，水污染防治方面的资金安排 300 亿元，增长 45.3%。在民生领域的保障上，中央财政就业补助资金安排 538.78 亿元，增长 14.9%；中央财政支持学前教育发展资金安排 168.5 亿元，增长 13.1%，促进公办民办并举扩大普惠性学前教育资源；中央财政现代职业教育质量提升计划专项资金安排 237.21 亿元，增长 26.6%；从 2019 年 1 月 1 日起，按平均约 5% 的幅度提高企业和机关事业单位退休人员基本养老金标准，继续划转部分国有资本充实社保基金；城乡居民医保财政补助标准提高 30 元，达到每人每年 520 元，提高的 30 元中安排一半用于增强大病保险保障能力，基本公共卫生服务经费人均财政补助标准提高 5 元，加上从原重大公共卫生服务平移的补助资金折算为人均 9 元，达到每人每年 69 元；中央财政城镇保障性安居工程专项资金安排 1433 亿元，增长 12.4%，农村危房改造补助资金安排 298.5 亿元，增长 12.9%，支持优先开展建档立卡贫困户、低保户、分散供养特困人员和贫困残疾人家庭等重点对象危房改造，资金增量主要用于地震高烈度设防地区农房抗震改造。

2020 年"国家账本"强调预算编制与财政工作的指导原则是"以收定支"，这意味着要在客观因素对财政收入造成影响的情况下按照收入来把控支出，即财政支出是有一定限度的。该理财思想的提出与新冠疫情紧密相关，全球新冠疫情的暴发不仅对人类健康产生影响，更是对全球经济发展、贸易运行、金融市场造成深度冲击。2020 年"国家账本"将"六保"全面纳入主要收支政策及重点财政工作范围，做好"六保"任务成为稳定经济基本盘的前提条件。2020 年中央本级支出实现负增长，其中非急需非刚性支出压减 50% 以上，这是从未有过的压减力度，也体现了中央坚持"过紧日子"的决心。除压减非必要支出外，中央还多渠道统筹资金用于兜底民生工作，例如，中央财政不仅安排了就业补助资金 539 亿元，更是从失业保险基金结余中提取了超过 1000 亿元职业技能提升行动专账资金，不断扩大各地职业技能培训的覆盖面，加速化解就业结构性矛盾。同时，为减轻困难群众医疗负担，城乡居民医保人均财政补助标准新增 30 元，达到每人每年不低于 550 元，基本公共卫生服务经费人均财政补助标准也从 69 元提高到 74 元。最后，由于各地财力差距较大，为完成脱贫攻坚任务，实现全面建设小康社会的目标，中央对地方的转移支付增长了 12.8%，且这部分转移支付资金尤其向贫困地区、边疆地区、革命老区等地倾斜，以缓解财政困难地区的财政压力，保障基层财政的正常运转。

2021 年，为进一步提高社会福利，在就业、教育、社会保障、公共卫生等重点领域持续推进、有序开展民生工作。在就业方面，进一步强化就业优先政策，发放中央财政就业补助资金 559 亿元，较前一年增加 20 亿元，为地方落实各项就业创业扶持政策提供财政支持；稳定当前就业岗位，通过一定的财税、金融等政策支持来鼓励企业不裁员或少裁员；失业和工伤保险费率持续下降，失业保险返还等阶段性稳岗政策的覆盖范围不断扩大，继续执行以工代训政策①；安排就业专项补助等资金，用于修建各类劳动力市场、人才市场以及零工市场。在教育方面，城乡义务教育补助经费较前一年增加 4.3%，发放 1770 亿元，为农村办学提供更多支持，完善教师工资保障长效机制，提高乡村教师待遇，促进城乡统一、重在农村的义务教育经费保障机制的稳定运行，实现教育的高质量发展。在社会保障方面，进一步提高退休人员的基本养老金、优抚对象抚恤和生活补助标准，将企

---

① 以工代训政策是指用人单位吸纳城乡困难人员就业，在劳动岗位上以实际操作的方式接受技能培训给予培训补贴。

业职工基本养老保险基金中央调剂比例由 4%提至 4.5%；养老方式多元化，一方面推动医养康养的结合，促进试点长期护理保险制度的稳步实施，另一方面发展社区养老，发布更多相关优惠政策，强化配套设施的建设，使得社区养老发展更为成熟；兜住民生底线，将发放 1473 亿元的困难群众救助补助资金，分层分类进行社会救助工作。在公共卫生方面，加大公共卫生投入力度，提高居民医保人均财政补助标准 30 元，达到每人每年 580元，同时个人缴费标准增加 40 元，达到每人每年 320 元，并且个人缴费可根据相关规定进行税前扣除；基本公共卫生服务经费人均财政补助标准增加 5 元，达到每人每年 79 元；建立健全门诊共济保障机制，逐渐把门诊费用纳入统筹基金的范围进行报销。新的一年，各个领域的民生建设都将持续加大力度，切实改善民生，不断提升居民的获得感和满足感。

2022 年，依旧秉持"以人民为中心的发展思想"，在稳增长政策的基调下，财政聚焦稳增长、保民生。进一步扩大就业、教育、医疗卫生、社会保障等民生财力保障支出，将宝贵资金用在发展紧要处、民生急需上。就业是民生之本，2022 年的预算报告把保就业放在优先位置，中央财政就业补助资金安排 617.58 亿元，相比 2021 年增加 51.68 亿元，支持各地落实就业创业扶持政策。另外，考虑到随着经济的持续恢复，以及促进就业的各项政策逐步落地见效，设定城镇新增就业 1100 万人以上，城镇调查失业率全年控制在 5.5%以内的就业目标。在教育方面，全国一般公共预算支出 267125 亿元，教育支出占比最大，为 15.5%。支持建设高质量教育体系，优化教育支出结构，增加义务教育经费投入，进一步改善农村学校办学条件，促进义务教育优质均衡发展和城乡教育一体化。支持学前教育发展资金安排 230 亿元，相比 2021 年增加 30 亿元，支持多渠道解决"入园难"问题。在卫生健康方面，继续支持做好常态化疫情防控、疫苗接种、药物研发等工作，延续医务人员和防疫工作者个人所得税有关优惠政策。将基本公共卫生服务经费人均财政补助标准提高 5 元，达到每人每年 84 元，优化服务项目，提高服务质量。将城乡居民基本医疗保险人均财政补助标准提高 30 元，达到每人每年 610 元。加强罕见病用药保障，支持高水平医院开展临床科研，加强医疗卫生机构能力建设和卫生健康人才培养，实施公立医院改革与高质量发展示范项目。在社会保障方面，稳步实施企业职工基本养老保险全国统筹，适当提高退休人员基本养老金和城乡居民基础养老金最低标准，确保按时足额发放。将 3 岁以下婴幼儿照护费用纳入个人所得税专项附加扣除。2022 年依旧坚持在发展中保障和改善民生，着力解决人民群众普遍关心关注的民生问题，进一步推动民生领域高质量发展，让人民群众的获得感与幸福感更加充实、更有保障。

在延续 2022 年民生保障政策的基础上，2023 年继续坚持以人民为中心的发展思想，进一步完善教育、医疗卫生、社会保障体系等多方面制度建设。首先，就业政策要落实落细。2023 年中央财政就业补助资金将增加 50 亿元，重点投向就业创业扶持以及稳岗扩就业方面。特别提出要把促进青年尤其是高校毕业生就业摆在更加突出位置。其次，教育体系要坚持加大投入力度和优化支出结构并举。"建设高质量教育体系"是 2023 年预算报告对教育体系建设提出的要求，也是"十四五"规划纲要中提出的具体目标。2022 年教育支出重点投向了城乡义务教育补助经费、职业教育质量提升以及学前教育发展等方面，2023 年将保持政策的连贯性，继续加大投入力度，同时为支持中西部地区高校"双一流"建设，将多安排 10 亿元地方高校改革发展资金。再次，医疗卫生服务方面要稳妥有序。为支持公共卫生服务体系的平稳发展，城乡居民基本医疗保险人均财政补助标准在每人每年 610 元的基础上提升至 640 元，基本公共卫生服务经费人均财政补助标准由每人每年 84 元提升至 89 元。此外，为实现基本公共医疗服务的城乡均衡发展，将继续加强县级公立医院的医疗服务能力建设，不断推进整体医疗服务能力的提升。最后，社会保障体系建设做到真正兜底。一方面，进一步统筹企业职工基本养老保险，确保各地区养老金能够按时且足额发放；另一方面，安排困难群众救助补助资金 1567 亿元，尽力兜住困难群众基本生活底线。

3.3.2 民生建设的重要成就

公共财政体系对于社会民生的改善，不仅包括通过财政收支结构调整，解决当前民生问题的现实需要，更重要的是从"治本之道"入手，致力于探求建立促进民生和谐幸福的长效机制，进而从更加完整的意义上，勾画出公共财政在改善民生方面的进军"路线图"。

细读 2008 年财政预算报告所涉及的众多民生问题，大多体现了构建促进民生幸福长效机制建设的基本改革思路。无论是加强农村商贸流通和市场体系建设，还是创新扶贫开发机制；无论是全面实施农村义务教育经费保障机制改革，还是城镇居民基本医疗保险制度试点的启动；无论是在全国农村全面建立最低生活保障制度,还是完善森林生态效益补偿基金政策,所有这些都体现出一种长期性制度安排构建的基本思路。从这个意义上讲,财政预算报告在提交了一份财政支出结构调整的"民生清单"的同时,还为我们大致描绘了未来民生财政体系的基本制度构架和发展路径。

在 2010 年财政预算报告中,提出社会保障方面开展新型农村养老保险和事业单位养老保险改革试点,实施全国统一的企业职工基本养老保险关系转移接续办法;在住房保障方面进一步推进廉租住房等保障性住房建设,支持解决城市低收入住房困难家庭的住房问题,全面启动城市、林区、垦区、煤矿等棚户区改造。这些具有中长期制度安排色彩的政策指向,进一步从制度构架和发展路径的维度,回应了以民生看待发展这一时代主题。

在 2012 年财政预算编制和财政工作总体指导思想上,突出了保障和改善民生的公共财政改革基本方向。推动国民收入分配格局调整,进一步优化财政支出结构,加大对"三农"、教育、医疗卫生、社会保障和就业、文化、保障性安居工程、节能环保以及欠发达地区的支持力度,严格控制一般性支出,切实保障和改善民生。此外,报告中还专门集中论述了 2012年全国财政将在统筹兼顾的基础上,集中财力办几件保障和改善民生的大事:一是加大教育投入力度,确保实现国家财政性教育经费支出占国内生产总值 4%的目标;二是加快推进社会保障体系建设,实现新型农村和城镇居民社会养老保险制度全覆盖;三是深化医药卫生体制改革,提高新型农村合作医疗和城镇居民基本医疗保险的财政补助标准,加快公立医院改革试点,缓解看病贵、看病难的问题;四是扎实推进保障性安居工程建设,在做好未完工项目建设的同时,新开工建设 700 万套以上,缓解城镇低收入群众、新就业职工、农民工住房困难问题;五是大力促进文化发展繁荣,保证公共财政对文化建设投入的增长幅度高于财政经常性收入增长幅度,更好地满足人民群众精神文化需求;六是加大强农惠农富农政策力度,大力支持农田水利等农村生产生活基础设施建设,着力推动农业科技创新,促进农业增产、农民增收和农村繁荣。所有这些公共财政收支格局的重要变化,都体现出促进民生发展长效机制建设的政策指向,进一步回应了"以民生看待发展"的时代主题。

2013 年财政预算报告突出了以民生看待发展的政府理财观念转型,跳出了单纯关注民生财政投入规模的传统思路,将加大民生投入与控制政府行政成本、关注民生发展机会等长期制度性建设问题有机结合起来。在民生投入方面，2013 年中央对地方税收返还和一般性转移支付大部分将用于保障改善民生和"三农"方面；2013 年国有资本经营预算中，调入公共财政预算用于社会保障等民生支出 65 亿元，增长了 30%，今后还要逐步健全国有资本经营预算制度并进一步增加用于社保等民生方面的支出。就民生支出而言，在 2013 年财政收入增长不会太快，可调用的中央预算稳定调节基金数额也较少的总体形势下，仍旧强调了增加保障改善民生支出，保持对经济增长和结构调整的支持力度。提出要突出重点、控制一般，积极而为、量力而行，把财政资金用在刀刃上，保障好农业、教育、医疗卫生、社会保障、就业、保障性安居工程、公共文化等重点支出需要，切实保障和改善民生。在 2013 年政府预算报告中，循着"守住底线、突出重点、完善制度、引导舆论"的思路，进一步将保证民生发展与厉行勤俭节约、防止铺张浪费有机结合起来。提出认真贯彻中央关于改进工作作风、密切联系群众"中央八项规定"的要求，厉行勤俭节约、防止铺张浪费。牢固树立"过紧日子"的思想，严格控制一般性支出和"三公"经费，加强会议费、差旅费和车辆管理，严格控制修建装修办公楼等楼堂馆所，进一步清理规范庆典、研讨会、论坛等活动，努力降低行政成本。

公共财政关注社会民生幸福，是近年来政府预算报告的亮点所在。在 2011 年预算报告所集中体现的"国家账本"上，系统回顾了"十一五"期间民生财政的持续性发展：国家财政用于民生方面的投入大幅增加，城乡义务教育全面实现，城乡居民基本医疗保障水平显著提高，覆盖城乡的社会保障制度框架基本形成，公共文化服务体系建设明显加快。2010 年中央财政用在与人民群众生活直接相关的教育、医疗卫生、社会保障和就业、住房保障、文化方面的民生支出合计 8898.54 亿元，增长 19.9%。农业水利、交通运输和环境保护等支出也与民生密切相关，中央财政对地方的税收返还和一般性转移支付大部分也用于民生支出。2010 年，中央财政用于"三农"的支出合计 8579.7 亿元，增长 18.3%。其中：支持农业生产支出 3427.3 亿元，对农民的粮食直补、农资综合补贴、良种补贴、农机购置补贴支出 1225.9 亿元，促进农村教育、卫生等社会事业发展支出 3350.3 亿元，农产品储备费用和利息等支出 576.2 亿元。

2011 年全国财政用在与人民群众生活直接相关的教育、医疗卫生、社会保障和就业、住房保障、文化方面的民生支出合计 38108 亿元，增长 30.3%。其中，中央财政的住房保障支出增长 52.8%，文化体育与传媒支出增长 31.6%；地方财政的医疗卫生支出增长 33.1%，住房保障支出增长 75.5%。

就 2012 年中央预算执行情况而言，教育支出 3781.52 亿元，增长 15.7%；汇总中央和地方公共财政预算、政府性基金预算用于教育的支出，2012 年国家财政性教育经费支出达到 21994 亿元，占国内生产总值的比例达到了 4%。住房保障支出 2601.6 亿元，增长 44.6%，增加了对城镇保障性安居工程和配套基础设施建设以及农村危房改造的补助。农林水事务支出 5995.98 亿元，增长 25.3%，增加了农业生产救灾、特大防汛抗旱、重大水利工程和农田水利设施建设、小型病险水库和中小河流治理等方面的投入。节能环保支出 1998.43 亿元，增长 23.1%，增加了节能产品惠民工程、建筑节能、城镇污水处理设施配套管网建设等方面的投入。

围绕党的十八届三中全会决定提出的"国有资本收益上缴公共财政比例，2020 年提到 30%，更多用于保障和改善民生"这一总体改革方向，明确了国有资本经营预算调入公共财政预算用于社会保障等民生支出的具体情况。2013 年，中央国有资本经营支出 978.19 亿元，增长 5.2%。其中，调入公共财政预算用于社会保障等民生支出 65 亿元，增长 30%。

2016 年，在促进教育发展方面，免除普通高中建档立卡等家庭经济困难学生学杂费；支持全面改善贫困地区 8 万余所义务教育薄弱学校基本办学条件；全年 8400 多万人次享受到国家的学生资助政策。在提高社会保障水平方面，按 6.5% 左右的幅度提高了机关事业单位和企业退休人员基本养老金标准，继续提高全国城乡最低生活保障标准；进一步建立健全特困人员救助供养制度；保障优抚对象等人员各项抚恤待遇落实；在全国范围建立困难残疾人生活补贴和重度残疾人护理补贴制度；通过社会保险补贴、职业培训补贴等方式，鼓励企业吸纳就业困难人员，提高劳动者职业技能，增强就业公共服务能力。在加强基本住房保障方面，支持棚户区改造开工 606 万套、农村危房改造 314 万户；棚改货币化安置比例达到 48.5%。

2017 年，在促进教育改革发展方面，统一城乡义务教育学生"两免一补"政策，全国约 1.43 亿义务教育学生获得免学杂费、免费教科书资助，1377 万家庭经济困难寄宿生获得生活补助，1400 万进城务工农民工随迁子女实现相关教育经费可携带；博士生国家助学金资助标准提高了 3000 元。在提高社会保障水平方面，以 5.5% 左右的幅度提高了机关事业单位和企业退休人员基本养老金标准；整合设立困难群众救助补助资金，由各地统筹用于低保、特困人员救助供养、临时救助、流浪乞讨人员救助、孤儿基本生活保障支出，惠及全国 7797 万困难群众；提高优抚对象等人员抚恤和生活补助标准，惠及全国 860 万优抚对象。在住房保障方面，支持棚户区改造开工 609 万套，推进公租房配套基础设施建设；中央财政农村危房改造补助资金户均补助标准大幅提高，支持改造农村危房 190.6 万户。

2018 年，在脱贫攻坚方面，中央财政补助地方专项扶贫资金 1060.95 亿元，增加 200 亿元，增长 23.2%，增加的资金重点用于"三区三州"等深度贫困地区，全年减少农村贫困人口 1386 万。在污染防治方面，中央财政支持污染防治攻坚战相关资金约 2555 亿元，增长 13.9%。在就业创业方面，为加强公共就业服务能力建设，中央财政就业补助资金支出 468.78 亿元，增长 6.8%，全年城镇新增就业 1361 万人。在教育方面，全国约 1.45 亿义务教育学生免除学杂费并获得免费教科书，1392 万家庭经济困难寄宿生获得生活费补助，1400 万进城务工农民工随迁子女实现相关教育经费可携带，3700 万学生享受营养膳食补助。在基本民生方面，提高机关事业单位和企业退休人员基本养老金标准约 5%；城乡居民基本养老保险基础养老金最低标准提高至 88 元，并建立了基本养老保险待遇确定和基础养老金正常调整机制。划转部分国有资本充实社保基金，推动建立国有资本划转和企业职工基本养老保险基金缺口逐步弥补相结合的运行机制。在卫生健康方面，城乡居民医保财政补助标准提高到每人每年 490 元，增加的 40 元中一半用于加强大病保险保障能力。基本公共卫生服务经费人均财政补助标准达到 55 元。在住房保障方面，继续支持各类棚户区改造、公租房配套基础设施建设等，全年棚户区改造开工 626 万套、农村危房改造 190 万户。深入实施文化惠民工程，支持 5 万余所公共文化设施免费开放。

2019 年是实施"十三五"规划的重要一年，为统筹推进深化供给侧结构性改革与"四个全面"总体布局，财政支出坚持有保有压，将更多资金投向加强保障和改善民生领域。2019 年政府预算报告明确指出要大力压减一般性支出，中央财政一般性支出按照不低于 5% 的幅度压减，"三公"经费再压减 3% 左右。各部门纷纷按规定进行预算缩减，例如，文化和旅游部通过进一步减少公务用车费用和公务接待费支出，"三公"经费预算数较上年下降了 3%。与此同时，腾挪出的资金被更多地投向重点民生领域。在基本住房保障方面，中央财政城镇保障性安居工程专项资金安排 1433 亿元，较上年增长 12.4%。在社会兜底保障方面，中央财政困难群众补助资金安排 1466.97 亿元，并按人均补助水平城镇提高 5%、农村提高 8%的幅度增加对地方低保的补助，更大力度地支持各地开展对特困人员、孤儿、流浪乞讨人员等的补助、供养及救助活动。特别地，2019 年也是就业优先政策加大力度全面发力的一年，不仅依靠大规模的减税降费政策降低企业运营负担，实现了就业供给侧的充足稳定，更是相继出台了一系列配套措施改善就业环境。2019 年中央财政就业补助资金较上年增长 14.9%，通过落实"春风行动"就业专项服务活动、开展大规模职业技能培训等普惠性就业创业政策，为高校毕业生、农民工和退役军人等重点群体的就业提供便利与保障。2019 年全年城镇新增就业 1352 万人，这也是城镇新增就业连续保持在 1300 万人以上的第七年，且全年城镇调查失业率均保持在 5.0%—5.3%之间，各项年初定下的就业预期目标均顺利完成。

2020 年，民生领域的各项工作都得到了有序推进。新冠疫情对居民就业造成巨大冲击，首要工作便是保居民就业。2019 年以来，失业保险保障范围明显扩大，对于受疫情冲击的困难人口及时进行救助，新纳入低保、特困供养人数近 600 万，临时救助 800 多万人次。除此之外，社会保障水平也得到了大幅提高。在养老保障方面，退休人员基本养老金金额提高 5%，城乡居民基础养老金的最低标准也有所上调，企业职工基本养老保险基金中央调剂比例上调至 4%，对困难地区给予更多的财政支持，保证退休人员及时获得足额的养老金；在住房保障方面，安排中央财政城镇保障性安居工程补助资金和农村危房改造补助资金，分别用于城镇老旧小区改造和发展租赁住房、进行农村危房改造和农房抗震改造，为城乡居民提供更多住房支持。民生兜底工作得到了更好的保证。安排大规模的中央财政困难群众救助补助资金，给予地方低保、特困人员救助供养、临时救助、流浪乞讨人员救助、孤儿基本生活保障等工作相应的财政支持，并且执行社会救助和保障标准与物价上涨挂钩联动机制，尽可能地对冲物价上涨给困难群众基本生活带来的影响。在教育这一重点领域，教育公平和质量也有了一定提升，教育经费使用结构持续优化，增加对地方教育领域的转移支付，进一步推进城乡义务教育一体化发展。

2021 年，基本民生保障有力有效，就业、教育、社会保障、公共卫生等重点领域的各项民生工作都得到了有序推进。在就业方面，全面实施就业优先政策，为地方落实各项就业创业扶持政策提供财政支持；失业和工伤保险费率持续下降，失业保险返还等阶段性稳岗政策的覆盖范围不断扩大。一系列举措有力地促进了就业，2021 年全国城镇新增就业 1269 万人。在教育方面，中央财政学生资助补助经费支出增长 14.7%，国家助学贷款每人每年最高额度增加 4000 元，提高农村义务教育学生营养膳食补助标准，促进了城乡统一、重在农村的义务教育经费保障机制的稳定运行，进一步推动了教育高质量发展。在社会保障方面，提高了退休人员的基本养老金、优抚对象抚恤和生活补助标准，将企业职工基本养老保险基金中央调剂比例由 4% 提至 4.5%；提高城乡居民基本医疗保险、基本公共卫生服务经费人均财政补助标准，把更多常见病等门诊费用纳入医保报销范围，住院费用跨省直接结算率达到 60%。在公共卫生方面，推进建立稳定的公共卫生事业投入保障机制，基本公共卫生服务经费人均财政补助标准提高 5 元，达到每人每年 79 元，支持地方开展健康管理、健康素养促进等基本公共卫生服务。加强新冠疫情防控科研攻关经费保障，推进疫苗和药物研发，实行全民免费接种，疫苗全程接种覆盖率超过 85%。

2022 年，全国财政支出在民生方面的投入比例已达 70% 以上，关于就业、教育、卫生健康、养老等方面的举措稳步推进，逐项落实，为提升人民获得感和幸福感提供了扎实的基础与保障。在就业方面，人社部门不断强化就业优先政策，对 22 个困难行业及符合条件的中小微企业实施了阶段性缓缴企业职工养老、失业、工伤保险费政策，全年释放政策红利约 4900 亿元。此外，重点支持高校毕业生、农民工等群体就业创业，出台相关扶助政策。在教育方面，2022 年九年义务教育巩固率达到 95.5%，高中阶段教育毛入学率提高至 91.6%。中央财政大力推进义务教育资源城乡一体化发展、推动学前教育、职业教育、高等教育高质量发展，持续推动构建普惠性强、优质均衡的基本公共服务教育体系。在卫生健康方面，各级财政稳步提升对居民医保参保缴费的补助力度，人均财政补助标准增加 30 元，达到每人每年不低于 610 元。基本公共卫生服务经费人均财政补助标准由 79 元提高至 84 元，同时加强绩效考核与评价，为持续提升基本公共卫生服务水平提供制度保障。在养老保障方面，企业职工基本养老保险全国统筹制度开始实施，在中央统一管理下，全年共跨省调剂资金约 2440 亿元，有效均衡了地区间的收支平衡压力，保障了养老保险制度运行平稳。

3.4 深化财税体制改革

党的十八大以来,预算作为国家战略和政策的集中体现,以推进国家治理体系和治理能力现代化为目标,直面来自"百年未有之大变局"的机遇和挑战,为社会主义现代化建设和中华民族伟大复兴中国梦的实现提供了财政保障。

3.4.1 建设现代财政制度

财政是国家治理的基础和重要支柱,财税体制改革在整体改革中具有基础性和支撑性作用。

本着以体制改革促进财税经济发展的基本思路,2011 年财政预算报告中提出了完善政府间财力与事权相匹配的财政体制;深入推进部门预算、国库集中收付、政府采购等预算管理制度改革;研究推进政府会计改革,探索试编政府资产负债表;从制度上逐步解决货物与劳务税收政策不统一的问题;健全个人所得税制度,降低中低收入者税负,强化对高收入的调节;按照"正税清费"的原则,提高税收收入占财政收入的比重等一系列深化财税运行机制的具体举措。这些基于促进经济发展方式转变的财税运行机制深层次改革,框定了近中期在财税体制方面深化改革、细化管理的关键节点,必将促进财税精细化管理运行平台的进一步优化。

2012 年财政预算报告主要聚焦于优化政府间财政关系和深化财政管理改革两个方面。就前者而言,具体包括继续优化转移支付结构,增加一般性转移支付;完善县级基本财力保障机制,提高基层政府公共服务保障水平;在 27 个省份的 1080 个县实行省直管县财政管理方式改革。就后者而言,主要体现为健全公共财政预算,细化政府性基金预算,扩大国有资本经营预算实施范围和社会保险基金预算试编范围;全面取消预算外资金,将所有政府性收入纳入预算管理;完善部门预算、国库集中收付、政府采购等预算管理制度,积极推进全过程预算绩效管理。针对落实全国人大预算决议的问题,则分别从实施有利于转变经济发展方式的财税政策、健全预算管理制度、深入推进财政科学化精细化管理、加强财税立法工作、开展重大财税政策实施情况的专项检查、深化中央预算公开、规范地方政府融资平台公司债务管理等方面,系统回应了落实全国人大预算决策的有关情况，进一步突显了公共财政为民理财、依法理财的宗旨和原则。

在系统总结 2011 年财政工作新进展的同时，报告还直面当前财政运行和财政工作的挑战，指出了面临的主要困难和问题：税制结构不尽合理，财税政策在促进经济发展方式转变和调节收入分配等方面作用发挥不够充分；转移支付制度尚不完善，转移支付结构需进一步优化；财政支出结构调整难度增加，保障和改善民生的任务艰巨；地方政府性债务举借和偿还机制不够健全，风险不容忽视；损失浪费现象时有发生，财政管理仍需加强，资金使用效益需进一步提高等。在全面分析以上问题的基础上，分别从加强和改善财政宏观调控、深化财税体制改革、强化财政科学化精细化管理、狠抓增收节支等四个方面，系统论述了推进财政改革的基本思路和具体举措。其中，很多举措在正面回应财政改革面临挑战的同时，也指明了后续财税改革的重点和方向。

针对税制结构调整问题，提出了完善增值税制度，推进营业税改征增值税试点；健全消费税制度，促进节能减排和引导合理消费；进一步推进资源税改革，促进资源节约和环境保护；研究制定房产保有、交易环节税收改革方案，稳步推进房产税改革试点；推进城市维护建设税改革；深化环境保护税费改革。针对健全财政转移支付问题，提出了继续提高一般性转移支付规模和比例，清理归并部分专项转移支付项目，提高转移支付资金使用效益，健全县级基本财力保障机制的发展方向。针对保障和改善民生问题，提出了健全社会救助和保障标准与物价上涨挂钩的联动机制，落实好城乡低保对象、农村五保供养对象以及大中专院校家庭经济困难学生的补助政策。针对地方政府性债务风险问题，提出了把短期应对措施和长期制度建设结合起来，建立健全地方政府性债务管理制度，严格控制地方政府新增债务，建立地方政府债务规模管理和风险预警机制，把地方政府债务收支分类纳入预算管理。针对提高财政资金使用效益问题，提出了推进政府会计改革，逐步建立政府财务报告制度，加快建立健全预算绩效管理制度，切实加强预算支出执行管理，提高预算支出的及时性、均衡性、有效性和安全性，扩大预算支出绩效评价试点范围，原则上所有中央部门和省、市、县都要开展预算支出绩效评价试点，强化财政管理基础工作和基层建设。

2014 年政府预算报告体现出顶层设计与分步实施相结合的思路，凸显了国家财政治理能力现代化的总体取向。据统计，报告提及需要"研究"

的问题多达 12 处、"试点"举措多达 26 处，涵盖了改进预算管理制度、完善税收制度、建立事权和支出责任相适应的制度等深化财税体制改革的方方面面，充分体现了"在研究深化财税体制改革总体思路的同时，不失时机地推出一系列改革措施"这一财税改革基本思路。

就改进预算管理制度而言，2014 年政府预算报告提出了一系列当前预算管理改革中亟须解决的重点课题，主要包括研究将部门决算按经济分类公开、研究清理规范中央专项转移支付的思路和方案、在精算平衡的基础上研究社会保险基金预算的可持续性问题等。在改革试点问题上，报告提出建立健全覆盖各级财政的预算执行动态监控体系，开展国库集中支付电子化管理试点；着力推进重点领域、重点项目特别是专项资金和项目的绩效管理，将绩效目标管理和评价试点范围扩大到各层级预算单位。就完善税收制度而言，报告提出在全国范围内实施铁路运输和邮政服务业"营改增"试点，抓紧研究将电信业纳入"营改增"范围的政策；研究完善加速设备折旧政策；实施部分品目资源税从价计征改革试点。就建立事权和支出责任相适应的制度而言，报告提出抓紧研究调整中央与地方的事权和支出责任；研究制定地方政府债券自发自还改革方案，推动部分地方开展改革试点。

在深化财税改革次序问题上，报告明确将预算管理制度和税收制度改革作为 2014 年财税体制改革的重点。同时提出抓紧研究调整中央与地方的事权和支出责任，在转变政府职能、合理界定政府与市场边界的基础上，合理划分各级政府间事权和支出责任，适度加强中央事权和支出责任；保持现有中央和地方财力格局总体稳定，结合税制改革，考虑税种属性，进一步理顺中央和地方收入划分。

2015 年的"国家账本"充分体现了财税改革攻坚克难的时代特点。具体而言，主要体现为"以财税改革支持经济体制改革""深化财税管理领域自身改革"两个方面。

改革开放以来，在整体经济体制改革进程中，财税改革往往扮演了铺路搭桥的"先行军"角色。在 2015 年的政府预算报告中，以财税改革支持经济体制改革的特点，尤为突出。例如，针对全社会普遍关注的司法改革，报告明确提出，支持设立最高人民法院巡回法庭；支持北京、上海、广州三地新设立知识产权法院；推动试点省以下地方法院、检察院人财物由省级统一管理保障。这种财政支出对司法改革的重点支持，必将有效推进依法治国的进程。又如，在与人民群众关系密切的保障性安居工程方面，报告提出了逐步从实物保障为主转向实物保障和货币补贴并举，"补砖头"与"补人头"相结合，从而有效回应了住房困难群体的民生诉求。同时，在具体的项目管理和运行模式上，还强调了利用政府和社会资本合作（PPP）模式及政府购买服务方式，以进一步提升财政资金的使用效益。2015年的政府预算报告，重点报告支出预算和财政政策，将中长期的政策支持导向与年度预算支出安排分别列示，更加注重对于财政支出政策的诠释。

在财税管理领域的自身改革问题上，按照落实深化财税体制改革总体方案的要求，政府预算报告突出了财税改革的层次性，分别采用了"加快""制定""启动""完善""优化"等当下改革进行时的表述，以及"研究""力争"等今后改革将来时的表述，突出了当前改革重点突破与中长期战略谋划相互结合的色彩。就财税改革的重点突破而言，主要包括"预算管理制度改革取得实质性进展"和"税制改革有序推进"两个方面。在预算管理制度改革上，完成了预算法修改工作，加快修订预算法实施条例，印发了深化预算管理制度改革的决定，制定了实行中期财政规划管理的意见，启动编制全国三年滚动财政规划，制定了改革和完善中央对地方转移支付的意见，优化转移支付结构。在税制改革上，进一步扩大"营改增"试点行业范围，将铁路运输、邮政和电信业在全国范围纳入试点，完善了消费税政策，在全国实施煤炭资源税从价计征改革等。就未来财税改革攻坚克难的着力点而言，报告审慎客观地指出了改革的难点和发展方向：研究扩大国有资本经营预算实施范围、研究扩大向全国人大报送部门预算的范围、研究提出合理划分中央与地方事权和支出责任的指导意见。针对改革难度较大且牵涉面甚广的"建立事权和支出责任相适应的制度"，报告采用了较为审慎的方式汇报了相关进展情况：系统梳理了成熟市场经济国家事权和支出责任划分情况，调研分析国防、公共安全、食品药品监管等领域的事权和支出责任划分，财税体制改革研究取得阶段性成果。针对"营改增"的继续扩围问题，报告指出，力争将营改增范围扩大到建筑业、房地产业、金融业和生活服务业等领域，并将新购入不动产和租入不动产的租金纳入进项抵扣，相应简并增值税税率。这种采用"力争""改革研究取得阶段性成果"的表述方式，既彰显了未来改革的发展方向，又充分体现了改革攻坚领域任重道远。

2016年，出台了推进中央与地方财政事权和支出责任划分改革的指导意见，明确了改革的总体要求、划分原则、主要内容。2017 年，进一步分领域推进中央与地方财政事权和支出责任划分改革，出台外交领域改革方案，起草教育、医疗卫生领域改革方案。2018 年出台了基本公共服务领域中央与地方共同财政事权和支出责任划分改革方案。2019 年，推进中央与地方收入划分改革，保持增值税"五五分享"比例稳定，调整完善增值税留抵退税分担机制，明确后移消费税征收环节并稳步下划地方。

2021 年，常态化实施财政资金直达机制并扩大范围，加强民生和重点领域经费保障，稳妥化解地方政府债务风险，狠抓财政管理和政策落实，为完成经济社会发展主要目标任务提供了有力保障。全面开展政府财务报告编制，出台行政事业性国有资产管理条例，完成 2020 年度国有资产管理情况综合报告并向全国人大常委会报告。

2022 年，为持续推进财税体制建设，报告提出，要进一步加强财政决算管理，稳妥推进决算草案按经济分类编报项目支出；着力推进省以下财政体制改革，健全省以下转移支付制度；完善政府财务报告制度框架，做好编制中央政府综合财务报告并向全国人大常委会备案相关工作；加强对党中央、国务院重大决策部署贯彻落实的跟踪检查，推动重大财税政策落地。为深化预算管理制度改革，持续统筹财政资源，强化预算编制、审核、支出和绩效管理，推进绩效结果与预算安排有机衔接。在预算安排方面，要继续压减非必要、非刚性支出，严格控制预算调剂；深化国有资本经营预算改革，逐步实现将国有资本收益在一本预算中列示，同时做好 2022 年国有资产管理情况的综合报告工作。

3.4.2 推进预算法治

法治性是现代预算体系的重要基石，通过依法理财，全面加强财政科学化、精细化管理，实现依法用好百姓钱的目标，是优化政府预算管理的第一要义。

在 2008 年财政预算报告中，依法理财问题得到了浓墨重彩的描绘。其中，最为引人瞩目的改革亮点之一就是，对于 2007 年预算超收资金使用情况的分析以及后续超收资金管理方式的改革。预算超收资金使用中的自由裁量权，一直为社会各界所关注。对于 2007 年预算超收资金的支出安排，报告不仅明确了具体的支出用途，还阐明了相关法律依据和总体使用原则——根据《中华人民共和国预算法》《中华人民共和国各级人民代表大会常务委员会监督法》《全国人民代表大会常务委员会关于加强中央预算审查监督的决定》和十届全国人大五次会议有关决定、决议要求，并认真研究和吸收全国人大常委会执法检查组、全国人大有关专门委员会、部分全国人大代表的意见和建议，中央财政超收收入除依法增加有关支出外，主要用于办关系民生的大事、办建立机制制度的事。从发展的角度来看，报告还进一步指出，2008 年要改进超收收入使用办法，减少执行中追加，科学合理地编制预算，更好地接受全国人大监督。从 2008 年起，年度执行中如有超收，除按法律、法规和财政体制规定增加有关支出，以及用于削减财政赤字、解决历史债务、特殊的一次性支出等必要支出外，原则上不再追加具体支出，都列入中央预算稳定调节基金，转到以后年度经过预算安排使用，以利更好地保障重点支出需要，规范预算管理，增强预算约束力。这应该是一个较为科学且现实的解决方案。

公共预算作为现代公共治理的重要工具，通过法治化的形式，针对预算管理利益相关主体的资金筹集、配置和使用等活动进行的检查、督促和约束，构成了现代法治国家建设的重要内容。始于 20 世纪 90 年代末期的新一轮中国预算改革，促使预算管理从理论到实践，都发生了全方位的变革。在 2010 年财政预算报告中，明确回应了加快预算法修订的时代议题，这对于构建中的中国公共预算法律框架而言，无疑具有重要的现实意义。同时，报告中提出，积极推动增值税法、车船税法等财税法律的立法进程，通过法律位阶的提升，将有助于进一步推进财税管理的法治化和精细化水平。2011 年财政预算报告循着一以贯之的务实思路，系统性地明确了加强财政法制体系建设，加快预算法、个人所得税法修订和增值税立法。

预算法素有"经济宪法"之称，2015 年是全面推进依法治国的开局之年，也是新预算法实施的第一年。因此，在 2015 年的政府预算报告中，更加突出了法治性的时代要求。具体说来，主要体现为推进税收法定原则和严格贯彻落实预算法规定两个方面。

就税收法定问题而言，按照落实税收法定原则的计划安排，配合做好房地产税、环境保护税、船舶吨税等的立法工作，积极推动现行税收暂行条例上升为法律，做好税收征收管理法修改工作。坚持依法征收、应收尽收，严禁收取过头税、过头费，严禁采取"空转"等方式虚增财政收入。在认真贯彻新预算法方面，准确掌握新预算法的精神、原则和各项具体规定，增强预算法治意识，自觉把新预算法的各项规定作为从事预算管理活动的行为准则，严格依法行政、依法理财；协调推进新预算法实施与财税改革工作，加强各项财税改革具体方案与新预算法及其配套制度建设的相互衔接。具体而言，预算法治化又进一步体现在预算管理周期的不同阶段。就预算编制与决策阶段而言，改进预算编制方法，大力压缩代编预算规模，进一步编实编细预算，提高预算决策的前瞻性和准确性；加大预算统筹力度，将政府性基金预算中地方教育附加等 11 项基金收支列入一般公共预算；进一步提高国有资本经营预算调入一般公共预算的比例；推动厉行节约反对浪费等制度落地生根，压缩一般性支出，严格控制各部门"三公"经费预算，继续清理"吃空饷"、超编进人等。就预算执行与调整阶段而言，完善预算执行动态监控机制，建立健全预算支出责任制度，进一步提高预算执行的效率和均衡性；积极推进中央和地方国库现金管理操作；逐步扩大国库集中支付电子化管理应用范围；坚持先有预算、后有支出，未列入预算的不得支出，未经法定程序不得调整支出，加强预算刚性约束，强化预算的严肃性。就决算和绩效评价阶段而言，树立花钱要问效、无效要问责的理念，扩大预算绩效评价的层级和范围，强化对重点民生支出的绩效评价，完善绩效评价结果与预算安排相结合的机制；分门别类盘活财政存量资金，建立健全清理规范财政结转结余资金的长效机制。

针对社会各界广为关注的预算先期执行问题，政府预算报告作出了正面回应。根据新预算法第五十四条之规定，预算年度开始后，各级预算草案在本级人民代表大会批准前，可以安排下列支出：上一年度结转的支出；参照上一年同期的预算支出数额安排必须支付的本年度部门基本支出、项目支出，以及对下级政府的转移性支出；法律规定必须履行支付义务的支出，以及用于自然灾害等突发事件处理的支出。鉴于新预算法明确要求，上述支出应当在预算草案的报告中作出说明，故预算报告对此作出了专门回应，2015 年 1 月中央一般公共预算支出 7512 亿元，其中，中央本级支出 1329 亿元，对地方税收返还和转移支付 6138 亿元。

2016 年制定了政府非税收入管理办法，改革和完善了中央对地方转移支付制度，专项转移支付项目数量进一步减少到 94 项，一般性转移支付占比提高至 60.6%。2017 年，持续改进预算管理制度，清理规范重点支出同财政收支增幅或生产总值挂钩事项，完善重点支出保障机制。财政转移支付结构进一步优化，专项转移支付项目数量减少到 76 项。2018 年，结合减税降费，初步建立综合与分类相结合的个人所得税制，改革完善增值税制度。2019 年，加大政府性基金预算与一般公共预算统筹力度，进一步扩大中央国有资本经营预算实施范围。2020 年，修订后的预算法实施条例颁布施行，契税法、城市维护建设税法顺利出台。

2021 年预算管理的规范化、法治化水平明显提升，在严格落实预算法及其实施条例的同时，出台了关于进一步深化预算管理制度改革的意见，推进加强政府性资源统筹管理等一系列改革，税收法定原则得以落实，增值税等税收立法有序推进。

2022 年 7 月印花税法正式生效，成为我国现行 18 个税种中第 12 个以法律形式予以规范的税种，同时，《增值税法（草案）》提请十三届全国人大常委会第三十八次会议首次审议，实现了税收法定的稳步推进与落实。此外，大幅压减非刚性非重点支出，从严从紧控制"三公"经费。深入开展地方财经秩序专项整治行动，清理整治一批违反财经纪律的突出问题。

3.4.3　全面实施预算绩效管理

公共资源的绩效提升与高绩效政府组织的构建，始终是现代市场经济下公共治理追求的目标之一。绩效预算作为一种长期性的制度安排，需要经过一系列关键节点上制度支持体系的建设，才能够得以完成。

（一）全面管理的精细预算

实施精细化管理是现代公共管理的必然趋势，20 世纪 80 年代以来兴起的新公共管理运动，主张采用企业管理的理论和方法，提高公共部门的管理质量和效率，精细化管理的思想和方法被广泛应用于世界各国政府部门和公共管理领域，并取得显著成效。

在 2009 年财政预算报告中，精细化管理的色彩通过系统报账的方式，得到了进一步的体现，大致勾勒出精细预算管理的基本轮廓。在框架设计和形式安排上，2009 年财政预算报告较之往年作出了重要调整，突出特点是按照预算科目分类报账，重在解释和说明预算草案，淡化报告财政工作的色彩。其实，就本来意义而言，政府财政预算审议关注的焦点应该是政府预算的收支账目，预算报告只是预算账目的说明，属于"国家账本"的补充性诠释。在 2009 年预算报告中重点突出了预算报告的系统报账色彩，在包括 7 个图表、12 张附表和 45 个名词解释的整整 63 页报告中，翔实的数字充分展现了 2008 年中央和地方预算执行情况的"成绩单"，并系统勾画了 2009 年财政预算安排的主要内容，在报告的明细程度方面取得了明显进展。概括起来，2009 年财政预算报告在系统性报账过程中，所体现的预算精细化管理主要有以下几个方面：

第一，全面阐释 2009 年预算收支的总量和结构。与以往在预计国内生产总值（GDP）增幅基础上，简单增加若干个百分点匡算预算收支规模的方式不同，2009 年预算收支安排的具体依据和政策着力点，在报告中进行了相对详尽的说明。

就预算收支总量而言，结合 2009 年国内生产总值（GDP）增长 8%左右的经济发展预期指标，充分考虑各类减收增支因素的影响，全国财政收入预算也同样预计增幅为 8%，这是一种相对谨慎的预测，充分体现了因应经济形势变化中众多不可预期因素，预算收入测算保持必要谨慎的指导思想；而全国财政支出预算则比 2008 年增长 22.1%，突出了积极财政政策的扩张性导向。

就预算收支结构而言，在收入预算中，除由于成品油税费改革增收导致国内消费税增长 72.7%和城市维护建设税增长 1787%外，其余主要财政收入预算的增长大多低于 8%的总体增长幅度，同样体现了稳健审慎、留有余地的当家理财观念；而支出预算中，农林水事务、教育、医疗卫生、社会保障和就业、保障性安居工程、科学技术、公共安全、采掘电力信息、粮油物资储备、地震灾后重建等重点支出项目，增长幅度均高于 20%，在"数里行间"体现了预算编制重点关注领域的政策依据和政策目标。

第二，重点突出了预算审查监督中被广为关注的财政问题。在 2009 年财政预算报告中所揭示的数百个数据，并非是"流水账"式的数字罗列，而是细化突出了一些长期以来广为关注的财政命题，主要包括具体报告了土地出让金的筹集和使用、预算超收的形成和使用情况以及财政转移支付管理方式的调整等。

通常，土地出让也被戏称为"第二财政"，各级政府掌握的土地出让金的规模到底有多大，有时甚至是一个相对模糊的概念。在 2009 年预算报告中首次全面披露了土地出让金的规模和结构。不仅报告了土地出让及新增建设用地土地有偿使用费收入 10375.28 亿元，而且具体分析了包括征地、拆迁补偿以及补助征地农民支出、土地开发和耕地保护支出、廉租住房支出、农村基础设施建设、农田基本建设和保护支持、城市建设支出等土地相关支出的具体项目。尽管其是否涵盖了土地出让收支的全貌，还有待于进一步分析，但是无论如何这种将号称"第二财政"的土地出让资金相对细化地在预算报告中加以阐释的方式，是向着精细化财政预算管理迈出的重要一步。

2009 年财政预算报告秉承了近年来预算报告中对于超收资金使用情况详细汇报的思路，不仅分析了全国财政收入比预算超收 2830.9 亿元和中央财政超收 1080.2 亿元的主要成因和超收资金用途，而且于行文中分别就个人所得税、非税收入等具体收入项目中超预算较多的原因作了说明。此外，就中央预算稳定调节基金的调入和调出情况，结合财政赤字的构成，也作出了适当的说明。这也是财政精细化管理渐推渐进的重要表现。在 2009 年预算报告中，还首次就中央对地方税收返还和转移支付支出安排的重要调整，进行了相对系统地界定和说明。明确了今后将中央对地方的转移性支出，简化为税收返还、一般性转移支付、专项转移支付三类。

第三，预算报告审议过程中突出了动态回应性。以往人民代表大会预算报告的审议是"就报告论报告"的静态审议，对于人大代表在报告审议过程中发现的疑惑与问题，也往往在媒体众说纷纭的议论中不了了之。但是，2009 年预算报告审议过程中，突出了预算编制部门与预算审议机构之间的良性互动，这也是一个较为喜人的变化。例如，在人民代表大会期间，有代表就财政预算报告附表中的前后数据差异提出了疑问，在非常短的时间内，财政部预算司就其中涉及的政府收支分类调整导致的口径差异作出了相应的解释。这也是预算精细化管理从静态走向动态的一个典型例证。

2010 年财政预算报告突出强调完善预算支出执行责任制度，提升预算执行的均衡性和有效性。在预算流程管理的精细化问题上，从关注预算编制走向关注预算执行与绩效问责，这是中国政府预算在转型过程中必须完成的时代使命。在预算编制环节，报告中一如既往地强调规范预算编制程序，提前编制预算，细化预算内容，减少代编预算规模，提高年初预算到位率，严格部门预算管理。同时，在预算执行和绩效问责问题上，进一步突显了预算精细化管理的改革方向。针对预算执行均衡性欠佳的现实，提出完善预算支出执行责任制度，健全当年预算编制与上年预算执行的有效衔接机制，进一步提高预算执行的均衡性和有效性。在预算监督和绩效问责方面，提出建立健全覆盖所有政府性资金运行的全过程监督机制，重点加强对重大财税政策实施情况的监督检查，改进和加强中央政府公共投资预算执行和资金管理，提高政府投资的质量和效益。同时，规范政府性资金的纵向配置结构，完善转移支付分配办法。针对转移支付制度不够规范，省以下财政体制需要进一步健全，一些地区的基层财政比较困难等现实问题，在 2010 年财政预算报告中，除了较为详尽地报告了 2010 年中央对地方税收返还和转移支付支出安排情况之外，进一步从完善有利于科学发展的财税体制机制出发，明确指出要建立健全财力与事权相匹配的财政体制，完善转移支付制度，优化转移支付结构，加大一般性转移支付，进一步规范专项转移支付，完善转移支付分配办法。

2011 年财政预算报告进一步规范预算编制程序，细化预算编制内容，切实减少代编预算规模，继续提高预算年初到位率；完善财政资金管理制度，严格财政监督，健全覆盖所有政府性资金和财政运行全过程的监督机制，切实维护资金安全；继续开展重大财税政策实施情况专项检查等一系列具体实施举措。

（二）建设全口径预算管理体系

全口径预算管理在当代政府预算管理改革中，确实是一件"知易行难"的事情。关于"全口径预算管理"的明确表述，最早出现于 2003 年 10 月党的十六届三中全会通过的《关于完善社会主义市场经济体制若干问题的决定》规定的"实行全口径预算管理和对或有负债的有效监督"。国务院在《关于 2005 年深化经济体制改革的意见》中进一步提出，"改革和完善非税收入收缴管理制度，逐步实行全口径预算管理"。党的十八大报告中再一次强调，加强对政府全口径预算决算的审查和监督。

从构建全口径预算管理体系的现代财政治理理念出发，2011 年财政预算报告系统描绘了中国财政预算体系的基本轮廓和互动影响结构，指出由公共财政预算、政府性基金预算、国有资本经营预算组成的政府预算体系框架基本形成，社会保险基金预算开始试编。就上述各类财政预算的后续改革思路问题，指明了完善公共财政预算，细化政府性基金预算，扩大国有资本经营预算实施范围并完善相关政策措施，继续试编全国社会保险基金预算的发展方向。从这个意义上讲，历经十多年的新一轮预算管理改革，适应现代市场经济要求的财政预算体系框架已然基本形成。这种现代多元复合预算体系理念的彰显，为今后中国财政预算的精细化管理，提供了一个总体框架性的制度平台。

从最初的单纯报告一般性政府收支预算，到纳入政府性基金预算，再到纳入国有资本经营预算，全口径预算管理改革始终在渐推渐进之中。在 2013 年的政府预算报告中，社会保险基金预算首次正式亮相。按照全国人大的要求，财政部会同人力资源和社会保障部、国家卫健委首次正式编制了 2013 年全国社会保险基金预算，包括社会保险法已明确的各项基金，并以三张附表的形式勾勒了 2013 年社会保险基金预算的全貌。汇总中央和地方预算，全国社会保险基金收入 32828.78 亿元，比 2012 年预计执行数增长 9.9%，其中保险费收入 24663.72 亿元，财政补贴收入 7180.31 亿元。全国社会保险基金支出 27913.31 亿元，比 2012 年预计执行数增长 16.8%。本年收支结余 4915.47 亿元，年末滚存结余 40943.1 亿元。

就全口径预算管理而言，2013 年政府预算报告在公共财政预算、政府性基金预算、国有资本经营预算的执行情况报告和预算安排上，也体现了突出重点的系统报账。针对公共财政预算执行情况，在预算收入方面，重点分析了增值税、企业所得税等主要税种产生预算偏离度的原因，在预算支出方面，重点分析了住房保障支出、农林水事务支出等支出项目执行中超过预算较多的原因。对于社会各界广为关注的预算偏离度问题，作出了必要的回应。针对政府性基金预算，重点报告了中央政府性基金收入预算执行增长以及地方政府性基金本级收入预算执行下降的主要原因。针对国有资本经营预算，重点汇报了中央国有资本经营预算超收的主要原因以及超收收入的安排情况。从这个意义上讲，在中国政府预算管理体系中，覆盖所有政府性资金和财政运行全过程的监督机制正在逐步健全。

（三）提升资金使用绩效

追求效率是人类活动的永恒主题，自公共财政诞生以来，公共资源的使用效率始终是一个常话常新的命题。进入 21 世纪以来，中国政府预算收支规模不断迈上新台阶，2011 年全国财政收支就已突破 10 万亿元大关。近年来，在国民收入分配格局的变化中，政府预算及各种准财政工具所控制的资源份额，呈现不断上升的趋势。面对如此规模庞大的公共预算资金，如何才能"好钢用在刀刃上"？如何通过精细化管理避免"跑冒滴漏"的现象？如何最大限度地提升公共资源的边际配置效率和实现政府行政成本的有效约束？这些颇难回答却必须作出正面回应的现实问题，已成为现代财政制度建设的重要核心命题。

提升有限预算资源的配置效率和使用绩效，已然成为近年来政府预算报告关注的焦点问题之一，早在 2013 年的"国家账本"中就得到了突出体现。据统计，"绩效"一词在 2013 年预算报告中出现的频率，高达 15 次之多，这充分反应了政府预算管理改革所体现的绩效导向。

　　首先，系统回顾了预算绩效管理取得的进展。积极推动将绩效观念和绩效要求贯穿于预算管理的全过程和各环节，制定出台了预算绩效管理工作规划，扎实开展预算绩效管理工作试点。地方预算编制的完整性明显增强，预算执行的及时性、均衡性、有效性和安全性显著提高，预算绩效管理有序推进。

　　其次，明确了当前强化预算绩效管理工作中存在的问题。一些地方和单位财政资金使用效益不高，存在铺张浪费现象，预算绩效管理需要加快推进。

　　最后，指明了未来预算绩效管理改革的方向。在 2013 年财政工作和预算编制总体要求中明确指出，需要加强财政科学管理，提高依法理财水平和财政资金使用绩效，促进经济持续健康发展和社会和谐稳定。积极推行预算绩效管理制度，逐步建立全过程预算绩效管理机制。作为圆满完成2013 年预算的保障措施，提出了强化财政管理，加强重大民生支出项目绩效评价，提高财政资金使用效益。

　　在 2016 年的政府预算报告中，提升财政资金使用效能的具体举措，主要体现为这样几个方面：首先，完善预算监管体系，将预算评审实质性嵌入预算管理流程，出台了中央对地方专项转移支付绩效目标管理暂行办法等制度。2015 年中央部门绩效评价项目数量和金额分别增长 26.3%、27%，评价结果与 2016 年预算安排挂钩。后续将进一步全面推进预算绩效管理改革，探索推进第三方评价，加强绩效目标管理，推进重大专项资金等重点支出绩效评价，强化评价结果应用，增强花钱的责任意识和效率意识。其次，采取全面清理结转结余资金、强化督查问责等措施，积极盘活财政存量资金，调整用于保民生、补短板、增后劲，进一步完善国库集中支付运行机制。2015 年，置换 3.2 万亿元地方政府到期存量债务，降低了利息负担，缓解了当期偿债压力，为地方腾出资金用于重点项目建设创造了条件。在 2016 年预算安排中，进一步盘活存量资金，加大财政资金统筹力度。对2015 年末财政存量资金规模较大的地区或部门，适当压缩 2016 年预算安排规模。对执行中不再需要使用的资金，及时调整用于重点支出，减少按权责发生制结转支出。将政府性基金预算超出规定比例的结转结余资金，调入一般公共预算统筹使用，提高国有资本经营预算调入一般公共预算的比例。同时，创新财政支出方式，提高财政支出效率，进一步盘活存量资金。继续按规定清理收回两年以上的结转资金，同时加强对两年以内资金的清理盘活。加大清理财政专户和预算单位实有资金账户存量资金力度。稳妥推进国库现金管理，研究建立财政库底目标余额管理制度。最后，牢固树立"过紧日子"的思想，精打细算，坚持预算硬约束，强化支出预算管理。坚持从严从简，勤俭办一切事业，能减少的支出坚决减少，能不花的钱坚决不花，狠刹铺张浪费和奢靡之风。健全公务支出管理制度体系，深化公务卡制度改革，推动建立厉行节约反对浪费的长效机制。坚持预算硬约束，严格执行人大批准的预算，及时批复下达。动态监测预算执行情况，推动财政拨款规模较大的重点单位加快预算执行。督促做好重大项目的前期准备工作，财政资金下达后及时形成实物工作量。严肃财经纪律，加强民生领域财政资金监管，全面开展财政资金安全检查。在财政部门全面建立和实施内控制度，重点聚焦预算管理、资金分配等业务环节，实行分事行权、分岗设权、分级授权，强化内部流程控制，建立有效的风险应对机制和严格的问责机制，提高行政效率。

2016年，进一步加强预算绩效管理，中央部门项目支出绩效目标管理实现全覆盖，首次将重大项目的绩效目标及具体绩效指标同预算一并批复，对部分重大民生政策和重点专项支出开展绩效评价；部分中央部门预算绩效管理工作开展情况和项目绩效评价结果首次同部门决算一并向社会公开；盘活财政存量资金，按规定用于经济社会发展急需领域；开展贫困县统筹整合使用财政涉农资金试点，把纳入统筹整合范围的财政涉农资金的配置、使用权赋予贫困县；进一步完善中央财政科研项目资金管理，扩大高校、科研院所在科研项目资金、差旅会议等方面的管理权限；大力推广运用政府和社会资本合作（PPP）模式，加强政府和社会资本合作（PPP）项目全生命周期财政管理，保障项目实施质量；加大政府购买服务改革力度，制定通过政府购买服务支持社会组织培育发展和做好事业单位政府购买服务改革工作的意见。推动政府投资基金加快运作，激发社会投资活力。

2017年，加大财政支出优化整合力度，保障重点领域支出，统筹盘活财政存量资金，提高财政资金使用效益。在适度扩大支出规模的基础上，改变支出项目只增不减的固化格局，将有限的资金用于重点领域和关键环节。压减会议费、培训费、宣传费、咨询费、软课题经费和涉企补助等支出，按不低于5%的幅度压减非刚性、非重点项目支出，对政策目标已经实现的项目，不再安排预算；对实施环境发生变化的项目，重新核定预算。通过大力压缩一般性支出，更好适应推进供给侧结构性改革和保障民生兜底的需要。绩效目标管理范围覆盖中央部门所有一级和二级项目、全部中央对地方专项转移支付，绩效目标随同预算批复和下达，全面开展项目绩效目标执行监控和绩效自评，会同第三方机构开展重点绩效评价，部分绩效自评结果和重点绩效评价结果向全国人大报告并向社会公开；清理规范重点支出同财政收支增幅或生产总值挂钩事项，完善重点支出保障机制；规范推行政府和社会资本合作（PPP）模式，民营企业参与率稳步提高；落实高等教育领域"放管服"改革要求，完善和加强高校经费使用管理，进一步扩大高校办学自主权。

2018 年，通过制定全面实施绩效管理的指导性文件，绩效管理将逐步涵盖所有财政资金，并深度融入预算编制、执行、监督全过程。加强重大政策和项目成本效益分析，优化财政资源配置和部门支出结构；强化预算绩效目标管理，优化绩效目标设置，完善绩效目标随同预算批复下达机制；扩大绩效评价范围，建立绩效评价结果与预算安排、政策调整挂钩机制，强化绩效责任硬约束，削减无效资金。研究建立地方财政综合绩效评价体系，推动地方财政绩效管理水平整体提升。在预算执行过程中，要加快转移支付下达进度，促进财政资金及时安排使用并发挥效果；加快盘活财政存量资金以及当年难以支出的预算资金，统筹调整用于其他急需资金支持的领域，减少结转结余。全面绩效要求还表现在诸多财政支出政策中，在推动科技创新方面，要求加快开展面向目标与结果的财政科技支出绩效评价；在财政扶贫方面，应严格按照规定的范围和用途，加快推进贫困县涉农资金实质性整合，全面实施扶贫资金绩效管理，建立完善常态化监管机制，切实管好用好扶贫资金；在维护公共安全方面，要优化资金存量结构，减少小、散支出，提高资金使用绩效。2018 年，深入贯彻落实《中共中央　国务院关于全面实施预算绩效管理的意见》，在中央财政层面初步建立了以项目支出为主的全过程预算绩效管理体系，中央本级项目和对地方专项转移支付绩效目标、运行监控和绩效自评实现全覆盖，建立重点绩效评价常态化机制，2018 年组织第三方机构对 38 个重点民生政策和重大项目开展重点绩效评价，涉及资金 5513 亿元，评价结果已经用于改进管理、预算安排和完善政策。绩效管理深入众多领域，例如，在扶贫资金管理上，制定财政扶贫项目资金绩效管理办法，绩效目标管理基本实现全覆盖，涉及约 11 万个扶贫项目、8000 多亿元；在科研资金管理上，开展中央财政科研项目资金管理改革督察，在优化科研项目和经费管理、减少报表和过程检查、推进科研项目绩效评价等方面推出一系列新举措。

2019 年，预算绩效管理逐渐呈现全方位格局。在管理技术方面，进一步完善预算绩效管理制度办法和业务流程，健全分行业、分领域、分层次的核心绩效指标和标准体系；推动预算绩效管理扩围升级，逐步将绩效管理覆盖所有财政资金，延伸到基层单位和资金使用终端，开展中央部门整体支出绩效评价试点；将预算绩效管理关口从事后评价向事前和事中延伸，提高预算编制的科学性和精准性，防止财政资源配置环节和使用过程中的损失浪费。预算绩效管理与其他重点工作相辅相成，其中，在扶贫资金管理中，将加快财政扶贫资金动态监控机制建设，实时动态监控各级各类财政扶贫资金，对扶贫项目资金实施全过程绩效管理。在参与主体方面，充分调动部门和资金使用单位的积极性，促进财务和业务管理深度融合，推进预算和绩效管理一体化；强化绩效管理责任，建立健全绩效评价结果应用激励约束机制，与预算安排挂钩，低效无效支出一律削减。在绩效信息公开方面，稳步推进重大政策和项目绩效目标、绩效评价结果向同级人大报告，并随同预算决算向社会公开。应该说，一个"依法用好百姓钱"的预算绩效管理新机制，已然越来越清晰地向我们快步走来。

早在 2019 年初，财政部就印发了《2019 年预算绩效管理重点工作任务》，明确要求加快预算绩效指标和标准体系建设、重点领域绩效管理实现突破以及推动预算绩效管理提质扩围等多方面重点任务。北京市、山东省、福建省等在部门预算编制中均启动了重大政策和项目的事前绩效评估，2019 年济南市财政局开展事前绩效评估的项目有 88 个，覆盖产业扶持、城市建设、教育等领域，涉及金额 66.2 亿元，其中审减 21.3 亿元，审减率达 32.1%。同年 7 月，财政部印发《中央部门预算绩效运行监控管理暂行办法》，为绩效监控工作的规范提供了系统性遵循，这些举措使得绩效管理的关口逐步向事前及事中聚焦，从源头杜绝了部分财政资金的损失浪费。此外，财政部进一步提升了对中央部门项目支出及整体支出的绩效评价力度。以扶贫项目资金为例，财政部相继印发了《关于贯彻落实〈扶贫项目资金绩效管理办法〉的通知》《财政部关于加强和规范财政支持脱贫攻坚政策落实情况监督工作的意见》等文件，进一步明确项目管理流程，强化项目资金监管；同时，按照财政部统一部署，各地区从 2019 年起正式运行"财政扶贫资金动态监控平台"，依托信息平台，各地区可以实现对资金分配、下达、支付及绩效目标执行等情况的全流程监控，将项目责任细化至企业、部门及个人，进而提升扶贫资金的分配效率及使用效益。

2020 年政府预算报告中明确要求，全面实施预算绩效管理，加快构建全方位、全过程、全覆盖的预算绩效管理体系，其中，建立涵盖事前、事中、事后的预算绩效管理全流程链条成为全面实施预算绩效管理的关键任务。在事前绩效评估阶段，着重强化绩效目标这个"牛鼻子"，既要保证预算绩效目标编报的规范性与及时性，更要提升绩效目标及指标的编制质量，提交目标内容相关、数值合理、设定合理的绩效目标；在事中绩效监控阶段，推动构建大数据平台，扎实落实预算执行进度与绩效目标实现程度的"双监控"；在事后评价阶段，规范引导第三方机构作为外部评价主体参与预算绩效评价工作，在绩效评价报告中详细说明项目存在的主要问题和意见建议，并将绩效评价结果作为第二年预算安排的重要前提条件，强化落实绩效评价结果的反馈和整改工作。

在贯彻《中共中央　国务院关于全面实施预算绩效管理的意见》的基础上，2021 年进一步细化对预算绩效评价目标指标设置及取值的具体要求，开展转移支付和重大支出政策后评价。

2022 年财政预算报告要求增加部门和单位整体支出绩效评价试点数量，推动绩效目标与评价结果公开；建立完善绩效激励约束机制，压减低效支出、取消无效支出；深入推进预算管理一体化建设，加快完善全方位、全过程、全覆盖的预算绩效管理体系。在监督问责方面，加强财会监督人才队伍建设，应用大数据和信息化手段，强化财会监督与其他监督贯通协调，形成监督合力；同时加大审计查出问题的整改力度，严格落实整改责任，加强跟踪督办，保证公共资金、公共财产安全。各项政策的实施牢牢把握了稳字当头、稳中求进的工作总基调，对于加快建立全方位、全过程、全覆盖的预算绩效管理体系，促进经济社会发展具有重要的推动作用。

2023 年财政预算报告将"强化预算绩效管理"从"深化财税体制改革"中单独列出，一方面明确了财税体制改革向纵深发力的目标，另一方面体现了完善预算绩效管理在健全现代预算制度中的重要地位。强化预算绩效管理作为积极的财政政策"加力提效"的重要抓手，通过加强事前绩效评估，对"新出台重大政策、项目"进行事前绩效评估，这与《中共中央 国务院关于全面实施预算绩效管理的意见》中所提出的要求相吻合。具体来说，可以从预算申请与预算考核等方面设置事前绩效评估的标准。完善绩效指标体系，将绩效评价的指标、标准以及方法落到具体实践中，对绩效指标体系的编制流程及重点进行过程分解，提升指标与目标的可用性、科学性、有效性，提升评价结果的质量。妥善运用绩效评价结果，出台必要的激励约束机制，将绩效评价结果与下一年度预算安排关联，发挥评价结果"指挥棒"的作用。

3.5 推进预算公开

所谓公共财政，通俗地说，就是"以众人之财，办众人之事"。既然是众人之事，就应该由公众来参与决策，应该将决策过程和运行结果告知于公众。作为纳税人的普通公众，了解公共资金是如何花费的，其主要渠道就是每年人代会上向全体国民报告的政府预算报告。近年来，关于财政预算的透明度问题，日益引起社会各界的广泛关注。

3.5.1 预算报告形式通俗化

2008 年财政预算报告图文并茂、形象生动，便于代表审议和公众理解。在提交各级人民代表大会审议的各种报告中，财政预算报告应该说是专业性比较强的，恰恰是这个原因，"读不懂预算报告"成为社会各界反映较多的话题。这一点在 2008 年财政预算报告中得到了显著改进。首先，报告的行文更加朴实，明白易懂。通观全篇尽可能避免了专业术语的晦涩，对于一些预算专业词汇基本上作了必要的说明。其次，突出了数据之间的勾稽关系。政府预算作为政府理财的"账本"，其相关数据之间的勾稽关系非常重要。很多读者说我们的预算不够透明，其实是源于弄不清楚其间各项收支数字的相互关系。例如，在 2008 年财政预算报告中，通过"2007 年中央财政平衡关系"的图表使用，一目了然地说明了 2007 年中央财政的收支平衡情况，较之以往的单纯数字罗列，更加直观明了，解释力也更强。

3.5.2 预算公开内容扩围

在"十二五"规划中就曾明确指出，财政预算改革的基本方向是完善预算管理制度，实行全口径预算管理，完善公共财政预算，细化政府性基金预算，健全国有资本经营预算，在完善社会保险基金预算基础上编制社会保障预算，建立健全有机衔接的政府预算体系。

在 2010 年财政预算报告中，第一次从全景的视角，勾画了市场化进程中的政府预算体系总体布局，提出基于公共财政预算、国有资本经营预算、政府性基金预算等有机衔接的政府预算体系。同时，循着上述思路，在报告中详细汇报了 2009 年和 2010 年的政府性基金收支情况和收支预算安排，以及 2010 年中央国有资本经营预算收支安排。向广大社会公众，提交了一份基本上涵盖了全部政府性收支的全口径预算。2012 年地方国有资本经营预算和全国国有资本经营预算安排情况全面"亮相"。这标志着政府预算体系向着全口径预算管理迈出了关键性的步伐。

2013 年财政预决算公开实现常态化、机制化，"三公"经费公开取得重要进展。按规定向社会公开了中央有关部门的预决算，在公开"三公"经费 2011 年财政拨款决算数和 2012 年预算数的同时，还公开了相关实物量信息，公开的内容更加细化、时间相对集中、格式基本规范。

2015 年公开预决算的中央部门增加到 99 个，专门增加了"三公"经费财政拨款预决算表。中央财政预决算和部门预决算公开到支出功能分类最底层的项级科目，专项转移支付预算公开到具体项目。31 个省（自治区、直辖市）全部公开了本地区一般公共预算和本级部门预算。2015 年预算草案中，详细报告了新预算法规定的人民代表大会审查预算的重点事项（如上年预算执行情况、本年度预算安排、政府债务、转移支付等），重点报告支出预算和财政政策，自觉接受监督。提高政策信息透明度，每个专项资金都要发布操作指南并向社会全面公开。并进一步明确，除涉密信息外，所有使用财政拨款的部门都要做好预算公开，实现财政资金的"阳光运行"。

按照各级政府要坚持"过紧日子"，把每一笔钱都花在明处、用在实处的基本指导思想，2016 年扩大纳入全国人大审查预决算的部门范围，首次公开分地区、分项目专项转移支付预算。进一步细化预算编制，压缩代编预算规模，及时批复部门预算。加快支出预算指标分解下达的工作节奏，加大对部门组织实施项目的督查力度。开展地方财政预决算公开情况专项检查，增强地方财政透明度。科学拟定债务限额，地方政府在批准的限额内举借和偿还债务，严格控制债务规模。将地方政府债务收支纳入预算，自觉接受各级人大的监督。建立地方政府债务限额及债务收支情况随同预算公开的常态机制。2017 年首次在中国政府网、财政部门户网站集中公开中央政府预算、中央部门预算和中央对地方转移支付，公开部门预算的中央部门增加到 105 个。2018 年进一步推进预算公开，扩大向人大报送和社会公开的重点支出项目范围，加大监督检查力度，指导和推动地方做好预算公开工作；加大绩效信息公开力度，推进绩效目标、绩效评价结果向人大报送并向社会公开；继续配合推进预算联网监督。

2022 年共有 102 个中央部门公开了部门预算，其中 100 个部门共公开了 727 个项目的绩效目标，数量比上年增加 599 个。进一步推动各级政府部门的绩效信息公开工作，对于提升绩效管理监督问责制，实现"以人民为中心"的现代预算管理体系，无疑具有重大而持久的积极效应。

3.5.3 强调重点预算问题

直面预算管理现实，浓墨重彩地重点阐明各界关心的预算问题。在 2010 年的财政预算报告中，首次正面回应了当前广为关注的预算公开话题。在报告中，分别从两个方面指出了"阳光财政"建设的基本方向。就向社会公开预算而言，明确提出积极推进预算公开，建立健全规范的预算公开机制，自觉接受社会监督；就财政支出结果的公开监督问题，强调了积极开展预算支出绩效评价，探索建立绩效评价结果公开机制和有效的问责机制。同时，第一次正面回应了预算费使用、保障性住房支出、积极财政政策落实情况、落实全国人大预算决议有关情况等众多社会广为关注的财政话题。例如，结合社会公众广为关注的住房保障问题，报告突破既有预算科目的局限，系统汇报了保障性住房的支出情况和预算安排。又如，针对积极财政政策的实施效果，分别从增加政府公共投资，加强各种重点建设；优化税制，实行结构性减税；增加城乡居民收入，增强居民消费能力等方面，公开正面地用数据和事实，报告了积极财政政策的实施效果。

2011 年财政预算报告针对一年来各级预算公开的进展，进行了系统的梳理和回顾，指出 2010 年预算公开全面推进，对外公开的中央财政预算表格从 2009 年的 4 张增加到 2010 年的 12 张，支出预算表细化到款级科目；74 个中央预算部门公开了部门预算，地方预算公开取得新的进展。就后续的预算公开举措而言，报告指出，要加快推进预算公开，进一步细化预算公开内容，推进基层财政部门和有关部门向社会公开重点民生支出情况，抓紧做好行政经费等支出公开的有关工作。应该说，从中央到地方、从局部到整体、从个案公开到制度化公开，以预算公开为逻辑起点的"阳光财政"建设的基本路线图，已然渐行渐近、日益清晰。

预算执行结果与年初预算之间的偏离差异，也就是预算的精度问题，

一直是历年两会上，代表和委员乃至社会公众颇为关注的话题。在 2011
年财政预算报告中，就预算超收等热点预算问题，较为系统且全面地作出
了正面回应，主要体现为以下几方面：一是理性分析了预算超收的形成原
因，回应了预算的预测精度问题。在 2010 年中央财政预算主要执行情况中，
报告专列标题，系统诠释了预算超收的形成原因，主要是年初收入预算安
排是根据相关经济预期指标测算的，执行中一些指标超过预期较多，导致
收入超过预算。2010 年外贸进出口总额增长 34.7%（其中进口增长 38.7%），
超过年初 8%的增幅预期，进口环节税收比预算超收 2865 亿元；2010 年汽
车销售量增长 32.4%，消费税和车辆购置税比预算超收 1285 亿元。这两项
超收合计占中央财政超收额的 94.1%，其他各项收入与预算基本持平。这
一系列数据表明，在预算执行的偏离度问题上，尽管存在着预测精度方面
的问题，但总体上还是处于合理区间的，从而正面回应了预算超收的形成
机理问题。二是总括性分析了土地出让收入的收支变化情况，正面回应了
土地财政问题。土地财政是近年来颇受争议的一个话题，也是亟待加强财
政管理的重点领域。在 2011 年财政预算报告中，较为系统地分析了国有土
地使用权出让收入 29109.94 亿元（完成预算 213.2%）的构成及其成因，
主要是土地供应增加、地价总体水平上升以及收入管理加强等因素所致，
正面回答了土地出让金收入较大规模超预算增长的原因。进而详细剖析了
国有土地使用权出让收入的主要支出用途，其中主要支出包括，征地拆迁
补偿等成本性支出约占 50%，农村基础设施建设和补助农民等支出约占
8%，破产或改制企业土地出让收入用于安置职工支出约占 12%，按城市房
地产管理法有关规定用于城市建设的支出约占 30%。

　　2012 年财政预算报告系统回应了广为关注的"三农"问题"土地财政"
"三公"消费等热点话题。针对"三农"问题，报告明确指出，2012 年中
央财政用于"三农"的支出安排合计 12286.6 亿元，增长 17.9%。其中：
支持农业生产支出 4724.2 亿元，对农民的粮食直补、农资综合补贴、良种
补贴、农机购置补贴支出 1628 亿元，促进农村教育、卫生等社会事业发展
支出 5313.9 亿元，农产品储备费用和利息等支出 620.5 亿元。针对"土地
财政"问题，报告明确了 2012 年地方政府性基金预算中，用国有土地使用
权出让收入安排的支出的具体用途（共计 28241.05 亿元），包括征地拆迁
补偿等成本性支出 19415.71 亿元、农业土地开发整理和农村基础设施建设
以及补助农民等支出 1534.92 亿元、教育支出 305.94 亿元、农田水利建设

支出 297.97 亿元、保障性安居工程支出 624.89 亿元、城市建设支出 6061.62 亿元。针对"三公"消费问题，结合预算公开的总体要求，明确指出要严格控制一般性支出和"三公"经费，严格控制各种论坛、研讨会、庆典等活动和楼堂馆所建设，切实降低行政成本。

2013 年财政预算报告较为明确地回应了社会各界广为关注的公共财政安全、地方政府性债务等热点问题。针对公共财政安全问题，结合积极财政政策的运用，报告指出，通过合理把握政策实施力度和节奏，既着力加强短期的调控，又着眼增强发展后劲，赤字率和债务负担率控制在安全水平。针对地方政府性债务的风险问题，报告系统汇报了加强地方政府性债务管理的主要举措：全面核实地方政府性债务，摸清了债务底数，出台了一系列加强地方政府融资平台公司债务管理的政策措施，积极防范财政金融风险；有序开展了经国务院核准的地方政府债券发行工作；积极化解地方政府存量债务，减轻了债务负担。后续还将进一步加强地方政府性债务管理，坚决制止一些地方违法违规融资和担保承诺行为，逐步将地方政府债务收支分类纳入预算管理，建立地方政府性债务风险预警机制。

预算执行的偏差始终是各界广为关注的一个预算管理话题。应该说，无论是预算执行精确度的总体情况，还是对于偏离度问题的详细诠释，2015 年的政府预算报告都是做得较好的。针对 2014 年一般公共预算收入增速放缓的原因解释，针对社会保障和就业支出、医疗卫生和计划生育支出、科学技术支出、节能环保支出等支出项目，实际预算执行结果低于年初预算的原因诠释，均较好地回应了社会各界对于核心预算命题的关注。同时，在 2014 年中央一般公共预算执行情况的汇报中，除报告农林水、教育、科技等主要项目的支出总额外，还分别就"中央本级支出"和"对地方转移支付"两个层面进行详细汇报（例如，农林水支出 6474.22 亿元，其中，中央本级支出 539 亿元，对地方转移支付 5934.59 亿元），彰显了中央财政对地方经济社会发展的支持力度。

针对各类隐性风险逐步显性化的现实，报告明确指出，尽管地方政府性债务风险总体可控，但化解风险的任务十分艰巨，进而分别从现实问题妥善处理和中长期风险防控机制构建的双重维度，全方位描绘了加强地方政府性债务管理的政策取向与制度安排。针对现实存量债务问题，提出了将存量债务分类纳入预算管理，合理设置过渡期，避免资金链断裂等过渡性制度安排。针对中长期风险防控机制而言，则主要体现为五大机制（制度）的建立或健全：建立一般债务与专项债务相结合的地方政府债务举借机制，健全地方政府债券市场化定价机制，建立地方政府债务风险评估和预警机制，建立地方政府债务公开制度，加快权责发生制政府综合财务报告制度建设。

3.6 基于审计报告文本分析的中国公共预算执行研究

预算执行审计已经成为各级政府和人大加强预算管理与监督的重要工具[①]。2021 年新修订的《中华人民共和国审计法》规定，"国务院和县级以上地方人民政府应当每年向本级人民代表大会常务委员会提出审计工作报告"，为预算执行审计监督提供了法律依据；并要求"审计工作报告应当重点报告对预算执行及其绩效的审计情况"，预算执行及其绩效成为预算执行审计工作报告中必须披露的重要内容。因此，对预算执行审计工作报告进行分析，能够较好地发现公共预算管理中存在的问题，进而为深化预算改革提供有力的实证材料支撑。

在实践中，各级审计机关每年组织开展本级预算执行审计，并代表本级人民政府向本级人大常委会做关于《本级预算执行和其他财政收支的审计工作报告》，该报告对地方预算编制和决算草案审计情况、部门预算执行情况、中央转移支付资金审计情况等诸多方面的审计情况进行详细汇报与公示。在此基础上，审计署每年对其进行汇总并公布。2016 年至 2021 年 6 年之间，审计署网站上公开发布的《地方预算执行和其他财政收支的审计工作报告》共计 213 份[②]。本节运用文本分析工具对历年审计工作报告进行主题模型运用和关键词提取，以期探究预算执行审计中的重点环节和关键信息。进一步地，对审计工作报告揭露的重点问题进行语义分析与时序特征分析，以便更好地聚焦其中的共性问题与特性问题。

---

① 朱镕基. 朱镕基讲话实录：第四卷[M]. 北京：人民出版社，2011：476.

② 自 2016 年开始，审计署每年定期公布 31 个省（自治区、直辖市）和 5 个计划单列市的《本级预算执行和其他财政收支的审计工作报告》。6 年间，该报告共缺失 3 份，分别为：西藏（2021 年），重庆（2017 年）及新疆（2016 年）。此外，各省市审计部门网站上也会定期公布该报告，在这里为了统一，选取审计署公开的审计报告作为文本分析样本。

3.6.1　公共预算执行审计监督的特征

预算执行审计是对预算执行过程中财政资金的筹集、分配和使用情况及其真实、合法、效益性所进行的审计监督[①]。因此，预算执行审计不仅对预算执行单一环节进行审计，而是对预算资源从分配到使用绩效的全流程审计[②]，涉及公共预算管理中的诸多领域和环节。

（一）预算执行审计是对公共预算的独立审计

国家审计的本质是国家治理这一大系统中内生的具有预防、揭示和抵御功能的"免疫系统"，核心是推动民主法治，实现国家良好治理（刘家义，2012）[③]。实际上，预算执行审计在国家治理中发挥着维护经济稳定、为治理决策提供服务和提高国家治理透明度的重要作用（谭劲松和宋顺林，2012[④]；审计署武汉特派办理论研究会课题组，2022[⑤]）。国家审计之所以能够在政府加强预算管理和人大强化预算监督中发挥重要的作用，关键就在于建立了以部门预算执行情况审计为基础，以提高财政专项资金使用效益为最终目标的预算执行审计工作体系[⑥]。

预算审计监督是凸显国家审计独立性的重要制度安排（姜爱华和杨琼，2020[⑦]）。一方面，财政部门作为预算分配主体，其下属的各预算单位负责具体执行和使用预算。归因于预算分配主体与预算执行主体之间的联系，财政部门的独立性较难体现。为了弥补这一缺陷，就需要一个独立于两者之外的部门进行审计监督。另一方面，国家作为财政资金的所有者不直接参与预算的管理活动，而是将资金的管理权交予财政部门，使得自己与其保持相对独立。相应地，预算执行审计作为国家审计的重要组成部分，也

---

① 倪娟，谢志华，王帆. 国家审计与预算绩效管理：定位、机制与实现路径[J]. 中国行政管理，2021，427（01）：9-15.

② 马蔡琛，赵笛. 论全面预算绩效管理背景下的绩效审计体系构建[J]. 财政科学，2021，64（04）：40-49.

③ 刘家义. 论国家治理与国家审计[J]. 中国社会科学，2012，198（06）：60-72+206.

④ 谭劲松，宋顺林. 国家审计与国家治理：理论基础和实现路径[J]. 审计研究，2012，166（02）：3-8.

⑤ 审计署武汉特派办理论研究会课题组. 预算执行审计创新与发展的若干问题研究[J]. 审计研究，2022，229（05）：11-18.

⑥ 李金华. 中国审计25年回顾与展望[M]. 北京：人民出版社，2008：372.

⑦ 姜爱华，杨琼. 部门预算改革以来中国特色预算审计监督变迁与走向[J]. 财政研究，2020，449（07）：53-66.

能够独立于财政部门而对预算的分配和使用情况进行监督。

（二）预算执行审计是对预算执行的再监督

预算执行审计不仅具有独立性，其重要性还体现在对预算执行的再监督上。首先，对预算执行进度的监督。作为审计机关以独立的第三方形式对预算单位进行的"事中"监督，对预算执行进度的监督主要是审查预算执行进度与绩效目标的匹配程度，进而提出建议要求预算单位纠正有缺陷的绩效目标。进一步地，通过考察财政部门是否暂缓或停止进度缓慢和绩效不佳项目或单位的拨款，旨在督促财政部门提升预算资源分配的科学性与合理性。

其次，审计部门还能对财政部门监督的结果进行再监督。在审计预算绩效管理时，通过评估绩效考核结果的真实性、可靠性，来发现考核指标不清晰、不科学等评价制度问题。由财政部门牵头实施的绩效评价与审计部门实施的绩效审计形成合力，共同构成了生动的预算绩效管理实践。在地方预算执行审计中，绩效管理也是预算执行审计的重要内容之一。预算绩效审计包括预算执行情况、绩效目标设置情况、绩效评价和绩效监控情况以及绩效结果应用程度等多方面内容。[①]

3.6.2 基于地方审计工作报告的公共预算执行情况分析

为系统梳理当前公共预算管理中存在的问题，本节采用了基于语义分布相似度的主题模型分析方法。该方法是剖析文本资料所反映的重点领域和相关问题的重要技术工具[②]。基于该方法，对 2016 年至 2021 年的 213 份《地方预算执行和其他财政收支的审计工作报告》（以下简称"审计工作报告"）运用自然语言处理技术进行编码和分析，旨在探究预算执行审计的重点环节与审计发现的主要问题。[③]

（一）预算执行审计的重点环节

首先，通过对 213 份审计工作报告的文本考察，对其中与预算相关的词条进行分析，提取与主题词"预算"共现值较大的关键词。在 213 份审

---

① 马蔡琛，朱旭阳. 论绩效审计与预算绩效管理的衔接机制[J]. 经济与管理研究，2020，41（06）：108-118.

② 居亚亚，杨璐，严建峰. 基于语义分布相似度的主题模型[J]. 计算机应用研究，2019，36（12）：3553-3557.

③ 资料来源于审计署在地方公告及解读专栏中统一公开的《地方预算执行和其他财政收支的审计工作报告》，https://www.audit.gov.cn/n5/n1482/index.html.

计工作报告中，"预算"一词共出现 1690 次，涉及"公共预算"的有效词条 559 条。进一步地，运用聚类分析法，根据提取出的关键词与主题词"预算"的聚合与交叉情况，以其中相关性最强的主要关键词生成预算网络关系图谱，进而从直观上呈现预算执行审计中的重点环节（见图 3.5）。

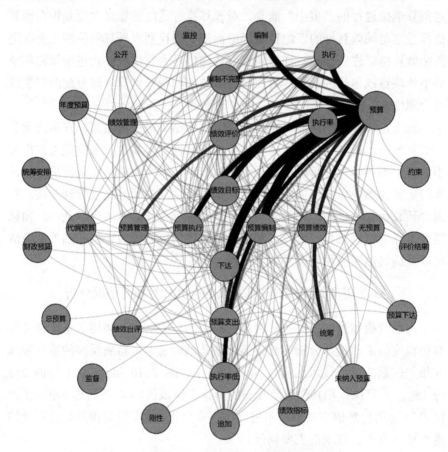

图 3.5　主题词"预算"的相关性网络分析图

从图 3.5 中可以看出，"统筹""编制""分配""下达""执行""约束""绩效""监督""公开"等是与预算联系较为紧密的关键词。其中，"统筹""编制""下达""追加""执行"本身就是预算中的固有环节。"约束""绩效"等词条的出现与"预算"联系紧密，表明公共预算的执行不仅关注预算流程的合规性，也注重对资金使用效率和效益的考察。公共预算作为落实重大项目和政策的保障性要素，预算资金的使用效益必须通过项目进展和政策目标的实现情况来体现。因此,不仅要关心"钱从哪里来",还要关心"钱往哪里去""钱花得好不好"。对资金的使用效益进行评价和监督能够倒逼预算单位减少资金浪费、注重成本效益,进而有望为项目和政策的落实提供更为坚实的财力保障,使得公共预算更好地服务于经济社会发展全局。"监督""公开"作为关键词,是对"以人民为中心的发展思想"的践行,彰显了现代预算制度的价值取向。预算公开是预算接受人民群众监督的关键,也是"人民财政人民监督"的题中应有之义。

在从整体层面把握了预算执行中的重点环节之后,对抓取的关键词进行时间维度的动态演化分析,能为我们提供更具细节性的洞见。分析结果如图 3.6 所示。其中,黑色圆点的大小表示该关键词在每一年的审计工作报告中出现的频数。

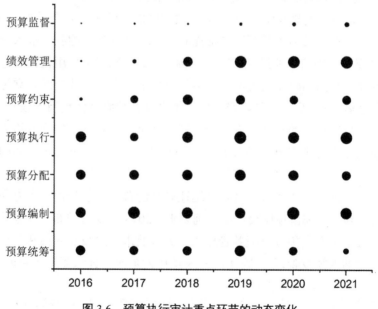

图 3.6 预算执行审计重点环节的动态变化

从整体上看,近年来的预算管理工作重点总体呈现出多元化的发展趋势。根据所呈现的动态变化特征,可以将图 3.6 的重点环节划分为三类,一是"持续型"问题,这类关键词在历年报告中分布比较均匀,诸如"预算编制""预算分配""预算执行"等,是历年审计部门审计的重点对象或审计报告所反映的主要信息,体现了预算审计监督持续关注的环节。二是

"下降型"问题，如"预算统筹"①一词在 2016 年至 2019 年集中高频，而 2020 年以来则逐年下降。这是因为在 2015 年，国务院印发了《推进财政资金统筹使用方案》（国发〔2015〕35 号），对推进资金统筹安排与使用提出了明确要求，故而在随后年度，审计重点关注了预算统筹问题。通过预算审计监督的警示性作用，该问题得到了一定改善，使得后期对这一领域的关注度逐渐降低。三是"上升型"问题，主要是指近几年频率逐渐增加的关键词，如"预算约束"②"绩效管理"等。这些是预算审计监督新关注的环节，既反映了公共预算制度改革的方向与重点，也体现出预算执行审计的重点环节随着改革的深化而逐渐拓展。

从审计重点上看，报告中"预算约束""绩效管理"的频数逐渐增多。就"预算约束"而言，一个可能的原因是近年来财政空间紧运行态势逐渐突出③。地方政府在财政收入增速下降的同时，面临着更加严峻的"三保"支出压力，财力更显紧张④。而扩大财政空间的方法主要有"开源"和"节流"两个方面。其中"开源"包括提高税收、获得外部赠款、借入资金等方式，"节流"则需要通过建立支出定额标准、明确资金使用范围等方式在规范预算执行的同时压减支出，以期释放更多可用的财政空间。立足财政管理的具体实践，鉴于减税降费的持续推进以及政府举债规模的限制，"开源"并不是短期内的首选之举，如何通过强化预算对支出的刚性约束，严格按照预算来安排支出，确保支出不超预算，是扩大地方财政空间的现实选择。在此背景下，对"预算约束"的审计力度也逐渐加大。

就"绩效管理"而言，其热度迅速攀升的背后可能是由三个方面合力推动的。其一，来自顶层设计的明确要求，2018 年 9 月颁布的《中共中央国务院关于全面实施预算绩效管理的意见》要求"将政府部门和单位预算收支全面纳入绩效管理"。因此，2018 年作为全面实施预算绩效管理元年，

① 统筹主要是指两个方面，一是"四本"预算之间的统筹整合，如国有资本经营预算调入一般公共预算的比例要求；二是财政存量资金与预算安排之间的统筹结合，重点考察上年度的结转结余资金是否纳入年初预算进行统筹安排。

② 预算约束这一术语是财政管理中的习用概念，而在预算执行审计中则是指预算对支出的刚性约束是否有利，审计报告对该问题的披露主要包括资金挤占挪用、预算调整随意性大、无预算支出、超标准超预算支出等。

③ 财政空间（fiscal space）是指在不损害政府财务状况、财政可持续和经济稳定的情况下，可以安排政策活动的预算空间。

④ 马蔡琛，赵笛. 财政空间紧运行下的法定支出预算绩效管理研究[J]. 经济纵横，2023,446（01）：112-120.

也就成为预算执行审计监督工作重心的转折之年。其二，关注资金使用绩效也是财政空间紧运行下的必然要求，为有效缓解收支矛盾，就必须紧紧依靠预算绩效管理手段来衡量并提升资金使用效率，把每一分钱都用在"刀刃上"。其三，预算绩效管理也是预算管理向纵深发展的必然趋势，为解决好预算管理中存在的资金低效无效、闲置沉淀、损失浪费等问题，就需要以全面实施预算绩效管理为关键点和突破口，更好发挥预算的职能和作用。

（二）公共预算管理中的共性问题

基于上文的关键词聚类分析，针对预算统筹、预算编制、预算分配、预算执行、预算约束、绩效管理、预算监督 7 个环节，进一步挖掘文本资料中的共性问题，发现其中有 20 个问题在审计报告中出现的频数较高（见表 3.3）。在上述问题和数据的基础上，下面对各地预算管理存在的现实问题作出进一步总结分析。

表 3.3　审计报告中的高频问题

重点环节	高频问题	频数	占比
预算统筹	预算资金统筹力度弱	162	76%
预算编制	预算编制不完整	152	71%
	预算编制未细化	137	64%
预算分配	资金分配不科学	68	32%
	资金下达不及时	168	79%
预算执行	项目进展缓慢	180	85%
	预算追加不规范	49	23%
	年底突击花钱	21	10%
	预算资金闲置和沉淀	100	47%
预算约束	资金挤占挪用	40	19%
	无预算支出	98	46%
	超标准、超预算支出	124	58%
绩效管理	未进行事前绩效评估（评审）	19	9%
	绩效运行监控不到位	27	13%
	绩效目标（指标）设置不合理	108	51%
	绩效自评（评价）质量不高	44	21%
	未开展绩效自评（评价）	41	19%
	评价结果应用不足	33	15%

重点环节	高频问题	频数	占比
预算监督	人大预算监督不到位	26	12%
	预算公开不及时	29	14%

注：问题占比=审计发现该问题的频数/审计报告总数（即 213 份）。由于并不是每份审计报告都会提及所有类别的问题，也存在一个材料中包含多个问题的情况，因此各类问题占比的加总之和不等于 100%。

表 3.3 所呈现的高频问题并不是单一、孤立的个体，而是一个"牵一发而动全身"的环环相扣的整体。

第一，资金统筹不力所导致的预算编制与分配问题。预算统筹是预算编制与分配的基础。统筹主要包括两个方面，一是实施全口径预算管理要求下的"四本"预算之间的衔接。为明确"四本"预算统筹的范围、对象和比例，国务院已出台《划转部分国有资本充实社保基金实施方案》《关于切实做好基本民生支出保障工作的通知》等。然而，审计发现，一些地区对于国有资本经营预算向一般公共预算调出资金的比例未达要求，社保基金与一般公共预算之间的协调也尚显不足。全口径预算管理的落实不到位制约了公共预算对于民生支出的保障力度，也不利于发挥财政服务于经济社会发展全局的作用。二是以前年度的结转结余资金与本年度预算之间的统筹。审计发现，一些部门未将结转结余所形成的财政存量资金纳入年初的预算安排，对可用财力的估计不足，导致少编和漏编预算，削弱了预算编制的完整性。又由于在预算分配中未考虑到以前年度的结转结余情况，尤其是对于上一年度预算执行率较低的项目，当年继续安排大量预算，继而又形成了二次沉淀，制约了资金的合理有效配置。

第二，资金下达不及时与年底追加同时存在，造成项目进展缓慢，资金闲置沉淀问题较为突出，突击花钱行为屡禁不止。一是资金下达不及时问题，这在中央转移支付和财政部门代编的预算[①]中表现得尤为明显。前者往往需要上级财政部门逐级下达后再拨付给项目单位，中间环节较多；后者则难以

---

① 由财政部门代编（直编）的预算指的是年初无法直接编列到部门的预算。主要包括：按政策规定由财政部门直接补助到专户的资金；已确定资金使用方向和总体规模，但暂未确定具体项目、执行单位或需按进度安排的项目资金以及预备费等。

将项目细化到具体的资金使用部门与基层单位，预算到位的延迟较为严重。资金下达的不及时在阻碍项目高效实施、预算序时执行的同时，也会危及资金的使用绩效。因为"只有预算及时拨付到位，政府才能够及时行动将民众的诉求化之为自己的绩效产出"。① 二是部门预算追加不当，年底追加预算较多。对于追加的这部分预算，因其往往在项目实施的中后期才到账，执行率并不高，不仅无法取得预期效果，随之带来的大量结转结余，进一步加剧了资金的闲置和沉淀问题。例如，山东省审计厅对 2019 年度本级的预算执行审计发现，在该年第四季度，省财政厅向省级部门单位追加预算 76.08 亿元，涉及项目 980 个，截至年底仍有 401 个项目未取得有效进展，近 10 亿元预算执行率低于 50%。就预算单位而言，财政资金的拨付较晚，后期还能追加"要到"多少资金也是个未知数，这种不确定性导致其在项目实施前期"畏手畏脚"。而在年底，资金得到了确定，且由于前期支出节奏较慢后期资金也较为充裕，要想避免闲置和沉淀，年底突击花钱就成了无奈之举。

第三，刚性约束不力与监督不到位相叠加，预算执行随意性强。一方面，由于支出标准体系尚未健全，在编制预算时对所需资金的测算精准性欠佳，在执行预算时也缺乏相关依据进行支出监控，使得执行随意性强，超标准、超预算支出问题较为普遍。在 2016 年至 2021 年的 6 年间，审计发现该问题的频数高达 124 次，占比达 58%。另一方面，来自立法监督机构与社会公众层面的监督效力尚显薄弱。有 26 份报告提及人大预算监督权的落实问题，有 29 份报告指出预算信息、绩效信息公开不及时的问题。公共预算作为履行政府公共受托责任的载体，本身就囊括立法机关、预算部门、社会公众等多方参与主体，加之在实践中存在着不同程度的预算机会主义行为，人大和社会公众对预算进行监督既是法定要求，也是现实需要。而预算监督力量的缺失，不仅不利于硬化预算支出约束，也难以确保政府最大限度地履行财政承诺。

第四，预算绩效管理仍需进一步深化。超过半数的审计工作报告均指出了绩效目标和指标的设置问题。有的绩效指标过于宏观难以落地实现，有的未与项目立项依据、用途和资金安排等相匹配。因而，也导致绩效自评和绩效评价的质量不高，制约了绩效评价的有效性。此外，从运用的广度来看，绩效评价并未覆盖所有财政专项资金，甚至对于重点项目，有 23

---

① 阿伦·威尔达夫斯基，布莱登·斯瓦德洛. 预算与治理[M]. 苟燕楠，译. 上海：上海财经大学出版社，2010：167.

个地区并未对其展开全面绩效评价，涉及 41 份审计报告，且部分地区整改不彻底，多次重复出现此类问题。从运用的深度来看，一些地区尚未建立考评结果与预算安排挂钩机制，评价结果的应用力度仍需加强。从流程来看，事前绩效评估有所缺失，贯穿"事前、事中、事后"全过程的预算绩效管理一体化机制也还未健全。

（三）公共预算管理中的特性问题

事物是在矛盾中发展进步的，矛盾的普遍性与特殊性是一个相互联结的整体。[①]公共预算的发展也是如此。在推进公共预算管理改革的进程中，虽存在着诸多共性问题，但各地预算实践的进展程度与问题的突出方面却不尽相同，这说明各地的预算管理各具特殊性。因此，有必要从地区维度入手，进一步剖析公共预算管理中的特性问题。

1. 各地预算约束相关问题的时序特征分析

从 2018 年开始，地方审计工作报告着重强调 "过紧日子"要求，预算对于支出的刚性约束是否有力成为预算执行审计的关注重点，相关的审计发现在报告中得到了重点披露。如图 3.7 所示，热力图所展现的词频分布呈现出一定的规律性，为我们考察"预算约束"相关问题的时序特征提供了有效的分析工具。

从地域上看，较之东部经济发达地区，中西部地区预算执行审计中发现的与"预算约束"相关的问题更多。这些省份的财政自给能力相对不足，按理更应注重预算对支出的刚性约束，确保支出不超预算，但现实却是这些地区存在的支出问题更为突出。构想与现实之间相背离的背后，反映出预算管理水平和能力的地区差异。

对文本资料进行进一步分析发现，在审计报告中指出的与"预算约束"相关的问题共计 137 次，其中，提及"中央转移支付资金"的次数多达 42 次，占比超 30%。由此可以大致推断，中央转移支付资金的支出与使用不规范是中西部地区该问题居高不下的一大致因。这从侧面印证了图 3.7 的分析结果。对于那些财政自给能力相对不足的地区，客观上就需要中央通过转移支付形式对其财力进行必要补充。然而，由于针对转移支付资金的管理制度尚未健全，相关支出的定额标准体系建设较为滞后，在一定程度上导致了这些地区存在的资金挤占挪用、支出超预算等问题较为严重，预

算对支出的刚性约束不强。加之部分地区对转移支付的依赖心理与中央救助预期,其加强制度建设以进一步规范支出的动力也相对不足。从这个意义上讲,中央转移支付作为平衡地区间财力的政策工具,确实为中西部地区的经济社会发展提供了足够的财力保障,但这又导致这些地区在支出中往往难以摆脱"投入型"管理方式。

地区	2016	2017	2018	2019	2020	2021
西藏	0	3	5	4	2	0
新疆	0	0	0	1	1	0
甘肃	2	1	3	3	2	2
宁夏	1	0	1	1	0	2
内蒙古	6	3	3	3	0	6
贵州	0	2	2	2	4	4
青海	0	3	6	3	2	0
山西	3	5	4	1	0	3
黑龙江	4	4	4	4	2	5
广西	3	0	3	0	4	2
四川	3	4	2	1	2	7
陕西	5	2	5	2	2	4
河南	3	4	1	2	1	5
河北	5	6	8	5	4	7
江西	2	5	5	4	0	0
湖南	3	9	10	5	2	6
吉林	1	0	2	0	0	3
辽宁	2	3	1	1	0	6
湖北	4	4	1	4	2	5
海南	6	7	4	2	1	1
云南	2	1	4	2	2	2
山东	0	1	2	1	6	6
重庆	2	0	7	2	0	2
安徽	0	0	0	3	3	0
江苏	0	0	0	0	0	0
浙江	0	2	1	3	2	2
福建	0	0	0	0	1	0
广东	0	2	2	2	3	2
天津	0	0	0	0	2	2
北京	0	0	1	1	2	2
上海	1	1	1	1	1	0

图 3.7　各地区"预算约束"相关问题的时序特征

注:颜色深浅表示以问题形式出现的"预算约束"的词频多少。

2. 各地绩效管理相关问题的时序特征分析

"绩效管理"作为公共预算执行审计中的重点环节，从地区维度入手展开深入分析，能够更好地聚焦各地的进展情况。热力图展现的词频分布呈现出一定的规律性，为我们考察"绩效管理"相关问题的时序特征提供了有效的分析工具。

从区域上看，审计报告中提及的与"绩效管理"相关的问题在地区分布上并不均衡。如图 3.8 所示，在 2016 年度至 2018 年度，东部地区的问题相对较多。这不是由于西部地区已经建立了完善的预算绩效管理体系或审计机关没有发现问题，可能是各地区的异质性导致的开展预算绩效管理的时间有先有后。在 2019 年度至 2021 年度，西部地区所发现的问题就远超东部地区。已有研究者指出，中国预算绩效管理的推进大致符合"胡焕庸线"①顺时针偏转 15 度的发展状况，在"胡焕庸线"东南的经济发达地区预算绩效管理改革推进较快，而西北地区则进展较缓②。从图 3.8 中可以看到，"胡焕庸线"东南半壁出现"预算绩效"这一词条的时间早于西北半壁。这不仅代表了前者的审计机关更早地开始关注资金使用效益情况，也从侧面反映出这些地区在预算绩效管理的探索中走在前列。以山东省为例，作为绩效预算管理改革探索开展的先行省份，在 2016 年首次将 7 个重点财政支出项目绩效评价报告，随同 2016 年度财政决算提交省人大常委会参阅③。因而在 2016 年审计工作报告中已经披露了相关"绩效管理"问题。在 2017 年，山东省开始对省直部门实施预算管理绩效综合评价，并出台了《山东省省直部门预算管理绩效综合评价实施方案（试行）》，是国内较早出台针对性的预算管理绩效实施方案的省份。当然，较早开始探索预算绩效管理仅是导致该省相关问题较早披露的一个可能性解释。

---

① "胡焕庸线"是中国地理学家胡焕庸于 1935 年提出的划分我国人口密度的对比线，又叫"黑河（瑷珲）—腾冲线"。该线东南半壁 36% 的土地供养了全国 96% 的人口，西北半壁 64% 的土地仅供养 4% 的人口。综观近四次人口普查情况，"胡焕庸线"两侧的人口比例和经济比例基本稳定。根据第七次人口普查结果，该线的东南侧集聚了全国 93.49% 的人口，贡献了 95.16% 的 GDP（2020 年数据）。

② 马蔡琛. 2020 后的预算绩效管理改革前瞻[J]. 人民论坛·学术前沿，2020，198（14）：38-44.

③ 山东省财政厅. 山东省财政厅首次将部分重点项目绩效评价报告提交省人大常委会参阅[EB/OL]. http://czt.shandong.gov.cn/art/2017/8/4/art_10604_4252910.html. (2017-08-04) [2023-04-29].

地区	2016	2017	2018	2019	2020	2021
西藏	0	0	0	10	3	2
新疆	0	0	0	3	7	5
甘肃	0	1	1	5	8	6
宁夏	0	0	0	5	7	6
内蒙古	0	1	3	6	7	10
贵州	0	0	8	18	24	6
青海	0	0	3	7	5	4
陕西	0	0	4	4	7	2
江西	0	0	4	3	0	8
湖南	1	2	3	9	11	2
山西	0	3	5	7	10	8
黑龙江	0	2	4	1	11	3
广西	0	3	5	8	11	28
四川	0	8	11	6	3	1
河南	0	1	8	4	7	5
河北	0	2	3	11	9	13
江苏	0	2	3	5	7	2
福建	4	5	4	7	3	2
吉林	0	0	1	4	3	1
辽宁	0	3	5	5	4	2
湖北	0	9	7	13	11	11
海南	0	0	0	11	5	2
广东	0	2	6	14	1	4
云南	0	2	1	2	5	5
山东	7	7	6	8	9	3
北京	2	5	8	10	4	10
上海	0	1	0	5	12	3
浙江	0	2	7	1	4	9
安徽	0	0	1	4	5	4
天津	0	0	1	1	1	8
重庆	0	0	8	9	11	7

图 3.8　各地区预算"绩效管理"的时序特征

注：颜色深浅表示以问题形式出现的"绩效管理"的次数多少。

此外，对于部分预算绩效管理改革启动较早的省份，近两年审计发现的问题呈下降趋势，如福建省和四川省。早在 2013 年，福建省专门出台了

《福建省预算绩效管理工作方案（2013—2015）》，正式启动预算绩效管理工作。在 2016 年，福建省开始开展省直部门专项支出绩效自评工作，并出台了《福建省预算绩效目标管理暂行办法》等技术性操作指南。近年来，福建省《省级预算执行情况审计工作报告》中提及的"绩效管理"相关问题逐年减少，一定程度上也与其预算绩效管理能力和水平的提升紧密相关。四川省大力创新人大预算审查监督模式，于 2019 年联合发起设立全国首个地方人大预算审查监督研究中心，并制定了《四川省预算审查监督条例》。人大预算监督有效推动了预算绩效管理水平的提升，审计报告中的相关问题也逐年下降。

然而，并不能武断地将审计发现问题的多少与预算绩效管理水平的高低建立必然联系。审计发现的问题多，并不代表该地预算绩效管理的能力和水平较差，也可能是因为审计机关在该年度针对预算绩效管理情况进行了深度调查和全面审计。

3.6.3 基于地方审计工作报告的公共预算改进方向

预算执行审计工作报告除了重点领域审计问题发现之外，还包括审计整改建议。对审计建议进行梳理和归纳，未来的公共预算改革可以从以下几个方面加以谋划。

（一）加大资金统筹盘活力度

用好用活存量资金是在当前财政收入增长放缓的情况下，挖掘"新增"可用财力的重要渠道，既是严控一般性支出的进一步延伸，又可为兜底"三保"减轻压力。加大资金统筹盘活力度，一方面，应持续推动资金整合。更加注重"四本"预算之间的统筹衔接，严格按照预算法规定比例将政府性基金收入调入一般公共预算，逐步提高国有资本经营预算调入一般公共预算的比例。另一方面，应积极清理回收、统筹用好存量资金。各级财政部门应建立定期清理收回预算指标机制，资金统筹用于经济社会发展急需资金的领域。加大部门存量资金清理盘活力度，将部门存量资金状况作为预算安排的重要参考，并通过定期通报部门支出进度等措施，进一步减少追加预算和结余结转等问题。

（二）推进支出标准化体系建设

预算作为政府财政资金运行和管理的总枢纽，设置预算支出标准以规范预算的编制和执行，无疑是公共预算标准化和规范化的重要抓手①。为此，不仅应加快推进支出标准化体系建设，还应积极运用支出标准来编制预算，提升预算编制的科学性与准确性。通过构建与成本定额标准、公共服务标准相统一的财政支出标准体系，有望打破预算编制的基数观念，优化预算资源配置。支出标准化不仅使得预算编制有依据，还使得预算执行有约束。实时监督"预算执行是否符合标准"，能够及时反馈并纠正资金使用过程中超标准支出、无预算支出等行为，确保支出总额不超预算，强化预算刚性约束。

（三）优化专项资金管理制度

及时下达资金有利于加快项目的实施。为此，应进一步优化专项资金分配方式，减少资金"层层拨付"的中间环节。首先，应加强前期论证，建立专项资金及相关政策的事前评估机制，提高部门年初预算到位率，加快转移支付资金分配。其次，完善专项资金项目库管理机制。部分地区已建立了专门的省级项目库管理系统，部门项目支出预算申请、评审、批复等业务全部依托项目库开展，增强了预算的计划性，确保资金一旦下达，项目就能马上启动。

此外，针对资金的闲置与沉淀问题，应进一步完善预算执行进度与专项资金安排的挂钩机制，强化预算安排与预算执行的衔接，减少对于上一年度资金大量闲置、沉淀项目的拨款，避免形成资金的二次沉淀。建立专项资金及相关政策的运行监管和有序退出机制，将资金分配给使用效率高、效果好的单位和部门，有利于增强专项资金分配的科学性、有效性。同时，还应加强对性质相同、用途相近的专项资金统筹整合，确保财政空间紧运行下对重点领域的保障能力，切实发挥财政资金"四两拨千斤"的引领和撬动作用。

（四）深化预算绩效管理改革

预算绩效管理是健全现代预算制度的重要抓手。针对审计报告披露的问题，应进一步深化预算绩效管理改革。在预算编制中，重点审查项目资金需求是否与项目绩效目标相匹配。在预算执行中，强化绩效目标实现程

---

① 马蔡琛，赵笛. 基于绩效管理视角的预算支出标准体系建设[J]. 山东财经大学学报，2022，34（6）：5-13+51.

度与预算执行进度的"双监控"，加快项目实施进度，确保资金按序时执行。对于追加的项目，也应同步设置或重新调整绩效目标。在绩效评价中，应关注重点项目是否全部进行了绩效评价，并进一步加强评价结果与预算安排的挂钩机制。在监督环节，推动绩效目标、绩效评价结果向社会公开，做到"国家账本人民管"。

就预算绩效管理的地区间差异而言，基于经济发展水平、政策支持力度、绩效理念贯彻程度不同，相应地区的预算绩效管理实施模式也存在较大的差异，这是无可厚非的，对预算绩效管理效力的衡量也并不存在"放之四海而皆准"的标尺。鉴于不同区域在预算绩效管理诉求、亟须解决的迫切性问题、人才储备、预算治理结构转型的发展阶段和技术支撑等方面的差异，探求更具契合性与地方创新性的预算绩效管理模式是一条可选择的推进路径。如北京市和山东省近年来开展的成本预算绩效管理实践，四川省和广东省引入的人大预算绩效监督。地方层面的生动实践从整体上推动了预算绩效管理改革走向深入。

第4章　党的十八大以来的公共预算改革与发展

2012 年 11 月，党的第十八次全国代表大会胜利召开，中国特色社会主义进入新时代。党的十八大以来，我国实现了全面建设小康社会的第一个百年奋斗目标，国家治理体系和治理能力现代化水平不断提高。2013 年 11 月，《中共中央关于全面深化改革若干重大问题的决定》将财政放在了"国家治理的基础和重要支柱"的重要位置，而现代预算制度作为现代财政制度的作用基础，建立全面规范透明、标准科学、约束有力的预算制度，全面实施绩效管理，构成了国家治理体系和治理能力现代化的基础性制度载体。党的十八大以来，预算制度改革在全面深化改革的引领下持续深入推进，紧跟经济社会发展和科学技术变革的时代浪潮，取得了丰硕的改革成果，成为国家治理体系和治理能力现代化的重要推动力量。

4.1 党的十八大以来现代预算制度建设的总体成就

党的十八大以来，预算作为国家战略和政策的集中体现，以推进国家治理体系和治理能力现代化为目标，直面来自"百年未有之大变局"的机遇和挑战，为社会主义现代化建设和中华民族伟大复兴中国梦的实现提供了财政保障。

4.1.1 预算制度建设推进国家治理体系和治理能力现代化

国家治理体系和治理能力是一个国家的制度和制度执行能力的集中体现，是全面深化改革的总目标之一。而深化预算管理制度改革作为全面深化改革的重要议题，也始终将推进国家治理体系和治理能力现代化作为其改革目标。国家治理的制度体系和治理能力是一个相辅相成的有机整体，而党的十八大以来预算管理的制度体系建设和管理能力提升也在相互促进中推动着国家治理体系和国家治理能力的现代化。

首先，预算制度建设推进了国家治理体系现代化。党的十八大以来，以《中华人民共和国预算法》及其实施条例的修订为核心，以《国务院关于深化预算管理制度改革的决定》（国发〔2014〕45 号）、《国务院关于进一步深化预算管理制度改革的意见》（国发〔2021〕5 号）为阶段性指导，一套较为完善的预算制度体系逐渐形成，包括预算公开、预算绩效管理、中期财政规划管理、人大预算监督等多项改革措施，也是通过《中共中央　国务院关于全面实施预算绩效管理的意见》（中发〔2018〕34 号）、《中共中央办公厅　国务院办公厅印发〈关于进一步推进预算公开工作的意见〉的通知》（中办发〔2016〕13 号）等制度建设来布局和推进的。其次，预算管理能力提升是国家治理能力现代化的重要抓手。在预算制度体系建设的基础上，各级政府通过预算能力培训和人才培养，不断加强预算编制、执行、决算、监督等多方面能力，并借助信息技术、数据平台等技术手段，提升整体政府治理效能。

4.1.2 预算制度建设应对百年未有之大变局的机遇和挑战

"当今世界正经历百年未有之大变局"，全球治理体系和国际秩序变革、新一轮科技革命和产业变革都使国内外形势发生了深刻复杂的变化。面对这样的机遇和挑战，预算制度在推动自身开展科技创新、提高发展质量的同时，为在这场百年未有之大变局中把握航向提供了坚实的制度保障。

面对新一轮科技革命和产业革命的发展机遇，预算管理改革不断将新技术和新方法引入预算过程中，提高管理效能。通过预算管理一体化体系打破信息孤岛，加强部门之间的数据共享和信息联通；通过政府数据开放平台的建设，实现了"互联网+"、大数据技术等在政府预算公开和群众监督中的应用；通过预算执行的联网监督和大数据审计，外部主体监督逐渐覆盖预算管理的全过程，推动了现代预算制度的规范化和高效化。

而新冠疫情促使世界百年未有之大变局加速变化，也为财政管理特别是预算管理提出了更加严峻的挑战。自新冠疫情暴发以来，各级财政部门不断加大疫情防控经费投入力度，并通过发行抗疫特别国债等多种形式为疫情防控筹集资金。同时，也通过《财政部关于加强新冠肺炎疫情防控财税政策落实和财政资金监管工作的通知》（财办〔2020〕11号）《财政部关于印发〈抗疫特别国债资金管理办法〉的通知》（财预〔2020〕57号）等制度加强对疫情防控资金的监管，及时对资金使用展开绩效评价。税收优惠和减免、政府采购和行政事业性收费等多方面政策的颁布和实施，也保障了疫情防控期间的物资储备、企业运行和经济恢复。[①]

4.1.3　预算制度建设助推实现中华民族伟大复兴的中国梦

为了实现中华民族伟大复兴的中国梦这一奋斗目标，预算管理通过不断统筹财政资源，优化支出结构，为国家整体战略布局提供了坚实的保障。

具体而言，各级政府带头"过紧日子"，从严控制一般性支出，加强"三公"经费管理，努力降低行政运行成本，从而将更多的财政资金用于支持社会主义现代化建设等重点支出领域。2012年以来，全国一般公共预算支出和中央一般公共预算支出增速呈下降趋势，中央一般公共预算支出出现负增长（见图4.1），而对于经济社会发展具有长期可持续影响的重点支出领域而言，2022年教育支出比上年增长5.5%，科学技术支出增长3.8%。[②]由此可见，将有限的财政资金向重点领域倾斜，支持经济社会高质量发展，保障人民基本生活需要是预算管理的根本任务，这也为进一步实现中华民族伟大复兴的中国梦提供了基本保障。

---

① 马蔡琛，赵笛. 公共卫生应急资金的绩效管理——基于新冠肺炎疫情的考察[J]. 财政研究，2020（09）：3-13.

② 财政部国库司. 2022 年财政收支情况[EB/OL]. http://gks.mof.gov.cn/tongjishuju/202301/t20230130_3864368.htm.（2023-01-30）[2023-10-05].

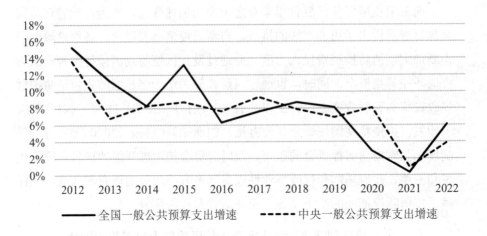

图 4.1　2012—2022 年全国和中央一般公共预算支出增速变化

数据来源：根据国家统计局国家数据（https://data.stats.gov.cn）及各年度中央决算报告整理而得。

4.2 党的十八大以来深化预算管理制度改革的具体措施

党的十八大以来，预算管理制度改革以"全面规范、公开透明的预算制度"建设为指引，统筹财政资源、完善制度体系、拓展平衡周期、注重资金使用效益和公开透明，初步形成了在制度维度、主体维度、时间维度上协调发展的现代预算制度。党的二十大进一步提出"健全现代预算制度"，推动预算编制完整科学、预算执行规范高效、预算监督严格有力、管理手段先进完备，构建完善综合统筹、规范透明、约束有力、讲求绩效、持续安全的现代预算制度。

4.2.1 政府预算的统筹和标准化管理

党的十八大以来，标准科学的预算制度建设以及财政资源的统筹管理愈发受到重视。党的十九大报告将"标准科学"加入对预算制度建设的整体要求之中，并在党的十九届四中全会决定中进一步将这一要求前置，提出完善"标准科学、规范透明、约束有力的预算制度"。随后，党的十九届五中全会提出了"加强财政资源统筹"的改革命题,"十四五"规划中也将"加强财政资源统筹,推进财政支出标准化"放在了深化预算管理制度改革的首要位置。可见,标准、统筹的政府预算体系已然成为现代预算制度建设的首要任务。

首先,预算支出标准体系和全口径预算管理是政府预算标准化和统筹管理的重要基础。对于预算支出标准而言,基本支出标准的试点起步相对较早,2009 年项目支出定额标准体系建设全面启动之时,中央部门基本支出定员定额试点已初见雏形。党的十八大以来,《财政部关于加快推进中央本级项目支出定额标准体系建设的通知》(财预〔2015〕132 号)等制度加速了项目支出定额标准体系建设,也明确了预算支出标准作为预算编制依据的基础性作用。目前,行政、参公和公益一类事业单位已全部纳入定额管理,[①]预算支出标准体系建设已经成为一套同时包括基本支出和项目支出的综合性体系。对于全口径预算管理而言,预算法从法律的角度提出全口径预算管理的原则,明确了"四本"预算之间的统筹衔接方式。随后,《国务院关于印发推进财政资金统筹使用方案的通知》(国发〔2015〕35 号)、《国务院关于印发划转部分国有资本充实社保基金实施方案的通知》(国发〔2017〕49 号)等加速了"四本"预算之间的统筹衔接,调入衔接比例不断提高。目前,"四本"预算之间的相互衔接主要体现为:政府性基金预算调入一般公共预算,国有资本经营预算调入一般公共预算,国有资本经营预算调入社会保险基金预算,一般公共预算补充社会保险基金预算。2015 年以来陆续有 19 项政府性基金预算转列一般公共预算,国有资本经营预算调入一般公共预算的比例也由 2015 年的 16%上升至 2020 年的 35%,[②]完成了"到 2020 年国有资本收益上缴公共财政比例提高到 30%"的目标。

其次,预算管理一体化将制度规范与信息系统建设紧密结合,是标准、统筹的政府预算体系建设的重要技术工具。2019 年 6 月,财政部按照"先地方、后中央"的"全国一盘棋"思路,正式启动了预算管理一体化建设。随后,2020 年《财政部关于印发〈预算管理一体化规范(试行)〉的通知》(财办〔2020〕13 号)、《财政部关于印发〈预算管理一体化系统技术标准 V1.0〉的通知》(财办〔2020〕15 号)对一体化系统的建设安排以及数据

①　财政部预算司. 中央部门预算编制指南(2021 年)[M]. 北京:中国财政经济出版社,2020:6.
②　代睿. "十四五"期间如何加强财政资源统筹? 财政部答封面新闻[EB/OL]. https://www.163.com/dy/article/G70DJ3AP0514D3UH.html. (2021-04-07)[2022-07-26].

描述、接口标准、逻辑库表等技术规范作出了规定。目前所有省份已实现预算管理一体化系统上线运行，初步实现了全国预算数据的自动汇总和动态反映。①而中央部门的预算管理一体化改革试点启动于 2021 年 5 月，财政部、住房和城乡建设部等 4 部门完成了项目申报入库、预算上报、会计记账、资产处置等具体业务。2022 年 8 月，108 个中央部门正式上线预算执行业务，40%的中央部门已上线一体化系统。②2023 年 4 月，《财政部关于印发〈预算管理一体化规范（2.0 版）〉的通知》（财办〔2023〕12 号）发布，将政府债务管理、资产管理、绩效管理等业务纳入一体化，涵盖了预算管理全流程各环节，进一步完善了全国各级预算管理的主要工作流程、基本控制规则、核心管理要素。

4.2.2 政府预算的制度体系建设

2014 年 8 月 31 日，历时十年的预算法修订工作落下帷幕。预算法修订自 2004 年启动以来，历经三届人大、四次审议，经历了对复式预算存废、预算周期选择、预算层级设置等多方面的讨论，艰难求索才得以收其功。③新预算法在总结预算改革前期成果的基础上，对全口径预算管理、跨年度预算平衡机制、预算公开和硬化预算约束等方面提出了新要求，这些也是当前预算管理制度改革不断探索的关键领域。在新预算法颁布之后，《中华人民共和国预算法实施条例》（2020 年修订）（以下简称《预算法实施条例》）历经五年多的时间于 2020 年 8 月修订完成。由此，在 1995 年预算法及其实施条例实施的第 25 年，新《预算法》及其实施条例终于得以修订完成。《预算法实施条例》对预算法进行了细化和补充，对"预算支出标准""绩效评价"等关键术语进行了界定，对预算编制、预算公开、转移支付管理和政府债务管理等方面的要求更加细化和全面。在新《预算法》这一预算基本法律的指引下，预算管理逐渐形成了在总方向上统筹引导，在具体改革内容上细化深入的制度体系（见图 4.2）。

---

① 财政部国库司. 预算管理一体化建设的总体思路、取得进展和下一步工作[EB/OL]. http://www.czs.gov.cn/czj/39442/60263/content_3283663.html?ivk_sa=1024320u.（2021-03-19）[2022-07-26].

② 财政部国库司. 为预算管理制度改革提供坚实支撑——中央预算管理一体化第一批扩围部门成功切换上线[EB/OL]. http://gks.mof.gov.cn/ztztz/guokujizhongzhifuguanli_1/202208/t20220804_3831970.htm.（2022-08-05）[2022-08-06].

③ 马蔡琛，赵笛，苗珊. 共和国预算 70 年的探索与演进[J]. 财政研究，2019（07）：3-12.

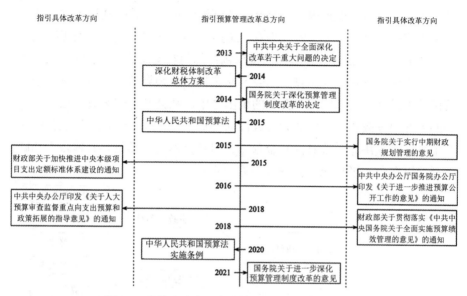

图 4.2　党的十八大以来预算制度大事年表（部分）

在现代预算制度建设的总体指引下，2014 年《国务院关于深化预算管理制度改革的决定》（国发〔2014〕45 号）提出的完善政府预算体系、推进预算公开、建立跨年度预算平衡机制、优化支出结构等具体改革要求，成为之后几年预算管理制度改革的具体目标。2021 年 8 月，在总结党的十八大以来预算管理制度改革阶段性成果的基础上，国务院提出了进一步深化预算管理制度改革的意见，强调提高效率、挖掘潜力、释放活力，更加注重预算管理的标准化和统一化。此外，在具体改革措施上，制度建设是推动改革加速前进的重要动力，预算公开、中期财政规划、预算绩效管理等改革措施都是在制度建设的推动下，取得了如此丰硕的改革成果。

4.2.3　多元化和技术化的外部监督体系

预算监督是保证财政资金取之于民、用之于民，保障公众对预算编制和执行结果知情权的重要手段。党的十八大以来预算监督逐渐走向多元化，包括公众、人大和审计等众多外部主体都通过多种形式对预算资金的编制和执行展开监督。

一方面，预算制度逐渐透明、细化，公众行使预算监督的权利更加方便快捷。随着建设"公开透明"预算制度要求的提出，预算公开一直是预算管理制度改革的重点内容，公开内容逐渐细化、公开方式逐渐体系化。以中央部门为例，从公开内容来看，2013 年首次将"三公"经费报表列入公开范围，而 2022 年公开的部门预算包括部门收支总表、政府性基金预算支出表、国有资本经营预算支出表等 9 张报表，预算绩效信息、预算绩效目标等也逐渐纳入部门预算公开的范围之中。从公开方式来看，已从一开始的各部门分散式公开发展为集成性的"中央预决算公开平台"，包括中央及中央部门预决算、政府性基金预算、国有资本经营预算等具体报表和解读都可以在公开平台统一获取（参见图 4.3）

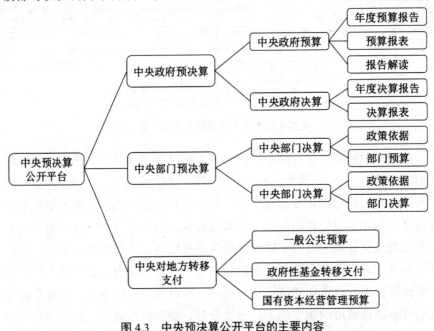

图 4.3　中央预决算公开平台的主要内容

资料来源：中央预决算公开平台. http://www.mof.gov.cn/zyyjsgkpt/zyzfyjs/zyys/.

此外，一些地区也开始探索建立集成性政府数据公开平台。深圳市政府数据开放平台就集合了 46 个市级部门以及 2430 个目录的 4 亿余条数据，数据范围覆盖教育科技、政府机构、企业服务、公共安全等 14 个领域，并实现了数据的每日更新以及对数据访问的高频地区、高频词统计。苏州市政务数据开放平台公开了 22 个主题、36 个部门的 270 个开放数据，与 259 个数据接口进行连接。2020 年 9 月，贵州省通过《贵州省政府数据共享开放条例》，并从 12 月 1 日开始实施，开启了包括政策信息、服务数据公开的集成性数据平台建设。

另一方面，人大和审计机关作为预算监督主体，监督内容逐渐扩展、监督方式也逐渐走向技术化。2017 年 3 月，《关于建立预算审查前听取人大代表和社会各界意见建议的机制的意见》经全国人大常委会党组审议通过，要求全国人大财政经济委员会等专门委员会和人大常委会预算工作委员会，以及国务院财政等部门应当在国务院部署编制下年度预算草案后，通过开展调查研究、召开座谈会和通报会等多种形式，听取人大代表和社会各界关于预算的意见建议，其中也包括了审计部门。[①]2019 年《关于人大预算审查监督重点向支出预算和政策拓展的指导意见》颁布实施，进一步提出人大对支出预算和政策开展全口径审查和全过程监管的要求。也要求各级审计机关加强对专项资金绩效和政策执行的审计监督，预算执行审计的重点应向支出预算、项目建设、财政绩效和政策效益拓展。[②]

从监督方式来看，各地加快推广应用人大预算联网监督系统和大数据审计，通过数字化手段将预算监督覆盖到预算编制、执行的全过程。其中，人大"预算联网监督系统"已在北京、浙江、山东、重庆、内蒙古等省区市开始试行。该系统覆盖了包括一般公共预算、政府性基金预算、国有资本经营预算、社会保险基金预算的全口径预算以及预算编制、执行、调整和决算的预算管理全过程。大数据审计和实时联网审计的方法也在深圳市、天津市、福建省等省市开始尝试，运用大数据等信息化手段提高审计效率和质量，推动上下级审计机关之间网络互联，审计机关与审计现场之间信息共享、实时监控、动态监测。[③]自 2016 年起，天津市审计局以数字化审计为切入点，采用"集中分析、重点核查"的审计方式，连续两年实现了对市级 100 家一级预算单位的预算执行审计全覆盖，取得了显著成效。[④]2020年 7 月，深圳市审计局发布了《深圳市十个区 2018 年度财政决算大数据审计调查结果公告》，通过大数据审计的方法，对 2018 年度财政决算情况进行了审计调查。目前所有的省级人大、90% 以上设区的市级人大、80% 以

---

① 新华社：全国人大常委会预算工作委员会负责人就《关于建立预算审查前听取人大代表和社会各界意见建议的机制的意见》答记者问。

② 《中共中央办公厅印发〈关于人大预算审查监督重点向支出预算和政策拓展的指导意见〉》。

③ 福建省审计厅：《全省 2018—2020 年大数据审计工作指导意见》。

④ 刘梦溪. 基于大数据的天津市预算执行审计探索与实践[J]. 审计研究，2018（01）：22-27.

上的县级人大都建立了预算联网监督系统。[①]从监督内容来看，逐渐从预算执行的合规性监督过渡到绩效监督，更加关注预算使用的结果和效果。具体而言，在年度上报人大的预算执行审计报告中，更多关注于预算资金的使用绩效以及单位预算绩效管理工作的开展情况，并将对绩效目标完成情况的考察融入预算联网监督系统和大数据审计中，绩效理念逐渐深入预算监督的全过程。

4.2.4 周期拓展的跨年度预算平衡机制建设

随着财政矛盾日益突出，预算编制逐渐关注预期性和长期性，如何推进跨年度预算的统筹协调，从中长期的角度保证财政可持续成为预算管理改革的重点。

跨年度预算平衡机制的建设将预算收支平衡视角从年度拓展到中长期。"建立跨年度预算平衡机制"是《中共中央关于全面深化改革若干重大问题的决定》中提出的重要内容，2018 年《财政部关于印发〈预算稳定调节基金管理暂行办法〉的通知》（财预〔2018〕35 号）进一步规范了预算稳定调节基金在保持年度间政府预算衔接和稳定中的应用。2021 年中央一般公共预算超收收入 2011.8 亿元、支出结余 1529.1 亿元，全部转入预算稳定调节基金。[②]但在跨年度预算平衡机制下，弱化了未来对收入的预期，强化了对支出的预期，财政收支的压力和矛盾仍然突出。[③]因此，中期财政规划对未来三年收支计划的滚动预测和安排，就成为保证财政可持续的关键一环。

2015 年初国务院发布了《关于实行中期财政规划管理的意见》，要求编制三年滚动财政规划，第一年规划约束对应年度预算，后两年规划指引对应年度预算。年度预算执行结束后，对后两年规划及时进行调整，再添

---

① 中央纪委国家监委网站. 十年来全国人大及其常委会新制定法律 69 件 修改法律 237 件 中国特色社会主义法律体系日臻完善[EB/OL]. https://baijiahao.baidu.com/s?id=1736989725246315781&wfr=spider&for=pc.（2022-06-30）[2022-08-06].

② 财政部. 关于 2021 年中央和地方预算执行情况与 2022 年中央和地方预算草案的报告[EB/OL]. (2022-03-14)[2022-09-15]. http://www.mof.gov.cn/zhengwuxinxi/caizhengxinwen/202203/t20220314_3794760.htm.

③ 广西壮族自治区财政厅. 中期财政规划与跨年度预算平衡机制的关系[EB/OL]. (2015-07-07)[2022-07-26]. http://www.gxzf.gov.cn/html/xwfbhzt/gxsxzqczghglxwfbh/bjzl_26143/t969509.shtml.

加一个年度规划，形成新一轮中期财政规划。①随后，财政部表示将在编制 2015—2017 年全国财政规划的基础上，做好 2016—2018 年全国财政规划的滚动更新，并指导各部门和地方开展中期财政规划管理改革。"十三五"时期，财政部及各省市和部门在推进下一年度预算编制工作的同时，开展了未来三年的财政规划编制。2019 年发布的《财政部关于编制中央部门2020—2022 年支出规划和 2020 年部门预算的通知》，要求地方和部门在此基础上细化内容，提出更加具体的执行通知。浙江省更是对 2018—2022年五年间的重点支出政策进行梳理，根据财政收支政策来安排方案并综合平衡。②当前，二级项目统一按"项目—活动—子活动—分项支出—标准（价格）—支出计划"的层次编报，所有项目都要填报绩效目标，并细化、量化为绩效指标。可见，中期财政规划的编制逐渐细化，并逐渐体现了标准科学、注重结果的编制理念。

4.2.5 注重结果的预算绩效管理

追求效率是人类生活的永恒主题，提高资金使用效益的要求在近年来愈发深入。2014 年新预算法中 6 次提到"绩效"一词，"讲求绩效"的预算管理原则第一次体现为法律的要求。党的十九大报告将"全面实施绩效管理"纳入预算制度建设的整体要求之中，2018 年《中共中央 国务院关于全面实施预算绩效管理的意见》（中发〔2018〕34 号）对预算绩效管理改革作出顶层设计，自此预算绩效管理改革从零星探索走向全面覆盖，进入了高速发展、全面发展的新时代。当前，绩效管理基础更为牢固，各地财政部门进一步深化探索，预算绩效管理已迈入提质增效的新阶段。

从预算绩效管理的客体出发，当前正处于"全方位、全过程"已较为成熟并逐渐向"全覆盖"探索的发展阶段。具体来说，对于"全方位"和"全过程"预算绩效管理而言，已从专注于项目绩效评价，逐渐扩展到部门（单位）整体绩效评价以及政策绩效评价。目前，已经逐渐建立起以绩效目标为核心，覆盖预算编制、执行、决算全过程的预算绩效管理链条。对于正在探索的"全覆盖"预算绩效管理而言，除一般公共预算之外，政府投资基金、政府购买服务、政府和社会资本合作项目等重点领域的绩效管理正在逐渐启动，部分地区也开始启动国有资本经营预算绩效评价的试点工

---

① 《国务院关于实行中期财政规划管理的意见（国发〔2015〕3 号）》，2015 年 1 月 23 日。
② 徐宇宁. 实质性推进中期财政规划管理[N].中国财经报》，2019-03-26.

作。2022 年 6 月，财政部等四部门印发《财政部　人力资源和社会保障部　税务总局　国家医保局关于印发〈社会保险基金预算绩效管理办法〉的通知》（财社〔2022〕65 号），迈出了实现预算绩效管理"全覆盖"的关键一步。

从预算绩效管理的主体出发，当前财政部门、支出部门等绩效管理内部主体不断加强预算能力建设，通过绩效目标指标的编制引领年度预算执行。目前，包括县级政府在内的地方财政，大多已形成或正在推进预算绩效指标库的建设。指标库包括了分行业、分领域、分层次的绩效评价指标和标准，指标设计细分到具体支出用途，并逐渐建立指标的动态调整和共享机制。对于预算绩效管理的外部主体而言，除了人大和审计的绩效监督之外，第三方机构的绩效评价业务也逐渐得到了规范。2021 年《财政部关于印发〈第三方机构预算绩效评价业务监督管理暂行办法〉的通知》（财监〔2021〕4 号）的发布，进一步规范了第三方机构绩效评价的质量控制和监督管理，并设立了绩效评价"主评人"制度，以提高第三方机构绩效评价的专业性和科学性。在此基础上，云南省、湖南省等部分地区也相继出台规范第三方机构绩效评价付费管理和质量控制的相关办法，预算绩效管理的多主体协同发展模式逐渐形成。

4.3　十年来预算管理制度改革的主要经验

党的十八大以来，预算管理制度改革始终坚持以人民为中心、全面深化改革、全面依法治国和"过紧日子"的原则，形成了一系列值得浓墨重彩的改革经验。

4.3.1　坚持预算制度建设以人民为中心的根本立场

党的十八大以来，现代预算制度建设始终围绕以人民为中心的根本立场，加强预算管理的群众监督，始终把在发展中保障和改善民生作为预算安排的首要任务。

首先，群众监督预算管理的形式逐渐多样化。党的十八大以来，公开透明的预算制度建设一直是改革的首要工作，当前集成性的预决算公开平台建设、预算绩效报告的公开透明，为人民群众直接对预决算报告和预算实施效果开展监督提供了渠道和平台。部分地区还通过对教育、卫生等重点资金预算编制和绩效情况举行听证会的形式，搭建了人大代表和社会公众参与财政预算编制审查的监督平台，人大常委会组成人员、各级人大代表、部门负责人、专家以及社会公众参与到其中。这样一来，群众对预算执行情况的监督形式就更加丰富，监督的内容也逐渐深入到预算政策的关键领域。其次，新时代的重点工作之一是不断提高保障和改善民生水平。在当前经济下行压力加大、社会问题矛盾增多的情况下，切实保障"三保"支出仍然是各级预算支出的重点任务。2022 年中央对地方转移支付增长18%，①用于保障基层政府"三保"工作所需基本财力，地方政府也通过压减一般性支出、清理盘活各类政府存量资金等多种渠道筹措资金，使就业、教育、卫生、社会保障等重点民生领域的项目可以持续推进。

4.3.2 坚持全面深化改革的现代预算制度建设总目标

2013 年，党的十八届三中全会正式提出"全面深化改革"的指导思想、目标任务、重大原则，成为解决中国现实问题的根本途径，也是坚持和发展中国特色社会主义的基本方略。全面深化改革提出实施"全面规范、公开透明的预算制度"，党的十八大以来的预算建设便是以此为指引，推出了一系列行之有效的改革举措。

首先，对于"全面规范"的预算制度而言，全口径预算管理原则和中期视角的预算理念逐渐深入到预算绩效管理、预算监督、预算公开等具体的改革措施之中，从预算管理的对象和周期层面逐渐实现全面管理。而预算管理制度体系和预算支出标准体系的建设，则引导了标准化、规范化的预算编制和改革路径，全面规范的预算制度逐渐形成。其次，对于"公开透明"的预算制度而言，当前预算公开范围不断扩大，102 个中央部门向社会统一公开预决算，地方层面也基本实现"应公开尽公开"。2015 年未公开预决算的地方各级部门为 9.3 万家，而 2020 年应公开预决算的 20 余万家部门中，预算和决算仅各有 4 家未公开。②此外，贵州省、深圳市等地还探索建立了政府大数据公开平台，各级部门预决算数据在

---

① 财政部. 关于 2021 年中央和地方预算执行情况与 2022 年中央和地方预算草案的报告[EB/OL]. (2022-03-14)[2022-09-15]. http://www.mof.gov.cn/zhengwuxinxi/caizhengxinwen/202203/t20220314_3794760.htm.

② 财政部监督评价局. 财政部发布 2019、2020 年度地方预决算公开度排行榜[EB/OL]. http://jdjc.mof.gov.cn/gongzuodongtai/202112/t20211230_3779345.htm.（2021-12-30）[2022-08-06].

大数据平台上统一汇总公开，实现了预算制度"公开透明"的技术化和数字化。

4.3.3 坚持全面依法治国的预算法治建设基本方略

依法治国是党领导人民治理国家的基本方略，法治是治国理政的基本方式。在全面依法治国的背景下，预算法治建设是预算管理改革的引领、规范和保障，而预算管理改革的实践发展也反过来推动了预算法治建设。

首先，在全面依法治国的基本方略指引下，新预算法吸收了 1994 年预算法颁布以来的改革成果，并对未来预算管理改革制定了整体方略。而2014 年新预算法颁布之后的一系列改革创新又为修订预算法实施条例积累了丰富的实践经验。预算法实施条例在严格遵循并贯彻落实新预算法要求的基础上，与各项财政改革相衔接，将预算管理实践成果上升为法规，[①]进一步强调了"从细节处加以规范"和"把篱笆扎得更牢固些"的法治理念。[②]其次，预算法治建设逐渐细化和系统化。近年来，《行政事业性国有资产管理条例》（国令第 738 号）已公布，《国有资产评估管理办法》《国有金融资本管理条例》草案送审稿已报送国务院，《中华人民共和国政府采购法》（修订）等立法工作也在有序推进。[③]2021 年 5 月 27 日，全国人大常委会预算工委主持召开政府绩效预算立法部门座谈会和专家座谈会，探讨了政府绩效预算立法工作的推进路径。[④]2022 年立法工作中，也将《财政预算评审管理暂行办法》《金融企业国有资产评估监督管理暂行办法》（修订）等项目的起草作为立法工作的重点[⑤]，系统的预算法治体系初步成型。2023 年，《消费税法草案》《税收征收管理法修订草案》等法案也预备向全国人大常委会提请审议。

---

① 王金秀，张澜，万玥希. 健全预算法治体系 强化预算监管机制——解读新《预算法实施条例》[J]. 财政监督，2020（21）：16-21.

② 王桦宇，宋以珍. 秩序、效能与法治：迈向更加规范有序的预算治理图景[J]. 财政监督，2020（24）：5-10.

③ 财政部条法司. 财政部 2021 年立法工作情况[EB/OL]. http://tfs.mof.gov.cn/caizhengfazhidongtai/202203/t20220328_3798910.htm.（2022-03-29）[2022-09-15].

④ 马蔡琛，桂梓椋. 探索预算绩效监督的中国模式：基于国际比较视角[J]. 经济纵横，2022（01）：102-109.

⑤ 财政部条法司. 财政部 2022 年立法工作安排[EB/OL]. http://tfs.mof.gov.cn/caizhengfazhidongtai/202203/t20220328_3798917.htm.（2022-03-29）[2022-07-26].

4.3.4 坚持"过紧日子"的预算支出要求

受经济下行压力的影响，财政收入增长放缓、财政支出增速下降的财政空间紧运行已然成为重要趋势，如何为重点财政支出政策创造更多的财政空间，成为当前最紧要的财政问题。因此，政府"过紧日子"成为预算安排的长期指导思想，这也是让百姓"过好日子"的重要基础。

一方面，各级政府通过压减非刚性、非重点项目支出和公用经费支出的形式，将有限的资金投入到重点领域。近年来，中央本级支出连续两年负增长，中央部门财政拨款"三公"经费连年压减，从 2019 年的 81.07 亿元减少到 2021 年的 51.87 亿元，累计下降 36%。①此外，部分地区还出台多项措施，涵盖严禁、压缩、严控及统筹事项，为科学、精细地压减一般性支出打下基础。另一方面，各级政府通过加强预算绩效管理的形式，根据绩效评价结果，一定比例核减甚至取消预算完成率、资金执行率较低的项目，从而优化支出结构，提高资金使用效益。

4.4　新时代现代预算制度建设的未来展望

4.4.1 基于协调发展理念的财政资源统筹管理

2021 年中央经济工作会议提出，面对当前百年变局加速演进的复杂风险和挑战，必须"加强统筹协调，坚持系统观念"，而"坚持系统观念，加强财政资源统筹，集中力量办大事"也是进一步深化预算管理制度改革的重要原则。如何从财政收支两翼为财政政策"开源节流"，是深化财政资源统筹管理的发展方向。

首先，在深化财政收入统筹管理上，应加强存量资金和资产的集中管理与利用。当前对于结余结转资金的清理和收回统筹力度在不断加强，2022年 5 月《国务院办公厅关于进一步盘活存量资产扩大有效投资的意见》（国办发〔2022〕19 号）针对有效盘活存量资产、形成存量资产和新增投资的良性循环提出了具体要求。而盘活存量资金和资产的关键在于"活"，如何

---

① 关红妍，王楠，田琪永. 财政部："三公"经费连年压减 "紧日子"是长期政策[EB/OL]. https://m.gmw.cn/2022-02/22/content_1302815338.htm.(2022-02-22)[2022-07-26].

加强资金和资产的利用，是资金使用的关键所在。因此，可以应用信息技术完善存量资金和资产的线上台账和实时监控机制，一方面"盘"清当前的存量资金与存量资产，并进行动态监督和清理，另一方面将闲置资产纳入公物仓统一管理再利用，从而加强对资产和资金的"活"用。

其次，在加强财政支出统筹管理上，当前的首要任务仍是要打破"增量预算"的支出格局。一方面，应将"零基"理念进一步深入预算编制过程，充分运用预算支出标准体系，测算公用经费、人员经费以及各项目经费的支出标准，并以此作为预算安排的依据。进一步地，可以考虑将预算支出标准的周期拉长，将支出标准分为中长期标准及年度标准，对于具有较强财政可持续特征的支出选择中长期标准约束，对于具有较高年度变化特征的项目则设置年度标准，从而加强在中长期范围内的财政统筹管理。另一方面，适时取消"重点支出法定挂钩"仍然是打破增量支出局面的艰难挑战。当前教育、科技、农业等重点支出仍旧通过法律的形式要求其投入同财政收支增幅或生产总值挂钩增长①。因此，在进一步推进财政支出统筹管理方面，应通过制度建设适时调整"挂钩"的硬性要求，并提高对其结果和绩效的关注，充分运用项目支出审查、事前绩效评价等形式明确预算安排的优先顺序，加强绩效评价结果在重点支出领域预算决策中的应用。

4.4.2 基于可持续发展理念的中期财政规划深化

面对当前日益突出的财政收支矛盾，如何从长期可持续的视角统筹财政资源，是新时代现代预算制度建设的重要内容。2020 年中央经济工作会议提出，积极的财政政策要"提质增效、更可持续"。立足新时代可持续发展理念，中期财政规划的编制应加强科学性和公开性，并逐渐向中期预算和中期预算绩效管理过渡。

首先，对宏观经济形势和财政收支的准确预测研判是保障中期财政规划管理有效实施的前提，②但当前对于经济和财政形势的预测能力和方法仍有待提升。从国际经验来看，部分国家在设定中期财政规划时会使用随

---

① 例如在教育领域，2021 年修订的《中华人民共和国教育法》要求，国家财政性教育经费支出占国民生产总值的比例应当随着国民经济的发展和财政收入的增长逐步提高，全国各级财政支出总额中教育经费所占比例应当随着国民经济的发展逐步提高。

② 闫坤，鲍曙光. 中期财政规划管理的困境摆脱[J]. 改革，2021（08）：1-11.

机一般均衡模型、电子表格模型（RMSM-X、现金流模型）、计量经济学模型、国际货币基金组织（IMF）财务预测模型等方法，设计适合自己国家的宏观预测模型。①例如，瑞典宏观预测运用了国家经济研究所开发的预测模型，通过从各部门取得的消费、就业、税收等数据，对财政收支进行预测。②故而，在中期财政规划的深化改革中，可以通过多部门的数据获取和技术合作，设计更加科学合理、适合不同地区发展情况的预测工具，提高经济和财政预测能力。

其次，正如《国务院关于实行中期财政规划管理的意见》（国发〔2015〕3 号）所指出的那样，"中期财政规划是中期预算的过渡形态"，要"使中期财政规划渐进过渡到真正的中期预算"。世界银行将中期支出框架划分为三个发展阶段，即中期财政框架、中期预算框架、中期绩效框架，而当前实行的中期财政规划其实是处于中期支出框架的初级发展阶段。因此，随着中期财政规划制度的进一步完善，可以逐步将中长期宏观财政目标转化为预算总量和支出计划，并通过设计中长期绩效目标、开展中长期绩效评价的形式，从"投入控制"逐步过渡到"产出和结果控制"，③使中期财政规划向中期预算乃至中期预算绩效管理过渡。

4.4.3 基于绿色发展理念的绿色预算体系建设

当前我国已经到了必须加快推进生态文明建设的阶段，特别是碳达峰、碳中和的"双碳"目标提出，更为绿色发展提出了具体的、阶段性的目标指引。绿色技术进步是推动企业转型升级、助力低碳经济发展的第一动力。④预算作为政府财政资金运行和管理的总枢纽，也应注重绿色化的发展尝试，通过将绿色发展的理念和目标融入预算编制、执行和绩效评价的过程，从而实现预算管理的"绿色化"。

---

① Le Houerou P, Taliercio R. Medium Term Expenditure Frameworks: From Concept to Practice[R]. The World Bank, 2002: 11-12.

② Koh Y, Oak D S, Dorotinsky B, et al. Reforming the Public Expenditure Management System: Medium-term Expenditure Framework, Performance Management, and Fiscal Transparency[R]. The World Bank, 2004: 59.

③ 马蔡琛，潘美丽. 中期支出框架视角下的预算绩效管理改革[J]. 广东社会科学，2021（01）：34-42.

④ 季宇，姜金涵，宋兰旗. 绿色信贷对低碳技术进步的影响研究——基于中国省级面板数据的实证检验[J]. 云南财经大学学报，2021（09）：97-110.

随着气候和环境问题愈发严重，以联合国开发计划署、世界银行、经济合作与发展组织（OECD）为代表的国际组织开始推动部分国家启动绿色预算的改革实践，通过使用预算政策工具实现绿色发展目标。而立足于当前较为成熟的预算管理制度、较为明确的绿色发展目标、较为完善的监督和问责体系，绿色预算体系也可以成为实现绿色目标的重要工具。具体而言，在预算编制阶段，可以通过支出审查和事前绩效评估的形式，对各项目实现绿色发展目标程度进行评估，并以此为依据给预算项目和政策贴上不同的"绿色标签"来安排优先顺序，从而优先推进对绿色发展有利的项目。而在预算执行和绩效评价的过程中，则可以将二氧化碳排放、非化石能源消费、森林覆盖率、森林蓄积量等"双碳"目标的具体指标融入绩效监督和评价指标之中，在开展绩效监督评价的同时，有效推动碳达峰、碳中和目标的实现。

4.4.4 基于绩效管理理念的财政支出结构优化

在财政政策空间愈发紧张的情况下，除了通过财政统筹管理来创造财政空间之外，加强预算绩效管理优化支出结构，同样是新时代预算管理制度改革"提质增效"的关键所在。如今，绩效理念已经逐渐深入到预算编制和执行的全过程，而今后深化预算绩效管理改革的主要方向是预算和绩效管理一体化目标的实现。

在当前的改革尝试中，很多地区以绩效目标为抓手构建了预算绩效的全过程管理链条，实现了预算和绩效管理在全过程上的一体化。而综观各国绩效预算的改革历程，预算和绩效管理一体化更深远的目标是实现"前瞻性"的一体化整合，即通过加强绩效在预算决策中的应用来加深二者的融合。加强预算绩效结果的应用已然成为当前预算绩效管理改革的重点，但从部分地区已出台的应用办法来看，仍存在着在绩效结果评定标准差异，以及对于同一评价等级在下一年资金核减上的差异，这种双重差异的叠加带来了预算绩效结果应用的区域异质性。①此外，由于部分支出领域尚未完全取消挂钩机制，导致在政策和项目的制定过程中仍旧更加关注"投入"而非"绩效"，这都给预算和绩效管理的"前瞻性"一体化带来了一定的困难。

---

① 马蔡琛,赵笛. 预算和绩效管理一体化的实践探索与改革方向[J]. 经济与管理研究,2022(03):89-98.

因此，在推进预算绩效管理的过程中，首先可以通过相应的政策和制度明确预算和绩效管理一体化的真正定义，在此基础上，通过统一评价等级设置及结果应用标准的方式，提高绩效信息在预算决策中使用的规范性。其次，可以尝试通过预算编制流程再造的形式，将事前预算绩效评价过程整合到预算编制的规范流程当中，避免出现本年度事前绩效评价滞后于预算编制和审批流程的情况。最后，在预算绩效管理的细化改革上，急需不断提升财政部门和支出部门（特别是基层政府部门）的绩效管理能力，保证绩效目标指标设置得科学合理，并及时对预算执行情况进行监督和自评，防止绩效自评结果不科学或评价结果"虚高"的情况出现。

4.4.5 基于创新发展理念的预算管理技术工具改革

预算管理并不是一个简单化的编制、执行和决算过程，而是一套多技术、多手段相互融合的制度体系，特别是随着科学技术与相关预算管理配套工具的完善，预算管理制度建设也需要融入新时代的技术革命浪潮，以创新发展的理念推动技术工具的应用与改革。

从预算管理的配套工具出发，权责发生制的政府会计以及综合财务报告制度可以获取更加全面真实的政府成本、收益和债务信息，是公众监督政府受托责任履行、推动政府成本效益分析和问责的重要手段。因此，应加快完善政府财务报告的审计和公开制度，用通俗易懂的方式实现对政府成本效益的公开，从而使公众对政府运行情况"能看到、能看懂"。此外，通过权责发生制政府会计核算和财务报告，可以获取政府部门资本性支出，以及贷款、养老金等隐性债务信息，充分反映政府财政运行的真实情况。[①]通过这些政府债务信息和资产负债率、现金比率等财务分析指标，可以设计和完善债务风险评估指标体系，从而监控和评估政府偿债能力。

从预算管理的技术手柄出发，预算管理一体化作为加强预算管理标准化、自动化的信息手段，应进一步推进与大数据、人工智能等新技术的融合。当前，预算管理一体化系统主要作为预算编制、监督和管理的线上平台，并实现在不同层级和不同部门之间的数据联通，这已然迈出了数字化预算管理的一大步。而在推进预算管理一体化系统的技术创新过程中，可以将大数据和人工智能等信息化技术融入其中，通过预算管理政策库、项

---

① 马蔡琛，赵笛. 基于政府财务报告制度的预算绩效管理改革[J]. 河北学刊，2022（04）：146-153.

目库、绩效指标库、支出标准库等数据库的建设，实现对预算项目政策的有效筛选和优先级排序，这样不仅有利于项目和政策间的横向比较，也可以防止项目交叉重叠。同时，辅之以人工智能的自动学习技术，通过筛选历史指标、评价标准、政策数据的形式，实现对预算执行情况的绩效监督以及自动化的绩效评价。

近年来，预算管理制度改革在中国取得了显著成效，标准科学、规范透明、约束有力的预算制度基本建成。立足新时代，预算管理制度改革的进一步深化仍旧面临着新的机遇和挑战，如何"提质增效、更可持续"地为国家发展统筹财政资源，仍旧是未来一段时间预算管理改革的重点方向。展望未来，我们有理由相信，作为国家治理体系和治理能力现代化基础支撑的现代预算制度，必将成为推进社会主义现代化强国建设、推动第二个百年奋斗目标实现的中坚力量。

第 5 章 预算管理制度改革的重点领域

5.1 部门预算改革

部门预算，即一个部门一本预算，是市场经济国家普遍采用的预算编制方法，也是现代国家预算制度的基本形式。通过部门预算改革，将原来分散于不同预算收支科目的同一资金使用者的支出项目，整合于一本预算。以此为基础，比较完整地体现各资金使用者的部门利益，并在一定程度上勾勒出预算资金分配体系中不同部门之间利益分配的竞争与合作格局。这为政府预算利益相关主体互动影响机制的进一步构建完成了组织结构上的准备，也为今后逐步实现从规则层面的改革转向调节利益相关主体动态博弈关系的改革提供了基础性制度平台。[①]

5.1.1 部门预算改革的背景

改革开放之初，我国正式恢复编制并向全国人民代表大会提交国家预算报告，由其审议批准后执行，预算管理制度开始恢复重建并逐渐制度化。1992 年，党的十四大报告正式确定改革的目标是建立社会主义市场经济体制。1994 年的财税体制改革从收入方面理顺了国家与企业、中央与地方之间的分配关系，主要着眼于财政收入一翼的制度改革，但支出一翼的改革并未同步跟进。[②]在社会主义市场经济不断推进的过程中，作为财政支出方面的预算管理改革日益引起关注。

---

① 高培勇，马蔡琛. 中国政府预算的法治化进程：成就、问题与政策选择[J]. 财政研究，2004（10）：11-14.

② 王丙乾. 中国财政 60 年回顾与思考[M]. 北京：中国财政经济出版社，2010：675.

　　预算编制制度改革是预算管理改革的核心。在实行部门预算改革前，我国的预算编制制度虽有一些改动，但编制方法未发生较大变化。传统预算编制方法的特点是，在编制预算时不以预算部门为划分标准，财政支出按功能划分为若干类，各部门分别按功能分类申报预算。这种方法在当时的历史条件下有其存在的合理性，但随着社会主义市场经济的发展和政府职能的转变，传统预算编制方法的缺陷日益暴露。具体而言，主要体现在以下几个方面：

　　（一）预算编制范围窄，内容不完整

　　在部门预算改革前，预算编制长期处于预算内外相分离的状态。传统的预算编制范围仅涵盖预算内资金，不包括预算外资金和自有资金。这种预算编制方法的覆盖面较窄，无法全面反映资金收支活动，容易造成预算外资金规模庞大。据不完全统计，截止到 1998 年，全国行政事业性收费有 5000 多项。其中属全国性和中央部门的政府性收费有 300 多项。全国各类收费规模达 2175 亿元，相当于我国同期财政收入的 22%。在一些市县，收费收入已相当于同期财政收支。[①]实行部门预算改革，对各项预算外资金进行有效的财政监督，已然成为提高预算管理水平、增强预算完整性的必由之路。

　　（二）预算编制时间仓促，项目论证不充分

　　预算编制的科学性需要以充足的编制时间、规范的编制程序为支撑。部门预算改革前，传统的预算编制时间较短，只有 2—3 个月。基层财政部门用于预算编制的时间则相对更短。由于项目论证不充分，预算编制时间仓促，一些技术性、政策性工作未能细化，难免使收支安排带有随意性、草率性和盲目性，最终弱化了预算约束，淡化了预算的法制观念，[②]并带来了低效的预算执行。

　　（三）预算编制粗放，方法不科学

　　传统的预算编制方法是"基数法"，也称"增量预算法"，即年度支出预算以上年支出为基数，考虑本年变化因素，作适当调增或调减。这种方法虽然便于操作，但因缺乏科学依据，本身就存在基数合理与否的问题。在实践中，容易形成只增不减的"增量预算"，即"基数加增长"，导致

　　① 项怀诚. 中国财政管理[M]. 北京：中国财政经济出版社，2001：280.

　　② 郑建新. 中国政府预算制度改革研究[M]. 北京：中国财政经济出版社，2003：52.

部门间经费水平的"苦乐不均",①使政府财政总是处于紧张的境地,加剧了资金供求矛盾。随着基础数据库建设不断完善,现代信息技术被广泛应用于预算编制过程中,"基数法"被更科学的编制方法所取代在当时已成必然。

(四)预算透明度低,不利于预算审查监督

在传统的预算编制制度下,各部门并不是独立的预算和报告主体,收支分类预算科目与财务报表也不能提供详细的信息。人大代表作为预算信息的重要使用者,对于财政资金使用等方面的信息无法直接追踪到部门及其内部支出单位,在一定程度上影响了审查监督作用的发挥。此外,较低的预算透明度也不利于社会公众行使对政府预算的监督权利,不符合公共财政的要求。

5.1.2 部门预算改革的进程

20 世纪 90 年代末期,河北省率先启动部门预算改革,以其全新的模式设计、严谨周密的运作程序、科学规范的管理方法、功能强大的现代化支持系统,基本构建起了社会主义市场经济体制下的预算管理框架。随后,部门预算改革的呼声愈加强烈。1999 年 6 月,审计署代表国务院在第九届全国人大常务委员会第十次会议上所做的《关于 1998 年中央预算执行情况和其他财政收支的审计工作报告》和全国人大常委会《关于加强中央预算审查监督的决定》,就进一步改进和规范预算管理工作提出了明确的要求:一是"严格执行预算法,及时批复预算";二是"要细化报送全国人大审查批准的预算草案的内容,增加透明度"。全国人大常委会预算工作委员会具体要求财政部 2000 年在向全国人大提交中央预算草案时,提供中央各部门的预算收支等资料,报送部门预算。1999 年 8 月,财政部先后邀请国家计委等有预算分配权的部门和教育部等 11 个中央支出部门,共同研究 2000 年改进和细化中央预算编制的方案。1999 年 9 月,财政部下发《关于改进 2000 年中央预算编制的意见》,提出"改变预算编制方法,试编部门预算",由此拉开部门预算改革的序幕。

2000 年,部门预算改革正式启动,选择教育部、农业农村部、科技部、人力资源和社会保障部四个部门进行试点并向全国人大进行报送。为进一步推动部门预算改革进程,财政部下发了一系列政策文件。2000 年 8 月,

---

① 李萍,刘尚希. 部门预算理论与实践[M]. 北京:中国财政经济出版社,2003:14.

发布了《关于编制 2001 年中央部门预算的通知》，对下一年度中央部门预算的编报口径、编制方法及编报时间进行了详细规定。2000 年 9 月，发布了《关于在国家计委等十个部门进行基本支出预算和项目支出预算试点工作的通知》《中央部门项目支出预算管理试行办法》，在国家计委、农业农村部、文化和旅游部等 10 个部门试编基本支出预算和项目支出预算，进一步提升了中央各部门项目支出管理的程序化、规范化、科学化水平。2000 年 11 月，发布了《关于下达 2001 年国家计委等 10 个试点部门基本支出预算定员定额标准的通知》，明确了部门定员的计算方法和定额的具体标准。2001 年 7 月，发布了《关于编制 2002 年中央部门预算的通知》，要求所有中央部门都按照基本支出和项目支出编报部门预算。2002 年 7 月，发布了《中央部门预算编制工作规程（试行）》，明确规定预算编制、执行、调整各阶段的时间安排、工作事项、各部门权限等。2005 年 5 月，发布了《中央部门预算支出绩效考评管理办法（试行）》，规范和加强了中央部门预算绩效考评工作，推进绩效考评结果在部门预算编制中的应用。

总体来看，部门预算改革的进展情况较为顺利。部门预算"一个部门一本预算"的编制思路，也为 21 世纪早期尝试推动的各类理性预算管理模式改革奠定了基础，比如零基预算试点改革、预算绩效管理改革等。[①]

5.1.3 部门预算编制方法与基本流程

（一）部门预算编制方法

1. 零基预算法

零基预算最初始于 20 世纪 60 年代，是由德州仪器公司开发的，它要求管理者重新论证他们的预算申请，而不管以前是否有过拨款。零基预算专门用来克服增量预算的缺点，即活动一旦开始就永远进行下去。在零基预算制度下，预算过程不再只是单纯关注于新增的支出项目或计划，而是就所有的预算资源需求，不论是正在进行中的还是新增的，都要从其出发点开始审议（所谓"零基"）。时至今日，在众多地方政府的预算编制指导原则中，实行零基预算仍旧具有非常突出的重要性。

2. 综合预算法

综合预算法是指将财政预算内拨款、财政专户核拨资金和部门其他收

入均列入部门预算收入，统筹安排部门预算支出，按照个人经费、公用经费、事业发展支出的顺序，依据有关标准、定额核定。[①]综合预算法旨在将部门及其所属单位的全部收支都反映出来，充分体现了预算编制的完整性。

3. 绩效预算法

绩效预算是公共预算管理的一种全新理念和方法，其基本含义是将"绩效水平与具体的预算数额联系起来"。绩效预算的重点在于要实现的产出和要完成的工作，而不只是单位和开支对象，即从"对机构的预算资源配置"的关注，转移到"对机构业务活动的预算资源配置"的关注。绩效预算的核心是建立一套能够反映政府公共活动效能的指标体系、评价标准和计量方法。而衡量预算支出绩效时，既要考虑支出的经济效益和社会效益，也要考虑支出的短期效应和中长期效应、直接效应和间接效应。

（二）部门预算编制流程

1. "二上二下"的部门预算编制流程

部门预算编制程序实行"二上二下"的基本流程。以中央部门预算编制为例，具体如下：

"一上"：部门编报预算建议数。部门编制预算从基层预算单位编起，主要是按照每年预算编制通知的精神和要求编制项目预算建议数，并提供与预算需求相关的基础数据和相关资料，主要是涉及基本支出核定的编制人数和实有人数、增人增支的文件、必保项目的文件依据；然后层层审核汇总，由一级预算单位审核汇编成部门预算建议数，上报财政部。

"一下"：财政部下达预算控制限额。对各部门上报的预算建议数，由财政部各业务主管机构进行初审，由预算司审核、平衡，在财政部内部按照规定的工作程序反复协商、沟通，最后由预算司汇总成中央本级预算初步方案报国务院，经批准后向各部门下达预算控制限额。涉及有预算分配权部门的指标确定，由财政部相关主体司对口联系，其分配方案并入"一下"预算控制数统一由财政部向中央部门下达。

"二上"：部门上报预算。部门根据财政部门下达的预算控制限额，编制部门预算草案上报财政部，基本支出在"目"级科目由部门根据自身情况在现行相关财务制度规定内自主编制。

---

① 王泽彩，蔡强. 部门预算管理[M]. 北京：中国财政经济出版社，2005：74.

"二下"：财政部批复预算。财政部根据全国人民代表大会批准的中央预算草案批复部门预算。财政部门在对各部门上报的预算草案审核后，汇总成按功能编制的本级财政预算草案和部门预算，报国务院审批后，再报人大预工委和财经委审核，最后提交人民代表大会审议，在人民代表大会批准预算草案后一个月内，财政部预算司组织各部门预算管理司统一向各部门批复预算，各部门应在财政部批复本部门预算之日起 15 日内，批复所属各单位的预算，并负责具体执行。预算编制总的流程如图 5.1 所示。

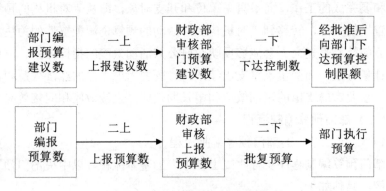

图 5.1　中央部门预算流程图

2. 支出部门和财政部的具体预算编制流程

部门编报预算的流程：部门或单位在编报预算的过程中通过利用"中央部门预算编报系统"，编制和上报部门预算建议数，根据预算控制数编制和上报部门预算数。部门编报预算的流程如图 5.2 所示。

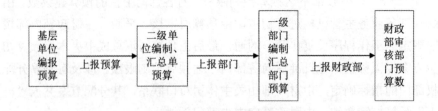

图 5.2　部门编报预算流程图

财政部审核和上报预算的流程：财政部在管理部门预算的过程中，根据现行管理职能将部门预算拆分给各部门预算管理司；各部门预算管理司通过预算专网在自己的权限范围内审核各部门的预算数据，向各部门下达部门预算控制限额；根据全国人大批准后的中央预算，预算司代表财政部统一向各部门批复预算。财政部审核部门预算和上报中央预算的流程如图5.3 所示。

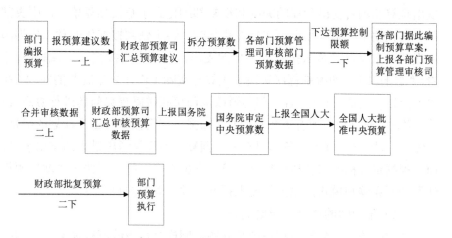

图 5.3　财政部审核和上报预算流程图

　　财政部批复预算的流程：全国人大批准中央预算后，财政部在一个月之内将预算批复到各部门。其流程如图 5.4 所示。

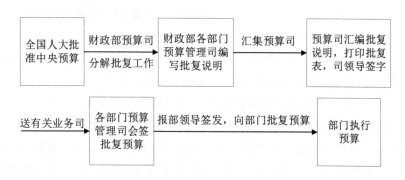

图 5.4　财政部批复预算流程图

5.1.4　部门预算管理改革取得的成效

（一）预算编制更加科学合理

　　从编制范围看，部门预算改革解决了预算内外资金管理中"两张皮"的问题。改革后，预算编制范围涵盖了部门或单位的所有收支，不仅包括预算内资金收支，还包括预算外资金收支，从而使预算在形式上更加完整。从细化程度看，通过部门预算管理改革，预算编制更加细化，基本支出落实到目级科目，项目支出落实到列入库的具体项目上。截至 2008 年，基本支出预算和项目支出预算的编制和批复都细化到了基层预算单位，中央部门不再代编下级单位预算。在预算执行时，逐步做到按细化的预算作为国库拨款的依据，凡是未按要求细化的支出，一律不得拨款。[①]从编制程序看，"二上二下"的编制程序解决了预算与实际工作计划相脱节的问题。在"二上二下"的过程中，各部门与财政部门可随时就预算问题进行协商、讨论，及时、充分地交流有关预算信息，加强了部门预算与工作计划的衔接。从编制方法看，改革后，各部门在编制预算时不仅仅考虑过去的支出水平，而是根据定额标准重新核算每个项目的支出水平，打破了传统"增量预算法"的预算编制模式，很大程度上提升了预算编制的科学性。

（二）部门间的资金分配更加公平

部门间的资金分配也存在公平问题。同样是代表政府行使某一方面的职能，为社会公众提供公共服务，却因预算资金的分配不当而造成了不公平的待遇，这显然是不合理的。[②]"增量预算法"和预算外资金的存在则是造成"分配不公""苦乐不均"的主要原因。一方面，部门预算改革改变了传统的编制方法，为打破部门间的既定利益格局、重塑部门利益关系创造了条件；另一方面，通过部门预算使政府各组成部门的收支对比关系、财力与职权的对比关系清晰完整地呈现出来，反映了部门的财政资金使用的透明度，为调节部门之间的公平提供了必要的信息。[③]

（三）促进预算管理理念的转变，提升资金使用效益

改革前，预算部门虽在名义上是预算编制的负责单位，但在实际工作中仅仅是汇总业务部门提供的预算。推行部门预算改革后，政府部门的预算主体地位得以进一步确立，预算编制责任更加明晰，对各部门的预算管理理念也产生重要影响。政府各部门更加重视预算编制工作，开始倾注更多的精力加强对部门预算资金使用效益的考核分析，推动预算管理的工作重点从"重分配""重花钱"向"重效益""重管理"转变，[④]使有限的财

---

① 谢旭人. 中国财政改革三十年[M]. 北京：中国财政经济出版社，2008：314.
② 李萍，刘尚希. 部门预算理论与实践[M]. 北京：中国财政经济出版社，2003：68.
③ 曹艳杰. 部门预算编制与审查监督[M]. 北京：知识产权出版社，2007：38.
④ 胡幼桃. 部门预算改革与实践[M]. 南昌：江西科学技术出版社，2006：31.

政资金发挥最大的使用效益。

（四）预算管理规范化水平不断提升

改革后，部门预算能够真实、全面、完整地反映各个部门的收支情况，在无形间强化了预算约束机制，对政府的财政行为也产生了重要影响。以天津市为例，从 1998 年至 2004 年，天津市先后取消 977 项行政事业性收费和政府性基金项目，全市收费项目由 1078 项减少为 101 项，累计减少收费 17 亿元。公安、法院等 29 个行政执法部门收取的 138 项行政性收费全部纳入了预算管理，根据部门履行职能需要，制定合理的支出定额。教育、卫生等 18 部门收取的 62 项事业性收费全部纳入财政专户管理，编制综合财政预算，统筹安排年度财政支出，①预算管理规范化程度得到明显改善。

（五）预算透明度不断提升，内外部监督得到强化

就内部监督而言，通过部门预算改革，政府和财政部门能够比较清晰地掌握公共财政资源的基本收支情况，也能够将每个部门所使用的公共财政资金及规模，与其具体开展活动、产生的支出情况进行对照分析。从外部监督来看，在新的预算编制方法下，预算透明度不断提高，能够为外部信息使用者提供更多本部门的财务和预算信息，有利于各级人大及其常务委员会、审计机关和社会公众对部门预算实行有效的监督。此外，随着公共预算改革进程的不断推进，部门预算公开的范围和细化程度也在不断加深。2014 年，所有省份公开了省本级部门预算与"三公"经费预决算信息。2022 年，102 家中央部门在财政部"中央预决算公开平台"公开了 2021 年度部门决算，连续第 12 年向社会公开预决算信息，并首次涉及国有资本经营预算绩效评价。

公共财政是为市场提供公共服务的政府分配活动或经济活动。推行部门预算改革，使得资金安排更多集中到为市场提供公共服务上来，是满足财政公共性要求的一种有效的制度形式，是构建公共财政基本框架的实质性举措。②此外，同期及后续进行的有关预算编制改革，如预算收支分类、政府采购、国库集中收付、滚动预算等，都与部门预算密切相关，都以部门预算为依托和落脚点。可以看到，部门预算改革收到以点带面、事半功

---

① 财政部预算司. 深化部门预算改革　建立公共财政体制[M]. 北京: 中国财政经济出版社, 2006: 49.

② 张馨等. 部门预算改革研究——中国政府预算制度改革剖析[M]. 北京: 经济科学出版社, 2001: 219.

倍之效，^①有力地推动了公共预算管理改革的总体进程。

5.2 国库管理改革

国库改革是预算执行改革的关键。进入 21 世纪，我国在借鉴国际通行做法的基础上开始国库改革，结合中央及地方实际情况进行试点，不断总结探索，形成了具有中国特色的现代国库管理制度。

5.2.1 国库集中收付制度改革

2001 年，我国启动了国库管理制度改革，旨在建立以国库单一账户体系为基础，资金缴拨以国库集中支付为主要形式的现代国库管理制度。部门预算改革将分散的资金分配权归集于财政部门，国库集中收付制度将分散的账户和资金也集中于财政部门，从而使财政部门成为核心预算管理机构，能以统一的程序和规则进行资金分配，并对资金的流动进行动态监控，确保资金运作的效率性和使用的合规性。

（一）改革背景

随着社会主义市场经济的不断发展，以及政府预算管理制度的改革深化，要求明确与预算管理相关的各类权力范围，包括预算编制、执行、管理、监督权力必须分开；相关权力履职部门必须职责清晰，相互制约，财政部门、预算单位、代理银行等都应该持有相互可以核对的收支账册，使预算执行更加规范透明；降低预算资金管理成本，通过国库单一账户制度建设，促进财政部门作为核心预算机构更高效地使用财政资源。^②而我国传统的财政资金收支方式已难以适应社会主义市场经济下由政府财政部门按照公共财政原则统一安排、使用财政资源的基本要求。在账户设置上，各级财政机关等部门设立了较多的收入过渡户收缴收入，同时支出单位也设有各类银行账户接受财政拨款，并从账户上进行各项财政开支。在收入收缴程序上，多数单位通过过渡户收缴资金，还有的按行政隶属关系层层汇总主管部门账户，再由主管部门缴入国库，导致截留财政资金的现象频

---

① 王雍君. 部门预算与预算改革[M]. 太原：山西教育出版社，2001：65.

② 项怀诚，楼继伟. 中国政府预算改革五年：1998—2003[M]. 北京：中国财政经济出版社，2003：89—91.

繁发生。在资金拨付程序上，年度预算批复后财政部门向预算单位账户直接拨付资金，这些资金拨付后就脱离了财政部门的监督。[①]

　　这种在传统体制下形成的运作方式，存在多种弊端。重复和分散设置账户，导致财政资金活动透明度不高，不利于对其实施有效管理和全面监督；财政收支信息反馈迟缓，难以及时为预算编制、执行分析和宏观经济调控提供准确依据；财政资金入库时间延滞，收入退库不规范，大量资金经常滞留在预算单位，降低了使用效率；财政资金使用缺乏事前监督，截留、挤占、挪用等问题时有发生，甚至出现腐败现象，[②]越来越不适应社会主义市场经济体制下公共财政的发展要求。这些弊端的存在，使得国家财政收入无法反映正常的税费征收水平，造成了大量国库收入外流，同时削弱了财政控制手段，造成人民负担过重以及产生腐败等负面效应。[③]因此，必须对财政国库管理制度进行改革，逐步建立和完善以国库单一账户体系为基础、资金缴拨以国库集中收付为主要形式的财政国库管理制度。

　　2001 年，党的十五届六中全会《中共中央关于加强和改进党风建设的决定》中明确要求"推行和完善国库集中收付制度"；九届人大四次会议通过的"十五"计划纲要明确提出"改革国库制度，建立以国库单一账户体系为基础的现代国库集中收付制度"。2002 年中纪委十五届七次全会也要求把建立国库集中收付制度作为反腐倡廉的治本性措施来抓。

　　（二）改革历程

　　2001 年财政部发布《财政国库管理制度改革试点方案》（财库〔2001〕24号），确定当年财政部、水利部等 6 个中央部门进行国库集中支付试点，并提出 2005 年全面推行以国库单一账户体系为基础、资金缴拨以国库集中收付为主要形式的财政国库管理制度。至 2004 年底，中央 160 多个一级预算单位中已有 140 个纳入国库集中支付改革范围，70 多个有非税收入的中央一级预算单位中已有 47 个纳入非税收入收缴管理制度改革范围，地方绝大部分省份实施了改革，国库单一账户体系已基本建立。[④]2005 年底，中央

① 张通，滕霞光. 我国财政国库管理制度改革的起因、成就和展望[J]. 财政研究，2002（09）：2-9.
② 财政部. 财政国库管理制度改革试点方案[Z]. 2001-03-16.
③ 雷忠琴. 对财政国库集中支付制度改革的思考[J]. 贵州社会科学，2004（04）：15-16.
④ 财政部. 2005 年全面推进中央部门财政国库管理制度改革[EB/OL]. http://www.mof.gov.cn/zhengwuxinxi/caizhengxinwen/200805/t20080519_20756.htm.(2005-04-01)[2023-06-20].

所有部门和地方所有 36 个省、自治区、直辖市和计划单列市全面实施改革，实现了国务院提出的"十五"期间全面推行改革的目标。2006 年以来中央单位改革范围覆盖到三级预算单位，改革的资金范围从中央本级预算资金扩展到部分中央补助地方专项资金。①

目前，以国库集中收付制度为主体的现代国库框架基本建立。国库集中支付制度改革进一步深化，预算支出更加规范透明，一是不断深化国库集中支付制度改革级次，在国库集中支付制度实现对县级以上预算单位全覆盖后，从 2015 年开始大力推进乡镇国库集中支付改革；二是着力完善国库集中支付运行机制，进一步强化预算单位作为预算执行主体的责任；三是深入推进公务卡制度改革，优化公务卡管理使用；四是利用现代信息技术，加快推进国库信息化建设；五是进一步推进预算执行动态监控工作，基本建立起覆盖省、市、县三级的预算执行动态监控体系。②收入收缴管理改革加快推进，综合效能更加显现，一是全国 40 万个执收单位实施了非税收入收缴管理改革，占到全部执收单位的 97%以上。同时，推进非税收入收缴电子化管理，中央本级于 2016 年全面实施非税收入收缴电子化管理，地方非税收入收缴电子化管理也加快实施。二是明确税务部门征收非税收入的收缴管理要求，推动实现财税部门系统互联互通、信息及时共享。三是推进财税库银税收收入电子缴库横向联网，进一步扩大财税库银横向联网覆盖范围，加强横向联网数据的分析利用，研究制定财税库银税收收入电子缴库横向联网管理办法。③库款管理机制更加科学规范，一是加强中央库款调度管理，合理组织对地方资金调度，推进库款管理与预算执行、国债发行、国库现金管理的衔接，提高库款运行效率和效益；二是强化地方库款监测督导，密切监测各地库款运行态势，分析影响库款增减变动的主要因素和需关注的问题，提出相应工作措施和建议；三是切实兜牢基层"三保"底线，完善"中央到省、省到市县"的监控机制，及时跟踪监测各级库款情况。结合地方收支运行、库款保障水平、县级工资监测预警和风

① 财政部. 财政国库管理制度改革取得重大进展和显著成效[EB/OL]. http: //gks.mof.gov.cn/ gongzuodongtai/200809/t20080923_77056.htm.(2008-09-23)[2023-06-20].

② 财政部. 财政国库管理制度改革 20 年发展历程[EB/OL]. http: //tj.mof.gov.cn/zt4/jianguanshixiang/ 202111/t20211115_3765755.htm.(2021-11-15)[2023-06-20].

③ 财政部国库司. 一场"财政革命"——财政国库管理制度的改革发展[J]. 中国财政, 2019（19）: 17-20.

险评估等情况，对地方财政实行差异化资金调度。①

（三）改革内容

《财政国库管理制度改革试点方案》（财库〔2001〕24 号），具体规定了改革的主要内容（详见专栏 5.1）。总体而言，改革采取建立国库单一账户体系基础上的国库集中收付运行机制，改变过去由征收单位和预算单位分散设置银行账户，多环节收纳和支付财政资金、大量滞留财政资金的状况。已缴纳和未支付的财政资金统一由财政部门通过国库单一账户持有；非税收入收缴和财政资金支付，通过财政部门在商业银行开设的零余额账户进行收缴和支付；财政部门通过竞争性招标等方式选择代理银行，获取优质高效的结算管理服务。在国库单一账户体系基础上，以信息系统为支撑，非税收入收缴的资金可以及时进入国库单一账户或财政专户；财政资金支付按照用款计划和规范程序，通过财政或授权预算单位直接支付到供货商或最终用款单位，不必经过中间环节。资金运行过程可通过电子化的监控系统实时监控，形成了与过去根本不同的预算执行管理运行机制。

专栏 5.1

财政国库管理制度改革的主要内容

按照财政国库管理制度的基本发展要求，建立国库单一账户体系，所有财政性资金都纳入国库单一账户体系管理，收入直接缴入国库或财政专户，支出通过国库单一账户体系支付到商品和劳务供应者或用款单位。

（一）建立国库单一账户体系

1. 国库单一账户体系的构成。

（1）财政部门在中国人民银行开设国库单一账户，按收入和支出设置分类账，收入账按预算科目进行明细核算，支出账按资金使用性质设立分账册。

（2）财政部门按资金使用性质在商业银行开设零余额账户，在商业银行为预算单位开设零余额账户。

（3）财政部门在商业银行开设预算外资金财政专户，按收入和支出设置分类账。

---

① 财政部. 财政国库管理制度改革 20 年发展历程[EB/OL]. http://tj.mof.gov.cn/zt4/jianguanshixiang/202111/t20211115_3765755.htm.(2021-11-15)[2023-06-20].

（4）财政部门在商业银行为预算单位开设小额现金账户。

（5）经国务院和省级人民政府批准或授权财政部门开设特殊过渡性专户（以下简称特设专户）。

建立国库单一账户体系后，相应取消各类收入过渡性账户。预算单位的财政性资金逐步全部纳入国库单一账户管理。

2. 国库单一账户体系中各类账户的功能。

（1）国库单一账户为国库存款账户，用于记录、核算和反映纳入预算管理的财政收入和支出活动，并用于与财政部门在商业银行开设的零余额账户进行清算，实现支付。

（2）财政部门的零余额账户，用于财政直接支付和与国库单一账户支出清算；预算单位的零余额账户用于财政授权支付和清算。

（3）预算外资金财政专户，用于记录、核算和反映预算外资金的收入和支出活动，并用于预算外资金日常收支清算。

（4）小额现金账户，用于记录、核算和反映预算单位的零星支出活动，并用于与国库单一账户清算。

（5）特设专户，用于记录、核算和反映预算单位的特殊专项支出活动，并用于与国库单一账户清算。

上述账户和专户要与财政部门及其支付执行机构、中国人民银行国库部门和预算单位的会计核算保持一致性，相互核对有关账务记录。

在建立健全现代化银行支付系统和财政管理信息系统的基础上，逐步实现由国库单一账户核算所有财政性资金的收入和支出，并通过各部门在商业银行的零余额账户处理日常支付和清算业务。

（二）规范收入收缴程序

1. 收入类型。按政府收支分类标准，对财政收入实行分类。

2. 收缴方式。适应财政国库管理制度的改革要求，将财政收入的收缴分为直接缴库和集中汇缴。

（1）直接缴库是由缴款单位或缴款人按有关法律法规规定，直接将应缴收入缴入国库单一账户或预算外资金财政专户。

（2）集中汇缴是由征收机关（有关法定单位）按有关法律法规规定，将所收的应缴收入汇总缴入国库单一账户或预算外资金财政专户。

3. 收缴程序。

（1）直接缴库程序。直接缴库的税收收入，由纳税人或税务代理人提出纳税申报，经征收机关审核无误后，由纳税人通过开户银行将税款缴入国库单一账户。直接缴库的其他收入，比照上述程序缴入国库单一账户或预算外资金财政专户。

（2）集中汇缴程序。小额零散税收和法律另有规定的应缴收入，由征收机关于收缴收入的当日汇总缴入国库单一账户。非税收入中的现金缴款，比照本程序缴入国库单一账户或预算外资金财政专户。规范收入退库管理。涉及从国库中退库的，依照法律、行政法规有关国库管理的规定执行。

（三）规范支出拨付程序

1. 支出类型。财政支出总体上分为购买性支出和转移性支出。根据支付管理需要，具体分为：工资支出，即预算单位的工资性支出；购买支出，即预算单位除工资支出、零星支出之外购买服务、货物、工程项目等支出；零星支出，即预算单位购买支出中的日常小额部分，除《政府采购品目分类表》所列品目以外的支出，或列入《政府采购品目分类表》所列品目，但未达到规定数额的支出；转移支出，即拨付给预算单位或下级财政部门，未指明具体用途的支出，包括拨付企业补贴和未指明具体用途的资金、中央对地方的一般性转移支付等。

2. 支付方式。按照不同的支付主体，对不同类型的支出，分别实行财政直接支付和财政授权支付。

（1）财政直接支付。由财政部门开具支付令，通过国库单一账户体系，直接将财政资金支付到收款人（即商品和劳务供应者，下同）或用款单位账户。实行财政直接支付的支出包括：

①工资支出、购买支出以及中央对地方的专项转移支付，拨付企业大型工程项目或大型设备采购的资金等，直接支付到收款人。

②转移支出（中央对地方专项转移支出除外），包括中央对地方的一般性转移支付中的税收返还、原体制补助、过渡期转移支付、结算补助等支出，对企业的补贴和未指明购买内容的某些专项支出等，支付到用款单位（包括下级财政部门和预算单位，下同）。

（2）财政授权支付。预算单位根据财政授权，自行开具支付令，通过

续

国库单一账户体系将资金支付到收款人账户。实行财政授权支付的支出包括未实行财政直接支付的购买支出和零星支出。

财政直接支付和财政授权支付的具体支出项目，由财政部门在确定部门预算或制定改革试点的具体实施办法中列出。

3. 支付程序。

（1）财政直接支付程序。预算单位按照批复的部门预算和资金使用计划，向财政国库支付执行机构提出支付申请，财政国库支付执行机构根据批复的部门预算和资金使用计划及相关要求对支付申请审核无误后，向代理银行发出支付令，并通知中国人民银行国库部门，通过代理银行进入全国银行清算系统实时清算，财政资金从国库单一账户划拨到收款人的银行账户。

财政直接支付主要通过转账方式进行，也可以采取"国库支票"支付。财政国库支付执行机构根据预算单位的要求签发支票，并将签发给收款人的支票交给预算单位，由预算单位转给收款人。收款人持支票到其开户银行入账，收款人开户银行再与代理银行进行清算。每日营业终了前由国库单一账户与代理银行进行清算。

工资性支付涉及的各预算单位人员编制、工资标准、开支数额等，分别由编制部门、人事部门和财政部门核定。

支付对象为预算单位和下级财政部门的支出，由财政部门按照预算执行进度将资金从国库单一账户直接拨付到预算单位或下级财政部门账户。

（2）财政授权支付程序。预算单位按照批复的部门预算和资金使用计划，向财政国库支付执行机构申请授权支付的月度用款限额，财政国库支付执行机构将批准后的限额通知代理银行和预算单位，并通知中国人民银行国库部门。预算单位在月度用款限额内，自行开具支付令，通过财政国库支付执行机构转由代理银行向收款人付款，并与国库单一账户清算。

上述财政直接支付和财政授权支付流程，以现代化银行支付系统和财政信息管理系统的国库管理操作系统为基础。在这些系统尚未建立和完善前，财政国库支付执行机构或预算单位的支付令通过人工操作转到代理银行，代理银行通过现行银行清算系统向收款人付款，并在每天轧账前，与国库单一账户进行清算。

预算外资金的支付，逐步比照上述程序实施。

资料来源：财政部. 财政国库管理制度改革试点方案[Z]. 2001-03-16.

（四）改革成果

1. 有效增强了财政资金的使用效率

通过财政国库制度改革，财政资金的使用效率大大提高。收入过渡性账户的取缔从制度上解决了财政收入不及时足额入库的问题，规范了收入收缴。直接支付财政资金，减少了支付的中间环节，规范了拨款程序。同时，各基层单位剩余的财政资金也被有效地控制起来，增强了财政资金的宏观调动可能性，有利于最大限度地发挥资金的作用。

2. 提高了预算执行的透明程度

新的资金运行机制将以往的预算管理信息来源进行了大幅调整，借助电子化的信息传输管理系统，以具体的支付交易信息作为基础，使预算执行信息的完整性、及时性、准确性得到了有效保障，这非常有利于预算执行的有效完成。在此基础上，客观真实的预算信息也给财政部门进行资金管理和宏观决策提供了具体的数据。

3. 加强了预算执行过程的监督制约

财政国库管理制度实施改革以来，电子信息系统在国库管理中的应用得到了加强。借助网络将财政支出信息进行具体翔实的记录，形成了相互制约的内部操作流程，使得预算执行过程中的效率明显提高。在新的国库管理体制下形成的各阶段监督机制规范了财政国库管理人员的工作行为，也在一定程度上提高了其工作效率。

（五）预算管理一体化的配套发展

国库收支管理涉及预算的执行、核算、报告等重要环节，是政府财政资金收支流转的总枢纽。通过预算管理一体化改革，构建互联互通、数据共享的国库信息管理体系，全面理清国库制度的预算管理业务流程，形成标准化的国库业务基础数据规范，并且优化控制规则，强化动态管理，在横向业务维度实现预算管理与国库管理各流程、各业务的"一体化"，实现国库信息管理系统与预算一体化的流程、业务模块无缝嵌入和对接。[①]目前，中央及全国 36 个省、自治区、直辖市、计划单列市和新疆生产建设兵团已建设应用财政预算管理一体化系统。地方 3700 多个财政部门、60 余万个预算单位已应用财政预算管理一体化系统开展预算编制、预算执行等业务，基本覆盖县级及以上行政区划和预算单位，初步实现了预算管理各

[①] 马海涛，肖鹏. 借力预算管理一体化　提升财政管理水平[J]. 行政管理改革，2022（08）：30-37.

环节的衔接贯通，以及上下级财政部门和预算单位的业务协同和数据共享。所有中央部门、预算单位已应用一体化系统开展 2023 年预算编制、预算执行业务。[①]在一体化系统中，国库集中支付的基本流程涉及预算指标、用款计划、支付申请、支付凭证、资金支付、资金清算、会计核算等多个环节，[②]因此应进一步规范财政预算管理一体化资金支付管理办法，更好推进一体化系统下的实拨业务、国库集中支付清算、单位资金管理、财政专户资金管理等国库业务，进一步深化国库管理制度改革。

5.2.2 国库现金管理改革

国库现金管理是指财政部门代表政府进行公共财政管理过程中，预测、控制和管理国库现金的一系列政府理财活动，遵循安全性、流动性和收益性相统一的原则。[③]国库现金管理作为连接财政资金和金融市场的重要纽带，已然成为健全现代预算制度的重要内容。

（一）改革历程

随着国库集中收付制度的全面实施、经济体量的不断增大，我国财政国库现金不断增加。2004 年底，财政部上报国务院《关于开展国库现金管理的请示》。经国务院批准，2006 年 6 月，财政部会同中国人民银行印发了《中央国库现金管理暂行办法》和《中央国库现金管理商业银行定期存款操作规程》，规定国库现金管理遵循安全性、流动性和收益性相统一的原则，从易到难、稳妥有序地开展，这标志我国国库现金管理制度开始进行试点实践。[④]自国务院批准开展以来，中央国库现金管理经不断摸索和推进，闲置库款资金量逐步减少，国库资金管理效益有所提升。根据《中央国库现金管理暂行办法》规定，国库现金管理有商业银行定期存款和买回国债两种操作工具。目前以商业银行定期存款为主，面向国债承销团和公开市场业务一级交易商中的商业银行总行采取单一价格招标进行。

经过多年研究探索，在中央国库现金管理实践的基础上，2014 年底，财政部联合中国人民银行印发《地方国库现金管理试点办法》，正式启动首

---

① 李忠峰. 预算管理一体化系统基本覆盖县级及以上行政区划[N]. 中国财经报，2023-03-11（001）.

② 烟台市财政局. 财政部关于印发《预算管理一体化系统技术标准 V2.0》的通知及预算一体化业务答疑[EB/OL]. https://czj.yantai.gov.cn/art/2023/6/14/art_108327_2910771.html.(2023-06-14)[2023-10-05].

③ 财政部. 中央国库现金管理暂行办法[Z]. 2006-05-26.

④ 周宇宏. 国库现金管理制度改革四大成效[N]. 中国财经报，2020-12-15（005）.

批 6 家省市试点工作，明确使用国债作为担保品保障库款资金安全；2015年 7 月，财政部正式将地方政府债纳入合格担保品范畴；2016 年，地方国库现金管理业务试点进一步推广至 15 家省市。至 2016 年底，全部 21 家试点地方财政部门共办理地方国库现金管理业务 113 期，操作金额 2.5 万亿元，地方国库现金管理业务试点工作圆满完成。①2017 年，经过近 3 年的成功试点运营，财政部、人民银行印发《关于全面开展省级地方国库现金管理的通知》，实现地方国库现金管理省级全覆盖。建立并不断完善国库现金存款担保品管理制度，是地方国库现金管理改革的重要组成部分。通过在国库管理业务中嵌入担保品管理机制，作为担保品的国债和地方政府债质押比例合理且流动性好，能够充分保障国库现金存款的安全。因此，中央国债登记结算有限责任公司（简称"中央结算公司"）在财政部的领导下，配合发布了《地方国库现金管理业务担保品管理服务指引》，将担保品管理框架紧密融入国库管理体系，为推动国库现金管理有序开展贡献力量。

（二）改革内容

财政部门专门设立了国库现金管理相关机构，着力推动构建科学高效的国库现金管理制度。财政部国库司于 2007 年设立了国库现金管理处，专门负责国库现金管理有关事宜。各级地方政府财政部门通过国库处或者国库科推动国库现金管理的相关工作。着力统筹盘活财政存量资金，提高财政资金使用效率，提升预算执行水平，加大财政资金统筹力度，及时调整资金用途，避免资金沉淀。通过国库现金管理与债务管理的协调，避免债务资金出入库间隙导致的资金闲置问题，保持库款合理规模，科学拨付和调度资金，改善财政绩效水平。通过近年来的实践探索，已经逐步形成了科学高效的国库现金管理制度。

一方面，构建实施国库现金管理制度的基础设施。一是构建高效的国库现金管理和控制系统，保证国库现金收入和支付信息的及时传递，减少国库现金收付过程中的层级滞留和运行风险。二是设置国库单一账户体系，高效管理政府的各类账户，提高政府资金管理的控制力和透明度，为实现国库现金管理提供账户体系基础。三是构建国库现金流预测机制，使得现金收入流与支出流在时间上的匹配度预测更加准确，为国库现金投融资操作提供基础信息。

---

① 财政部. 构筑担保品机制 提升库款管理效益——地方国库现金管理改革与发展[EB/OL]. http://tj.mof.gov.cn/zt4/jianguanshixiang/202106/t20210624_3724390.htm.(2021-06-24)[2023-07-30].

另一方面，积极探索构建国库现金管理制度的基本框架，逐步实现国库现金管理的"安全性、流动性、规范性"目标。一是探索建立财政库底目标余额管理制度。确立财政国库目标余额，探索在按季逐月及按月逐日的国库现金流预测的基础上，保证国库现金库底存量基本稳定在目标余额水平，在保障财政支出需要的同时尽量减少闲置资金。二是构建间歇性库款投资机制，将间歇性库款通过货币金融工具进行投资以获取收益，目前主要通过商业银行定期存款及买回国债等方式进行投资。三是构建国库现金赤字融资机制，通过发行短期国债和其他融资机制的运用，弥补国库现金的短期赤字，促使国库现金有效满足财政支出需求。

（三）改革成效

1. 中央国库现金管理改革成效

首先，有效提高了财政资金使用效益。在确保国库资金安全和资金支付需求的前提下，对闲置库款进行定期存款操作，有效提高了财政资金使用效益。中央国库现金管理商业银行定期存款操作实行利率招标，利息收入是存放在国库按活期存款计算利息收入的 10 倍多。[①]

其次，充分发挥了财政政策和货币政策的协同作用。将暂时闲置的财政资金投放金融市场，充分发挥了财政政策和货币政策的协同作用，有效缓解了市场流动性紧张，提高了商业银行放贷能力，为金融业更好地支持经济发展注入了"新活力"。

最后，进一步提升了政府财务管理水平。国库现金管理是国库管理的重要和核心内容，国库现金管理将资金时间价值、现金流预测和资产负债管理等现代财务管理理念引入国库管理中。开展国库现金管理，使国库从单纯的核算财政收支扩展到对财政收支实行全面控制，成为政府财务、现金管理和宏观管理者，加速国库管理体系的现代化建设，从整体上提高了国库管理水平。

2. 地方国库现金管理改革效果

一是地方国库现金管理业务有效提高了财政资金运行调控的安全性和规范性。例如，中国人民银行南京分行联合江苏省财政厅出台了《江苏省省本级国库现金管理试点实施办法》，对基本原则、操作方式、操作流程及

---

① 财政部. 加快建立现代国库现金管理机制[EB/OL]. http://sd.mof.gov.cn/zt/dcyj/202110/t20211027_3761212.htm.(2021-10-27)[2023-07-30].

各方职责等作出了明确规定。①在国库管理业务中嵌入担保品管理机制，作为担保品的国债和地方政府债质押比例合理且流动性好，充分保障了国库现金存款的安全。

二是地方国库现金管理业务有效降低了银行融资成本。对参与银行而言，地方国库现金管理存款是银行比较稳定、优质的负债来源。进一步拓展了融资渠道，且所融通的资金期限集中、额度大，有利于金融机构集中管理，扩大融资规模。②优质稳定的负债来源为商业银行让利实体经济，引导实体经济利率下行创造了空间。与此同时，担保品管理机制的引入也帮助更多机构获取财政资金。

三是地方国库现金管理业务有效促进了政府债券市场发展。对债券市场而言，地方国库现金管理业务有效盘活了存量政府债券，提升市场的流动性。债券的金融担保属性是其持有价值的重要组成部分，也是债券广义流动性的重要表现。一般而言，强化债券的担保属性将有效提高其二级市场流动性，进而降低其一级市场的发行成本。商业银行中标获得地方国库现金管理存款必须提供质押品，主要质押品为地方政府债券，资金风险可控。③地方国库现金管理业务的开展有效盘活了存量政府债券，促进了参与银行持有地方政府债的积极性和活跃度。通过二级市场至一级市场的传导机制，地方国库现金管理业务的开展对降低地方政府融资成本起到正向促进作用，有利于债券市场价格发现机制的充分发挥。

四是地方国库现金管理业务有效促进了经济发展。地方国库现金管理业务通过银行的存款和货币投放机制，对宏观经济稳定及地方产业发展起到重要支撑作用，使得财政资金能够"四两拨千斤"，撬动银行资本向支持地方经济发展倾斜。④2017 年地方国库现金管理业务省级全面开展以来，年均存量资金接近万亿规模，⑤优质稳定的国库存款资金经过金融机构信贷投入国家和地方政策指导、鼓励和推动的民生工程、重点行业、支柱产业等，通过资金带动作用吸引更多社会资金投入地方经济发展中，是促进经济发展、落实供给侧改革的具体体现。

① 尹旭，李玉转. 地方国库现金管理的优化[J]. 中国金融，2020（03）：96-97.
② 崔洪利，路禹，高雪. 地方国库现金管理问题研究[J]. 中国市场，2020（12）：46+182.
③ 徐涌. 优化地方国库现金管理[J]. 中国金融，2019（15）：92-93.
④ 张晓青. 地方国库现金管理的思考与建议[N]. 河北经济日报，2016-01-16（003）.
⑤ 财政部. 构筑担保品机制 提升库款管理效益——地方国库现金管理改革与发展[EB/OL]. http://tj.mof.gov.cn/zt4/jianguanshixiang/202106/t20210624_3724390.htm.(2021-06-24)[2023-07-30].

（四）进一步的改革方向

推进财政库底目标余额管理制度改革。从发达国家的先进经验和成熟做法来看，财政库底目标余额管理制度是国库现金管理高级阶段的核心内容，对减少国库资金沉淀，提高财政资金使用效率，加强财政政策与货币政策的协调配合，推进建立现代财政制度，提高国家治理体系和治理能力现代化具有重要意义。我国应以"稳定库底目标余额"为核心，建立科学的库底目标余额测算模型，合理设定符合我国管理实际的库底目标余额规模。①

丰富国库现金管理投融资工具。增加不同期限的地方国库现金管理操作工具，如大额存单、活期存款等，针对短期与中长期分别设定可投资的金融工具范围及投资比例。②就金融工具而言，近年来，中央国库现金管理操作主要以3个月期限的定期存款为主。从2019年开始，由于结转结余资金减少，库款主要以间歇性资金为主，且间歇时间比较短。为适应库款变化的新形势，中央国库现金管理增加了1个月、2个月期限定期存款品种，但仍然缺乏短期投资工具。

进一步加强质押品管理。质押品管理作为国库现金管理风险监控管理机制的重要组成部分，是有效化解和防范金融风险的关键，为中央和地方国库现金管理的稳妥有序开展发挥了重要作用。应根据金融资产评级标准确定质押范围和质押比例，推动质押品按市值计价，实现动态监控和质押调整机制。③为了确保足额覆盖风险敞口，在国库现金管理初期，选择信用等级最高的国债作为质押品，并按面值计价质押，简便操作。

科学合理安排操作规模和期限品种。一方面，加强库款统筹管理，促进现金管理与债务管理有机配合，促进年度内国债均衡化发行保持库款稳定，或适度补发以前年度减发的国债确保支付需要。④另一方面，强化国库现金流量预测，建立功能完备的国库现金流量预测系统，将商业银行、国债登记部门业务信息纳入预测系统，⑤根据预测结果并结合库款实际情况，在保障财政支付的前提下，科学合理安排操作规模和期限品种，保持

---

① 李春阳. 我国国库现金管理改革的成效、问题与政策建议[J]. 财务与会计，2020（05）：67-69.

② 刘晓嵘. 我国国库现金管理现状、问题及对策[J]. 金融会计，2017（03）：69-74.

③ 周宇宏. 深化国库现金管理改革　盘活财政存量资金[J]. 中国财政，2017（21）：51-52.

④ 财政部国库司国库现金管理处. 面向国家治理体系和治理能力现代化　加快建立现代国库现金管理机制[J]. 中国财政，2021（10）：23-25.

⑤ 魏吉华，彭玮琪. 新《预算法实施条例》背景下国库现金管理的制度审视与优化路径[J]. 财政监督，2020（24）：21-27.

操作持续稳定。

更具体地，对于地方国库现金管理而言，一是以担保品管理框架为抓手加强国库管理风险防控体系。适时推动使用债券市值为计价基础的动态盯市调整，引入违约处置机制，构筑对参与银行、担保品与市场波动全方位的动态监测体系。同时，要提高国库库存日常监测与短期预测水平。一方面加强日常库存监测工作；另一方面不断提高资金预测水平，科学估算地方现金管理操作规模与期限。[①]为财政部门科学决策提供数据支撑，不断深化担保品管理机制风险防控的作用。二是推动地方国库现金管理业务中担保品管理的横纵发展。继续完善交易前端延伸服务，整合前中后台一体化直通式服务支持。进一步丰富地方国库现金管理质押品种类，将政策性金融债、部分货币市场工具等流动性好、安全性高的资产纳入质押品范畴。[②]在确保国库资金安全前提下，最大程度释放债券的担保品属性，提升市场效率。

5.2.3　财政直达资金

财政资金直达机制是服务于地方政府做好"六稳"工作并落实"六保"任务的制度设计，主要包括为基层保工资、保运转提供财力来源；为教育、就业、社会保障、卫生健康等领域的基本民生保障提供资金；为进一步落实减税降费、促进普惠金融发展、保障惠企利民资金精准用于受益对象等提供专项转移支付。

2020 年政府工作报告提出，新增财政赤字 1 万亿元，同时发行 1 万亿元抗疫特别国债，全部转给地方，建立资金直达市县的特殊转移支付机制，直接惠企利民。财政资金直达机制实行后，地方财力困难得到有效化解，有力支撑了疫情防控、经济社会发展等工作，加快恢复生产生活秩序。2020年，国务院常务会议要求扩大直达资金范围，建立常态化的财政资金直达机制。2021 年政府工作报告提出，建立常态化财政资金直达机制并扩大范围，将 2.8 万亿元中央财政资金纳入直达机制，财政资金直达机制上升为制度性安排。2022 年，国务院办公厅印发《关于进一步推进省以下财政体制改革工作的指导意见》，进一步强调要健全财政资金直达机制，加强资金

---

① 徐扬，许万征. 新形势下地方国库现金管理[J]. 中国金融，2021（11）：102.
② 中国人民银行上海总部课题组，季家友. 上海市地方国库现金管理的特点、趋势与展望[J]. 上海金融，2018（07）：92-95.

管理和监控。

（一）财政直达资金的主要优势

在传统的转移支付制度设计中，中央政府给地方政府下达和拨付的财政资金要先下划给省级政府，由省级政府根据本省发展目标科学分配资金使用方向，然后将部分资金下拨给市、县级政府，经历层层下拨之后，最后才会将剩余资金下划到基层政府。上述流程需要历时几个月之久，严重降低资金使用效率，且时常存在"项目等钱"的问题，资金的统筹使用方式不完善，监管制度缺失。①相较于传统的转移支付方式，财政资金直达机制秉承"资金跟着项目走"的原则，显著加快资金拨付速度、提高资金使用效率。建立"一竿子插到底"的财政资金拨付机制，既提高了中央政府在财政资金拨付上的精准程度，又缩短了资金拨付流程，压实了省级政府的主体责任，降低了省级政府过度干预的可能性，发挥了省级政府把握方向的职能。财政资金直达机制设立了市县实名台账制和反馈机制，提高了拨付精准度。由于直达机制有效避免了中间环节所需要的时间和可能产生的截留，使资金能在极短时间内由中央划拨到基层政府，极大缩短了在途时间，同时因消除省级政府的干预而有效提高了基层政府的财政自主权，从而能够将资金用到"刀刃"上。

具体而言，财政直达资金表现出以下优势，一是资金下达更加快速，资金运行效率明显提高。2020 年，财政部在高效发行抗疫特别国债，为直达机制提供资金来源的同时，快速分配下达资金，迅速搭建监控系统，各地区、各部门用较短的时间将直达资金下达市县基层，其中省级财政下达用了 7 天左右的时间，效率极大提高。二是资金投向更加精准，惠企利民政策的有效性明显提高。资金在支持减税降费、保居民就业、保基本民生、保市场主体、保障重大项目建设、支持打赢脱贫攻坚战等方面发挥了积极作用。三是资金监管更加严格，资金使用规范性明显提高。财政部严格预算源头管理，制定了资金管理办法和监控管理制度。加强与审计等部门的信息共享，有效形成了监管合力。②

---

① 范方志，彭田田，唐铁球. 建立常态化财政资金直达机制的内在逻辑与路径选择[J]. 经济纵横，2022，444（11）：115-121.

② 财政部. 财政资金直达机制相关工作稳步推进　政策效果逐步显现[EB/OL]. http://www.mof.gov.cn/zhengwuxinxi/caijingshidian/zgcjb/202011/t20201113_3622243.htm.(2020-11-13)[2023-07-30].

（二）常态化直达机制的建设

与 2020 年相比较，常态化直达机制继续保持现行财政体制、资金管理权限和保障主体责任基本稳定，坚持"中央切块、省级细化、备案同意、快速直达"的流程不变。这也是直达机制的核心内容，确保资金"一竿子插到底"。同时，从直达范围、分配办法、工作机制和监控等方面进行优化和改进：[①]一是资金范围由新增资金调整为存量资金。2020 年直达资金主要包括抗疫特别国债和新增财政赤字安排的部分支出；常态化直达机制下，资金范围由原来的增量资金改为存量资金，总量增加 1.1 万亿元，主要涉及惠企利民资金，基本实现中央民生补助资金全覆盖。二是资金分配由全部安排至市县调整为兼顾省级统筹的需要。2020 年直达资金属于增量，强调向基层倾斜，省级政府要当好"过路财神"；2021 年以后各地可结合地方实际，省级确实需要的可以留用一部分，但尽可能多向基层倾斜。三是对省级细化时间作出调整，由一周延长到 30 天左右。常态化直达机制下，直达资金的下达按照正常预算流程，预留省级时间更充分，这有助于相关工作落实得更细。四是工作机制由以财政部门为主过渡到注重发挥各方作用，在原有部门基础上扩充了教育部、卫健委，形成了比较好的部门协调机制。五是监控系统由数据追踪扩展到全程管理。2020 年在短时间内建立了监控系统，重点放在数据跟踪方面；如今，监控系统增加了很多功能，并实施全程管理，各个部门对于数据信息共享也做得更好。

直达资金的分配过程就是地方将直达资金与地方预算统筹安排的过程，已经形成了有效衔接。在此基础上，为了提高资金分配的科学性、减少执行中调整，常态化直达机制进一步采取了以下措施：[②]一是适当延长地方分配的时间。财政部采取提前下达、指标预通知、加快资金下达速度等方式，为地方分配资金预留较为充裕的时间，提高项目分配的质量。二是加强资金分配和实际需要的对接。要求地方在分配资金时，按照资金管理办法，并结合当地实际情况，统筹安排分配资金，确保资金分配符合当地实际情况和工作需要。三是允许地方对分配结果作必要调整。由于客观情况发生变化，一些项目执行进度较缓或者不再需要使用，为提高资金使

---

① 财政部. 常态化财政资金直达机制国务院政策例行吹风会文字实录[EB/OL]. http: //www.mof. gov.cn/zhengwuxinxi/caizhengxinwen/202105/t20210521_3706545.htm.(2021-05-21)[2023-07-30].

② 财政部. 常态化财政资金直达机制国务院政策例行吹风会文字实录[EB/OL]. http: //www.mof. gov.cn/zhengwuxinxi/caizhengxinwen/202105/t20210521_3706545.htm.(2021-05-21)[2023-07-30].

用效益，更好发挥财政职能作用，允许地方按程序进行调整。四是加强直达资金与地方预算的衔接。一方面，按照预算法规定，中央直达资金要全部编入地方预算，在地方预算决算中全面反映；另一方面，地方在分配直达资金时，中央直达资金要与本地预算安排加强衔接，加大财政资金统筹力度，加强对重点支出的保障，确保基层"三保"等重点支出不留缺口。

（三）发展方向

保持直达机制与传统转移支付制度的连续性，明确直达资金与传统转移支付各自的覆盖范围，确保直达资金用于基层政府保民生、促发展，保障基层政府职能的正常履行，减轻财政体制改革造成的经济波动。

完善先进的信息系统是做好资金分配、传递支付信息、反映支出效果、加强监督管理的必要工具。从短期来看，需要做到预算指标流、信息流和资金流的统一，全面记录资金下达与使用信息并提高执行和绩效运行监控效率。从长期来看，需要结合当前正在地方不断向下延伸的预算管理一体化改革进程，研究将直达资金系统与逐步容纳财政核心业务的预算管理一体化系统进行有效结合的可行性与方案。[1]加强不同系统之间的衔接，充分利用直达资金监控系统、国库集中支付系统、社保资金发放系统等基础数据开展综合分析，动态掌握财政资金的分配和流向情况，进行专项资金逐级追踪、资金拨付时效统计、受益对象情况分析等。[2]

财政资金直达机制的绩效管理需要建立分层次绩效考核目标，构建全局绩效目标—区域绩效目标—项目绩效目标的框架。[3]具体地，中央政府根据财政直达资金的项目类别确立总体绩效目标，各省级政府基于总体目标并根据自身发展计划、实际情况等制定差异化且重点突出的区域性绩效目标，各市县政府根据具体拨付到的项目资金类别，结合项目特点设立项目绩效目标。在建立过程中，三个层级的绩效考核目标体系要在实现有机统一的前提下层层递进、具体细化。

---

① 马洪范，张恩权. 财政资金直达机制的优化路径与政策选择[J]. 地方财政研究，2021，205（11）：4-10.

② 审计署武汉特派办理论研究会课题组，夏循福，王小燕等. 预算执行审计创新与发展的若干问题研究[J]. 审计研究，2022，229（05）：11-18.

③ 孙玉栋，席毓. 常态化财政资金直达机制构建[J]. 中国特色社会主义研究，2022，164（02）：42-47+107.

5.3　政府采购制度建设

　　社会主义市场经济的蓬勃发展推动着预算制度朝向匹配社会主义市场经济体制的方向演进,继而掀起了波澜壮阔而又意义深远的预算改革实践。作为市场经济条件下加强财政支出管理的中心环节[①],政府采购制度建设是 20 世纪末期公共预算改革的重要内容,其主要目标就在于"规范政府采购行为,提高政府采购资金的使用效益"[②]。新时代下,随着财政成为国家治理的基础和重要支柱,政府采购制度建设作为财政治理的重要一环,不仅是建立现代财政制度的基本内容,更成为推进国家治理体系和治理能力现代化的内在要求。在此背景下,政府采购制度改革也渐呈方兴未艾之势。

5.3.1　政府采购制度的建设背景

　　1994 年的财税体制改革主要着眼于财政收入一翼,从收入方面理顺了国家与企业、中央与地方之间的分配关系,但支出一翼的改革并未同步跟进。随着社会主义市场经济不断发展,作为财政支出方面的预算管理改革日益引起关注[③]。以"公共财政体制"匹配"社会主义市场经济体制",成为这一阶段的改革主线[④]。在这其中,政府采购制度作为规范财政支出管理的重要抓手,也就成为预算制度改革的重点环节。

　　政府采购是相对于私人采购来说的,是指各级国家机关、事业单位和团体组织,使用财政性资金采购依法制定的集中采购目录以内的或者采购限额标准以上的货物、工程和服务的行为[⑤]。我国第一部有关政府采购的全国性部门规章是财政部于 1999 年发布的《政府采购管理暂行办法》。2002年,《中华人民共和国政府采购法》正式出台。尽管相比于发达经济体,我

---

　　① 刘尚希,杨铁山. 政府采购制度:市场经济条件下加强财政支出管理的中心环节[J]. 财政研究,1998（04）：30-34+29.

　　② 2003 年首次出台的《中华人民共和国政府采购法》第一条规定："为了规范政府采购行为,提高政府采购资金的使用效益……制定本法。" 2014 年修正后的《中华人民共和国政府采购法》依然将它放在第一条进行重点突出。

　　③ 王丙乾. 中国财政 60 年回顾与思考[M]. 北京：中国财政经济出版社,2010：675.

　　④ 马蔡琛,赵笛,苗珊. 共和国预算 70 年的探索与演进[J]. 财政研究,2019（07）：3-12.

　　⑤ 参见《中华人民共和国政府采购法》（2014 年修订）第二条规定。

国的政府采购制度建设起步较晚，但政府采购作为一项预算支出活动却是长期存在的。在计划经济时期，我国学习苏联经验，政府采购行为主要根据国家计划予以安排和控制。1992 年以后，伴随着社会主义市场经济体制的确立和市场经济的蓬勃发展，政府采购活动越来越活跃，1996 年的全国政府采购支出已超 10 亿元。在此背景下，由各预算单位通过计划手段进行的采购行为已然不适应社会主义市场经济的发展需求，急需以某种制度性安排的方式，对采购支出进行集中管理和进一步规范，在强化财政支出管理的同时，提升预算资金的使用绩效。尽管制度建设的现实需求相当紧迫，但政府采购制度的正式提出却是缘起于一次偶然的事件。

1995 年 3 月，上海市财政局、卫生局联合发布了《关于市级卫生医疗单位加强财政专项修购经费管理的若干规定》。根据规定，对已批准立项的项目，预计价格在 500 万元以上的采购项目，要实行公开招标采购；500万元以下的项目可实行非招标采购形式，用非招标询价采购形式的，供货方不能少于 3 家；100 万元以上的项目，政府也要参与立项、价款支付、验收使用、效益评估等管理过程[①]。这一事件曾轰动一时，上海市因此也成为最早将政府采购活动以文件形式进行规范的城市。

随着公共管理改革浪潮的推动，财政支出问责制不断加强，政府采购被赋予更多的责任，包括降低政府成本，强化政府采购总额控制以及提高预算支出绩效等。这些支出管理方面的现实需求都在政府采购制度的具体构建中发挥了重要作用。

5.3.2 政府采购制度的改革历程

以 2002 年 6 月《中华人民共和国政府采购法》的出台作为分界点，在此之前的政府采购制度改革大体上可分为探索试点与制度完善两个阶段。

---

① 根据这一文件，上海市第一次对财政拨款购置设备试行集中采购招标。在上海市胸科医院专项医疗设备采购中，由财政部门、购置单位和审议专家三方共同成立了招标小组。购置单位提供设备的规格型号、性能、价格、售后服务等方面要求；审议专家对申请单位的各项指标进行论证；财政部门负责根据事业发展的需要及现实的财力情况，对设备购置专项资金进行审定。此次招标共吸引了 5 家世界知名的医疗设备制造商前来竞标，最后西门子公司一举中标，按中标金额计算可节省外汇 5 万美元，节约率为 10.4%。同时，西门子公司还免费赠送了价值数万美元的光盘等配件，极大地提高了整机的装配效率。参见：吴倚伯，惠安. 政府采购招标的启动[J]. 上海财税，1998（07）：24-27.

而在此之后，就进入了政府采购制度的全面实施与推进完善阶段①。随着党的十八届三中全会提出"财政是国家治理的基础和重要支柱"这一重要论断，以"现代财政制度"匹配"国家治理体系和治理能力现代化"成为预算制度改革的总目标，政府采购制度也步入了纵深发展阶段。2014 年 8 月修正的《中华人民共和国政府采购法》以及 2015 年 3 月正式实施的《中华人民共和国政府采购法实施条例》，都是政府采购制度改革向纵深发展的显著体现。总体来说，我国政府采购管理制度的改革历程大致可以分为以下四个阶段：

（一）探索与试点阶段（1995 年—1999 年）

长期以来，由各预算单位通过计划手段进行的采购行为已经不适应建立社会主义市场经济的需求。从 1995 年开始，上海、深圳等省市和财政部相继开展了政府采购改革的试点。1998 年国务院赋予财政部"拟定和执行政府采购政策"职能，标志着政府采购制度改革正式开始。1999 年 4 月，财政部制定发布了有关政府采购的第一部部门规章，即《政府采购管理暂行办法》，明确政府采购试点的框架体系。此后，全国政府采购范围不断扩大，政府采购规模由 1998 年的 31 亿元迅速扩大到 1999 年的 130 亿元，一年时间增长了近百亿元。

在这一阶段，中央和地方主要作出了三方面的努力②。一是推进立法建设，财政部通过各种形式展开研究，决定将政府采购制度作为推动财政支出领域改革的重要内容之一，探索并初步草拟政府采购制度文件并提请国务院审批。二是促进职能匹配，国务院在 1998 年的机构改革中将"拟定和执行政府采购政策"的职能正式赋予财政部门，财政部据此在预算司下设立专门机构负责，为制度建设和工作顺利推进奠定组织基础。同时，地方政府也加快推进组织机构改革。三是推动中央和地方试点。财政部在国务院授权之下，积极推动部门和地方政府采购改革试点，其中，上海市、深圳市、河北省是较早试点的地区。1997 年，深圳市有关部门通过邀请招标和服务竞争的方式，选择了 2 家保险公司为政府公务车提供统一保险服务。随后，深圳市又先后两次以招标方式购买公务用车 80 部，共节约资金

---

① 项怀诚，楼继伟. 中国政府预算改革五年：1998-2003[M]. 北京：中国财政经济出版社，2003：125-129.

② 马蔡琛，赵早早. 新中国预算建设 70 年[M]. 北京：中国财政经济出版社，2020：179.

310万元①。河北省也通过招标竞价方式，对定点接待、统一购车、定点修车、定点加油和统一保险进行了试点②。试点阶段的工作，为建立我国政府采购制度的框架体系和机制提供了宝贵经验。

（二）全面推行与制度完善阶段（2000年—2002年）

从2000年开始，政府采购制度由试点转为全面推行，同时在政府采购规范化管理和制度完善等方面迈出了坚实的步伐：一是明确责任权力范围。2000年6月，财政部在国库司内设立了政府采购管理处，负责全国政府采购的管理事务，标志着政府采购工作正式从财政部的预算司转移至国库司，进一步明确了该处的权责。二是逐步建立政府采购预算管理制度。2001年正式编制政府采购预算，实施采购资金直接拨付方式，设置政府采购资金专户。三是进一步加强透明度建设。丰富了政府采购信息指定发布媒体，明确政府采购信息发布内容及程序，改进了政府采购统计体系③。

随着政府采购制度迈向全国试点推广，实践结果表明，政府采购制度是节约财政支出资金、提高公共服务绩效的一种有效手段。以河北省省直政府采购服务中心为例，2001年，该中心共组织政府采购263次，采购总金额达2.1亿元，节约资金2500多万元，资金节约率达12%，受到了130多个用户和600多家供应商的好评④。在得到了实践的检验之后，2002年6月，第九届全国人民代表大会常务委员会第二十八次会议通过了《中华人民共和国政府采购法》，标志着我国对于政府采购行为的规范纳入了法治的轨道，政府采购工作步入了新的发展时期。

（三）全面实施和完善阶段（2003年—2013年）

《中华人民共和国政府采购法》于2003年1月1日全面实施。随后，又相继出台了《政府采购货物和服务招标投标管理办法》等配套规章，进而建立了以政府采购法为统领的法律制度体系。各省市也在中央文件的基础上，陆续建立和完善本省市政府采购制度，并通过多种渠道向社会公开相关信息，包括年度性最新文件、政府集中采购目录及其采购限额标准、政府采购管理机构名单及联系方式等⑤。

---

① 晓名. 政府采购：阳光下的交易[J]. 人民论坛，1998（08）：32-34.

② 刘宏. 政府采购制何以呈燎原之势[J]. 四川党的建设（城市版），1998（09）：38.

③《财政部关于做好2012年全国政府采购信息统计工作的通知》（财库〔2012〕7号）。

④ 武卫政. 河北促政府采购"阳光作业"[N]. 人民日报，2002-03-11（002）.

⑤ 刘尚希，傅志华. 中国改革开放的财政逻辑（1978—2018）[M]. 北京：人民出版社，2018：357.

在《政府采购法》的实施过程中，也发现了一系列无预算采购、超预算采购等违法违规行为[①]。为保证将所有采购计划都纳入财政预算，避免使用计划外资金进行采购，政府采购预算的明细化工作不断增强。为保证"应采尽采"，2011 年增加了政府性基金采购预算表，在与部门预算相配合的同时推进政府采购纳入财政预算。针对采购执行中的超预算行为，仍需进一步增强政府采购预算对于采购活动的刚性约束。为此，财政部在《2012 年政府采购工作要点》中明确，"要加强政府采购计划管理，严格按政府采购预算、购置费预算标准和资产配置标准编制采购计划，严禁配备明显超出机关办公基本需求的高档、高配置产品"。[②]

（四）政府采购制度改革向纵深发展阶段（2014 年至今）

在实现社会主义现代化、建设社会主义现代化强国的进程中，政府采购作为财政治理的重要一环，不仅是健全现代预算制度的基本内容，更成为推进国家治理体系和治理能力现代化的内在要求。为此，2014 年 8 月修正的《中华人民共和国政府采购法》以及 2015 年 3 月实施的《中华人民共和国政府采购法实施条例》，对政府采购作出了进一步的法律规范。2018 年 11 月 14 日，中央全面深化改革委员会第五次会议审议并通过了《深化政府采购制度改革方案》，把强化政府采购政策功能作为当前及今后深化政府采购制度、加快形成现代政府采购制度的重要举措之一，政府采购转入了高质量发展轨道，相关制度改革进一步加快。

在规范性方面，为统一全国集中采购目录及标准，2019 年底，财政部印发了《中央预算单位政府集中采购目录及标准（2020 年版）》和《地方预算单位政府集中采购目录及标准指引（2020 年版）》，通过设置基础品目、分散采购限额和公开招标数额最低标准等，指导各地集中采购目录逐步趋同。在此基础上，稳步推进"互联网+政府采购"，大部分省份都已经建成覆盖全省范围的电子卖场，中央本级的电子卖场也已上线运行，采购效率进一步提升。[③]

在绩效管理方面，为加强政府采购需求管理，实现政府采购项目绩效目标，2021 年 4 月，财政部印发了《政府采购需求管理办法》（财库〔2021〕

---

①　新华社中央新闻采访中心. 2012 全国两会热词录[M]. 北京：人民出版社，2012：59.

②　《关于印发 2012 年政府采购工作要点的通知》（财办库〔2012〕5 号）。

③　本刊特约评论员. 不忘初心 砥砺前行 建立完善现代政府采购制度[J]. 中国政府采购，2021（06）：28-30.

22 号），强化采购人的需求管理责任，加快构建以采购需求为统领的政府采购制度。为了进一步提高政府采购项目绩效，针对多频次、小额度采购活动，《政府采购框架协议采购方式管理暂行办法》（中华人民共和国财政部令第 110 号）对协议供货、定点采购等小额零星采购活动作出明确规定。与此同时，《中华人民共和国政府采购法》的修订工作也在不断加快。2022年 7 月，《中华人民共和国政府采购法（修订草案征求意见稿）》再次向社会公开征求意见。政府采购法律制度体系的日益完善，有效保障了政府采购当事人的合法权益，切实规范了政府采购市场秩序。[①]

5.3.3 政府采购制度的实施成效

（一）政府采购的规模和比重稳健增长

自 2002 年《政府采购法》出台以来，我国政府采购范围的不断拓展，纳入政府采购范围的财政资金也不断增加。

就规模和占比而言，2011 年，我国政府采购规模首次突破 1 万亿元"大关"，政府采购支出占财政支出的比重也相应由 2002 年的不足 5%提升至10%以上，且在此之后长期稳定在 10%左右（参见图 5.5）。这一数字说明财政支出的十分之一已经纳入了政府采购。但在欧盟国家，政府采购规模一般占财政支出总规模的 30%左右。[②]随着经济社会的发展，我国政府采购工作仍然存在一定的努力空间。

就增速而言，在改革的前十年，全国政府采购的支出增速基本稳定在20%—40%区间之内。采购支出规模也由 2002 年的 1009 亿元增加到 2012年的 13977 亿元，十年之间增长近十倍[③]，足见增速之快。但在 2012 年之后，增速与前期相比有所放缓，但采购规模的增长态势仍然稳健（参见图5.6）。客观上说，政府采购的支出增速所呈现的"前低后高"趋势，主要是受改革初期采购规模小、增长空间大的影响，但其中也不乏其他因素的作用。

---

① 许宏才. 认真学习贯彻党的十九届四中全会精神 加快建立现代政府采购制度[J]. 中国政府采购, 2020（11）：7-12.

② 张通. 加快我国政府采购制度的建设步伐[J]. 预算管理与会计, 2000（12）：3-6.

③ 中国政府采购年鉴编委会. 中国政府采购年鉴（2013）[M]. 北京：中国财政经济出版社, 2014：32.

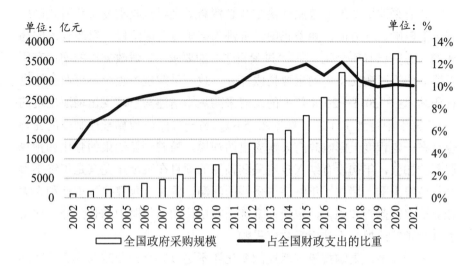

图 5.5　2002—2021 年政府采购支出规模变动和在财政支出中的占比变化

数据来源：《中国政府采购年鉴》（2003—2020），2020 年和 2021 年数据来源于中国政府采购信息网。①

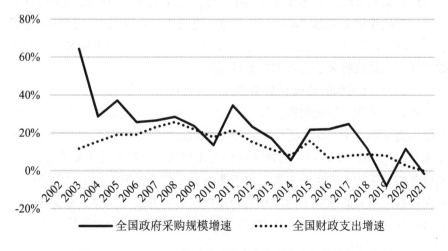

图 5.6　2002—2021 年政府采购支出和财政支出的增速变化

数据来源：政府采购规模增速由采购支出数据计算得到，财政支出增速来自国家统计局发布。

---

① 年鉴中的数据记录的是前一年的情况。

政府采购资金的财政属性决定其必然会受到财政收支变化和财政制度变革的影响。一方面，随着我国经济进入高质量发展阶段，财政收入的高速增长态势已有所变化，在"过紧日子"的要求下，财政支出的增速有所下降。作为财政支出中的重要构成部分，政府采购规模也会不可避免地进行压缩。这在 2011—2014 年度的政府采购规模增速与财政支出增速出现的"双连降"中得到了印证（参见图 5.6）。另一方面，预算管理制度的完善也会在一定程度上影响政府采购支出的规模。随着预算约束的强化和预算监督的加强，年初没有纳入政府采购预算的项目在下半年尤其是年终不得进行政府采购，堵住了年终突击采购的漏洞。同时，预算执行审计和人大预算监督的落实和强化，也使许多部门或单位的当年财力增长部分（通常表现为预算追加）无法用于政府采购。

进一步地，采购规模和增速的变化还不足以完全判断政府预算采购制度的建设和改革成效。节约财政资金是《政府采购法》的立法宗旨之一，因此，还需要将当年的实际采购金额与年初确定的采购预算相比较，计算出资金节约率，进而分析政府采购的执行情况。政府采购法颁布实施以来，全国政府采购节约率大多保持在 10%以上[①]，中央机关政府集中采购资金的平均节约率更是高达 14.4%[②]。从这个意义上讲，通过节约预算资金落实"过紧日子"要求，进而为政府保障"三保"支出释放出更多可用的财政空间，也是政府采购改革的重要成果之一。

（二）政府采购的结构和组织形式持续优化

就政府采购的结构而言，政府采购主要分为货物类采购、工程类采购和服务类采购三个类别。近年来，服务采购规模在总采购支出中的比重持续攀升，在 2017 年，服务类采购规模占比首次超过货物类（参见图 5.7）。从服务类采购的内部构成来看，促进服务类采购需求增加的主要动能已经由保障自身需要的服务不断向社会公众提供的服务快速拓展，逐步涵盖一些公益性强、关系民生的支出项目，进而带来采购规模的大幅增长[③]。

---

① 观察者网. 2013 年政府采购再省 1887 亿 继续保持 10%以上节约率[EB/OL]. https://www.guancha.cn/economy/2014_07_16_247137.shtml.(2014-07-16)[2023-06-17].

② 新华社. 中央国家机关政府集中采购资金平均节约率达 14.4%[EB/OL]. https://baijiahao.baidu.com/s?id=1589296526808898743&wfr=spider&for=pc.(2018-01-11)[2023-06-17].

③ 财政部. 2017 年全国政府采购简要情况[EB/OL]. https://www.gov.cn/xinwen/2018/10/02/content_5327403.htm.(2018-10-02)[2023-06-17].

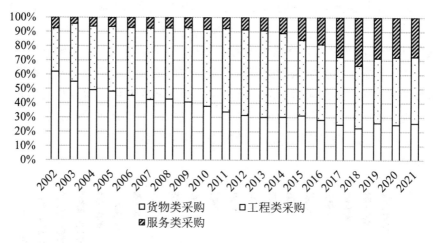

图 5.7　政府采购的结构变化

数据来源：《中国政府采购年鉴》（2003—2020），2020 年和 2021 年数据来源于中国政府采购信息网。

服务类采购规模的增长源于多重合力。首先，随着社会经济的发展，人民对公共服务的需求不断加大，财政支出中用于服务支出方面的比重不断增长，政府采购中服务采购支出的增加也成为一种必然。其次，各地政府也在积极探索和努力扩展服务领域。如上海市集中采购目录中的服务类项目已覆盖社区服务、公益服务、城市维护服务等 22 类[①]，云南省对义务教育校方责任险和森林火险进行了政府采购，并将信息网络、后勤服务、教育培训等政府购买服务项目纳入政府采购范围[②]。此外，随着政府简政放权、事业单位改制、诚信体系以及监督机制的完善、社会力量的发展和壮大，也为服务类政府采购的规模上升提供了支撑[③]。

就组织形式而言，政府采购可分为集中采购和分散采购两种形式。其中，集中采购可由政府集中采购中心进行采购（即集采机构采购），或是由部门集中采购代理单位进行采购（即部门集中采购）。集中采购因具有一定的规模优势和价格优势，节资效果明显，因此在改革初期成为政府采购活

---

①　中国政府采购新闻网. 上海新目录增 4 项服务采购品目[EB/OL]. http://www.cgpnews.cn/articles/5535. (2014-02-21)[2023-06-17].

②　中国政府采购新闻网. 云南政采为校方责任险护航[EB/OL]. http://www.cgpnews.cn/articles/7055. (2014-02-21)[2023-06-17].

③　章辉. 扩大服务类政府采购路径分析[J]. 财政研究，2013，362（04）：51-54.

动的首选。然而随着改革的纵深推进，发现集中采购在采购效率、采购自主权等方面存在一些不利因素。[①]为此，近年来中央和地方政府深入落实"放管服"的改革要求，清理和优化集中采购目录，减少集中采购项目，从而扩大了预算单位分散采购的范围和采购的自主权。从趋势来看，集中采购金额在政府采购总金额中的占比呈现先升后降的态势，而分散采购的占比呈现先降后升的态势（参见图 5.8）。在 2020 年，分散采购的规模首次超过集中采购，能够在一定程度上改变集中采购的主导地位。

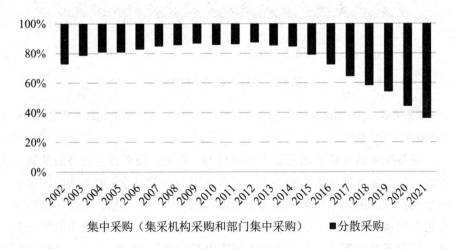

集中采购（集采机构采购和部门集中采购）　■分散采购

图 5.8　政府采购组织形式的变化

数据来源：《中国政府采购年鉴》（2003—2020），2020 年和 2021 年数据来源于中国政府采购信息网。

（三）政府采购的政策功能日益凸显

赋予政府采购相应的政策功能是国际上的通行做法，也是政府采购作为宏观调控政策手段的应有之义[②]。经过不断改革完善，我国政府采购政策功能在支持绿色发展、促进中小企业发展、推动乡村振兴等各个方面逐步发力（参见表 5.1）。

---

① 昝妍. 政采数据透露出什么[N]. 中国政府采购报，2019-09-10（004）.
② 马海涛，姜爱华，郝晓婧. 强化政府采购政策功能 构建现代政府采购制度[J]. 中国财政，2019，786（13）：34-37.

表 5.1　相关文件对政府采购的政策功能发挥所作要求（部分）

政策功能	文件名称	颁布机构	对政府购买作出的要求
支持绿色发展	《中华人民共和国节约能源法（2018 年修订）》	第十届全国人民代表大会常务委员会第三十次会议	政府采购中优先考虑节能环保的产品与设备，推动对绿色建材的使用
	《政府采购支持绿色建材促进建筑品质提升试点工作通知》	国务院	
促进中小企业发展	《深入开展公共机构绿色低碳引领行动促进碳达峰实施方案》	国家机关事务管理局、国家发改委、财政部、生态环境部	建立绿色建筑和绿色建材政府采购需求标准，带动建材和建筑行业绿色低碳发展
	《关于组织申报政府采购支持绿色建材促进建筑品质提升试点城市的通知》	财政部、住房和城乡建设部、工业和信息化部、市场监管总局	
	《关于印发〈政府采购促进中小企业发展管理办法〉的通知》	财政部、工业和信息化部	400 万元以下的工程采购项目，适宜由中小企业提供的，采购人应当专门面向中小企业采购。超过 400 万元的工程采购项目中适宜由中小企业提供的，预留该部分采购项目预算总额的 30%以上专门面向中小企业采购，其中预留给小微企业的比例不低于 60%
	《关于进一步加大政府采购支持中小企业力度的通知》	财政部	超过 400 万元的工程采购项目中适宜由中小企业提供的，2022 年下半年面向中小企业的预留份额由 30%以上阶段性提高至 40%以上

续表

政策功能	文件名称	颁布机构	对政府购买作出的要求
推动乡村振兴	《关于运用政府采购政策支持脱贫攻坚的通知》	财政部	鼓励采用优先采购、预留采购份额方式采购贫困地区农副产品
	《关于深入开展政府采购脱贫地区农副产品工作推进乡村产业振兴的实施意见》	财政部、农业农村部、国家乡村振兴局、中华全国供销合作总社	
	《关于进一步做好政府采购脱贫地区农副产品有关工作的通知》	财政部	

　　上述文件的出台对于政府采购政策功能的发挥起到了积极作用。2021年，在支持绿色发展方面，全国强制和优先采购节能、节水产品 612.1 亿元，占同类产品采购规模的 86.9%，优先采购环保产品 899.8 亿元，占同类产品采购的 85.2%。在支持中小企业发展方面，政府采购授予中小微企业合同金额为 25797.22 亿元，占总规模的 70.9%。此外，各级预算单位积极响应和落实脱贫攻坚政策，累计通过脱贫地区农副产品网络销售平台采购脱贫地区农副产品 95 亿元，在带动贫困农户增收脱贫、解决农产品滞销等方面取得了良好的社会效益[①]。

　　我国政府采购制度建立以来，从采购规模和比重、采购结构和组织形式、采购政策功能发挥等方面来看，取得了较为显著的成效。与此同时，我们必须认识到政府采购制度仍需进一步调整和完善，尤其在全面推进中国式现代化的伟大征程中，现代政府采购制度已然成为现代财政制度的重要组成部分，未来，政府采购制度也需要向着现代化的最终目标砥砺奋进。

---

　　① 财政部.2021 年全国政府采购简要情况[EB/OL]. http: //gks.mof.gov.cn/tongjishuju/202306/t20230629_3893429.htm. (2023-06-29) [2023-09-28].

5.4 预算绩效管理

全面实施预算绩效管理可谓是近年来最重头的预算改革举措之一。早在 2003 年，党的十六届三中全会就提出"建立预算绩效评价体系"，由此拉开了预算绩效管理改革的序幕。随后，财政部发布了《关于推进预算绩效管理的指导意见》《预算绩效管理工作规划（2012—2015 年）》等文件，并设立了政府绩效管理工作部际联席会议，不断明确预算绩效管理的目标和任务，为全面实施预算绩效管理奠定了基础。[①]当前，预算绩效管理改革已然进入了高速发展的新时代。

5.4.1 预算绩效管理改革的发展与演进

在《中华人民共和国预算法》（2014 年修正）及《中华人民共和国预算法实施条例》（2020 年修订）、《国务院关于深化预算管理制度改革的决定》《中共中央　国务院关于全面实施预算绩效管理的意见》、党的十九大关于全面实施绩效管理等一系列决策的部署和指导下，预算管理改革成果斐然。

在党中央一系列方针的指导下，我国的预算法制化和预算约束刚性化不断提速。自 2015 年开始实施《中华人民共和国预算法》（2014 年修正）以来，《中华人民共和国预算法实施条例》征求意见稿历经五年修改，于 2020 年 10 月正式实施，共同构成了中国预算的顶层法律约束，在中国预算法治领域实现了跨越式发展。

《中华人民共和国预算法》（2014 年修正）及《中华人民共和国预算法实施条例》（2020 年修订）从预算的编制周期、收支范围、编制内容、管理职责、执行要求等方面细化规范预算管理，强化预算的完整性，扎实提升预算治理能力，回应了建立现代预算管理制度、全面实施预算绩效管理的现实需要。预算由单纯的资源分配工具，转变为约束和管理政府活动的工具。早先的 1994 年预算法颁行于计划经济向市场经济转轨时期，具有较强的管理和调控色彩。[②]为了适应推进国家治理体系和治理能力现代化的现实需要，建立起符合"全面规范、公开透明"要求的预算管理机制，《中

---

① 马蔡琛，赵笛，苗珊. 共和国预算 70 年的探索与演进[J]. 财政研究，2019（7）：3-12.
② 刘剑文. 由管到治：新《预算法》的理念跃迁与制度革新[J]. 法商研究，2015（01）：3-8.

华人民共和国预算法》（2014 年修正）及《中华人民共和国预算法实施条例》（2020 年修订）互为表里，共同构筑起预算管理的顶层设计体系，体现了预算监督从合规控制到预算法治的重要转变，作为"上位法"为预算绩效管理提供了法理基础。

2018 年 9 月颁布的《中共中央　国务院关于全面实施预算绩效管理的意见》明确要求，"力争用 3—5 年时间基本建成全方位、全过程、全覆盖的预算绩效管理体系"，标志着我国预算绩效管理迈入新时代。同年 11 月，财政部发布了《关于贯彻落实〈中共中央　国务院关于全面实施预算绩效管理的意见〉的通知》，强调在预算编制环节突出绩效导向，在预算执行环节加强绩效监控，在决算环节全面开展绩效评价，强化绩效评价结果刚性约束，推动预算绩效管理扩围升级。①总体来看，这些制度规定在关注财政资金使用效益的同时，着眼健全长效机制，明确了全方位、全过程、全覆盖的预算绩效管理改革方向，这标志着预算绩效管理从探索试点步入全面推进阶段。

在制度规范方面，"十三五"期间，财政部先后印发了《中央部门预算绩效目标管理办法》《地方财政预算执行支出进度考核办法》《中央国有资本经营预算管理暂行办法》《中央部门预算绩效运行监控管理暂行办法》《中央企业国有资本经营预算支出执行监督管理暂行办法》《项目支出绩效评价管理办法》《政府和社会资本合作（PPP）项目绩效管理操作指引》等多项制度规范，进一步将预算绩效管理改革落到实处。

2021 年《国务院关于进一步深化预算管理制度改革的意见》的出台，针对当前和今后一个时期财政处于紧平衡状态，收支矛盾较为突出的形势，提出了进一步深化预算管理改革的要求，为预算绩效管理改革明确了目标导向和关联任务。②在评价主体方面，2021 年财政部印发《关于委托第三方机构参与预算绩效管理的指导意见》和《第三方机构预算绩效评价业务监督管理暂行办法》，有助于规范第三方评价机构，推进预算绩效管理改革进程。③④ 2022 年财政部颁布了《财政部关于印发〈商业保险公司绩效评

---

① 财政部. 关于贯彻落实《中共中央　国务院关于全面实施预算绩效管理的意见》的通知（财预〔2018〕167 号）〔Z〕. 2018-11-08.

② 国务院. 国务院关于进一步深化预算管理制度改革的意见（国发〔2021〕5 号）〔Z〕. 2021-03-07.

③ 财政部. 关于委托第三方机构参与预算绩效管理的指导意见（财预〔2021〕6 号）〔Z〕. 2021-01-08.

④ 财政部. 财政部关于印发《第三方机构预算绩效评价业务监督管理暂行办法》的通知（财监〔2021〕4 号）〔Z〕. 2021-04-29.

价办法〉的通知》，评价主体呈现多元化特征。[①]为进一步强化预算约束和绩效管理，在未来的一段时期，"全面预算绩效管理"依然将延续当前的强劲发展态势，必将在我国预算绩效管理改革的宏大画卷中留下浓墨重彩的一笔。

5.4.2　预算绩效管理改革的现状分析与未来挑战

（一）预算绩效管理改革的现状分析

自 2003 年以来，我国预算绩效仅有二十年的历史，无论是从改革的整体设计、目标、方式、力度，还是成效都取得了长足的发展，体现出典型的"中国特色"和"中国速度"。[②]近年来，在需求收缩、供给冲击和预期转弱"三重压力"下，对预算绩效管理改革进行现状分析，剖析其面临的未来挑战，具有一定的必要性和紧迫性。

1. 建立全过程预算绩效管理模式

自 2011 年财政部印发《关于推进预算绩效管理的指导意见》中明确"预算编制有目标、预算执行有监控、预算完成有评价、评价结果有反馈应用"的全过程预算绩效管理理念以来，部分地区开启了全过程预算绩效管理试点。2018 年提出"预算和绩效管理一体化"的改革要求，将绩效融入预算编制、执行和监督的全过程，从而形成事前—事中—事后的全过程一体化运行机制。例如，山西省阳泉市依托预算管理一体化系统实现了绩效目标全过程，将事前绩效评估与预算评审有效结合，2021 年对部分工程项目围绕目标和合理性、投入经济性开展重点项目事前评价，核减项目资金 4000多万元。[③]自 2019 年以来，上海市财政局印发了《关于印发〈上海市市级财政政策预算绩效管理办法（试行）〉的通知》[④]《关于印发〈上海市市级预算部门（单位）整体支出绩效管理办法（试行）〉的通知》[⑤]《关于印发

① 财政部. 财政部关于印发《商业保险公司绩效评价办法》的通知（财金〔2022〕72 号）[Z].2022-10-27.

② 何文盛, 包睿男. 后疫情时代地方政府深化预算绩效管理改革的目标、特征与对策[J]. 上海行政学院学报, 2020, 21（06）: 22-31.

③ 财政部. 山西阳泉财政突出"五个坚持"构建全方位全过程全覆盖预算绩效管理体系[EB/OL]. http://www.mof.gov.cn/zhengwuxinxi/xinwenlianbo/shanxicaizhengxinxilianbo/202203/t20220309_3793723. htm.(2022-03-09)[2023-03-30].

④ 上海市财政局. 关于印发《上海市市级财政政策预算绩效管理办法（试行）》的通知（沪财绩〔2019〕20 号）[Z].2019-07-05.

⑤ 上海市财政局. 关于印发《上海市市级预算部门（单位）整体支出绩效管理办法（试行）》的通知（沪财绩〔2019〕19 号）[Z].2019-07-05.

〈上海市财政项目支出预算绩效管理办法（试行）〉的通知》，①对相应组织事前绩效评估、绩效目标、绩效跟踪、绩效评价及结果应用等活动作出具体规定，并出台了相应评价维度等级标准和评价报告模板，推进了全过程预算绩效管理改革进程。

2. 绩效评价范围进一步扩大

目前，预算绩效评价范围从最为基础的一般公共预算中的项目绩效扩展至部门整体绩效、财政政策绩效等方面。同时，政府投资基金、政府购买服务、政府和社会资本合作等重点领域的绩效管理逐步启动，部分地区也开始启动政府性基金预算、国有资本经营预算绩效评价的试点工作，绩效评价范围进一步扩大。例如，上海市财政局于 2020 年发布了《关于印发〈上海市政府性基金预算绩效管理办法（试行）〉的通知》。②2022 年 6 月，财政部等四部门印发《财政部　人力资源和社会保障部　税务总局　国家医保局关于印发〈社会保险基金预算绩效管理办法〉的通知》（财社〔2022〕65号），③迈出了实现预算绩效管理"全覆盖"的关键一步。

3. 第三方机构评价制度不断规范

第三方评价机构具有独立性、专业性、问责性和民主性特征，能够有效避免自评过程中的"虚假"评分现象。④近年来，以会计师事务所、科研院所、高等院校、资产评估公司等为代表的第三方评价机构在参与预算绩效评价的深度和广度上均得到了迅速扩张。2021 年财政部连续发布了《关于委托第三方机构参与预算绩效管理的指导意见》⑤《第三方机构预算绩效评价业务监督管理暂行办法》，⑥对第三方机构参与绩效评价的业务范

---

① 上海市财政局. 关于印发《上海市财政项目支出预算绩效管理办法（试行）》的通知（沪财绩〔2020〕6 号）[Z]. 2020-03-07.

② 上海市财政局. 关于印发《上海市政府性基金预算绩效管理办法（试行）》的通知（沪财绩〔2020〕10 号）[Z]. 2020-06-10.

③ 财政部　人力资源和社会保障部　税务总局　国家医保局. 关于印发《社会保险基金预算绩效管理办法》的通知（财社〔2022〕65 号）[Z]. 2022-05-27.

④ 例如，广东省 2015 年在对农村危房改造补助资金的使用过程中，两个省级主管部门的评分分别为 95.0 分和 95.9 分，29 个地方自评分均值为 98.2 分，但经过第三方机构评估，最后总得分仅为 71.9分. 资料来源：骆骁骅. 财政支出绩效第三方评估，省人大常委会首吃"螃蟹"[EB/OL]. http://static.nfapp.southcn.com/content/201801/19/c920482.html?from=groupmessage&isappinstalled=0.(2018-01-19)[2020-12-25].

⑤ 财政部. 关于委托第三方机构参与预算绩效管理的指导意见（财预〔2021〕6 号）[Z]. 2021-01-08.

⑥ 财政部. 财政部关于印发《第三方机构预算绩效评价业务监督管理暂行办法》的通知（财监〔2021〕4 号）[Z]. 2021-04-29.

围、排除事项、质量监管、法律责任等内容作出了相关规定。随后，上海、江苏、山东等地纷纷出台了第三方评价机构的具体管理办法和实施方案。2021 年 6 月，财政部搭建的"预算绩效评价第三方信用管理平台"线上运行，进一步促进了第三方机构的有序、规范发展。

4. 预算绩效评价信息化、透明化

预算绩效管理改革进程伴随着数字经济的发展以及财政大数据的不断应用。一方面，大数据的使用有利于各层面的预算绩效数据有序流动，将绩效目标纳入预算绩效评价指标库，让绩效评价有据可依，进一步深化预算绩效目标管理；另一方面，数字化技术驱动绩效运行监控，有助于分析、识别各级或各部门财政资金运行情况，发挥监控"纠偏"作用，构建全方位动态监控管理体系。例如，山西省朔州市财政局发布《市级部门预算绩效运行监控管理办法》，明确运用山西省预算管理一体化系统完成绩效监督工作。从央地实践来看，当前中央及地方预决算公开统一平台陆续建成，以预算和绩效信息公开为抓手，推进评价结果应用，推动建立全过程绩效管控链条。至 2021 年，全国地方数据开放平台为 193 个，是 2017 年的 9.65 倍。

5. 预算绩效指标体系逐步完善

2013 年财政部制定了《预算绩效评价共性指标体系框架》，将原来的仅针对项目支出的绩效指标体系扩展为项目支出、部门整体支出、财政预算绩效评价的三大指标框架。具体内容为，一是将定性指标转化为定量表述；二是将一级指标以"投入—过程—产出—效果"的逻辑模型加以呈现，实现了预算绩效评价共性指标构建中的重大进步。随后，湖南、黑龙江等省份相继出台了绩效管理文件，因地制宜地设定自身评价指标体系，共性指标框架得到了进一步的推广和改进。部分地区亦开展了一系列关于预算绩效个性指标的设计探索，形成了多类型、分领域的预算指标框架体系（马蔡琛和陈蕾宇，2019）[①]。其中，广东省构建了预算绩效指标库，并将评分标准、指标取值、关键词等信息纳入其中，有效增强了指标的科学性和合理性。总体而言，我国预算绩效指标体系逐步完善，呈现出指标覆盖范围扩展、指标体系级次清晰且因地制宜等特征，在引导预算绩效管理方面发挥了重要作用。

---

① 马蔡琛，陈蕾宇. 论预算绩效指标框架的构建——基于内外部评价主体视角[J]. 云南社会科学，2019（01）：107-113.

（二）预算绩效管理改革的未来挑战

1. 预算绩效管理长效机制亟须建立：中期规划视野下的预算绩效管理

长期以来的传统预算年度平衡决策过程，大大受限于预算年度和赤字规模的限定。考虑到财政政策本身具有中长期持续性，实施政策的绩效结果也往往难以在年度预算中完全体现。因而从理论上说，将绩效评价的时间维度由"年度"拓展至"中期"，建立起3—5年的中期尺度预算绩效管理机制，将是更优的选择。

预算的编制与执行过程一般是在年度范畴内进行，目前施行的中期财政规划是三年滚动编制，国民经济与社会发展规划则是以五年为期，二者之间需要进一步加强周期协调。"十四五"时期正处改革攻坚期，经济形势预测难度较高，这也对预算资金绩效跟踪监控和及时调整预算执行偏差提出了更高的要求。

2. 预算绩效评价体系亟待完善：基于第三方评价责任困境的考察

在全面实施预算绩效管理的背景下，第三方评价作为传统绩效评价手段的重要补充，拥有重大的发展机遇和巨大的发展潜力。第三方评价的这种责任关系，实质上属于委托—代理关系。从理论上看，政府部门属于委托方，而第三方机构属于代理方。第三方评价活动是通过评价合同的形式向委托方负责的，因而也是以满足委托方的诉求作为其评价活动之目标的。但从绩效改进的角度考虑，被评价方可能会因为希望获得较好的评价结果而提供虚假的产出信息，或逃避绩效责任而将违约责任推脱给代理方。代理方也可能为了满足被评价方的绩效改进目标，提供失实的绩效评价结果。这就需要通过建立和完善外部监督机制，紧抓违法成本这个"牛鼻子"，从法律法规的顶层设计上来防范。

3. 预算绩效结果运用亟须增强：旨在提升预算绩效管理质效

遵循"以人民为中心"的初心和使命，为了使预算方案更能够反映公民的呼声和需要，多措并举深化预算问责，成为新时代预算绩效管理改革的重要特点。完善的问责与激励机制，加强预算绩效结果运用是保障预算资金使用效率的重要支撑。绩效管理并不单单是为了实现资金使用的合规性、安全性等浅层目标，更要建立起能够通过绩效管理闭环实现绩效结果有效运用的正向激励。

但绩效激励机制的设计是一个相当复杂的命题。一方面，只有将绩效结果与激励机制挂钩，以绩效结果作为预算分配的重要依据，才能够在动态周期环境中，将绩效提升的目标真正嵌入预算管理流程。另一方面，如果预算部门完全以绩效结果和资金结余情况来判定业务部门的工作成效，并据此分配下一年度预算，在多期动态环境下，可能会出现阻滞资金效率提升的"棘轮效应"。因为通过提高绩效节约的资金，反倒会推升下一期的绩效预期，造成下期预算资金增量的削减。类似地，过度追求绩效目标的短期效果，也可能引发负向激励风险。如何应对这种激励机制中的两难抉择，建立预算绩效管理良性闭环，仍需要进一步地探索与创新。

5.5 政府综合财务报告

政府会计和财务报告的基本功能是核算和监督，一个恰当的财务报告制度，有利于提高政府财政的公众受托责任，确定政府如何取得财政资金、如何花费财政资金，对政府运行结果进行评价也成为可能。[①]自 20 世纪 80 年代以来，新公共管理运动的兴起推动各国开始借鉴私营部门经验，以提高政府问责制为目标，加强对政府产出、结果和效益的关注。我国权责发生制政府综合财务报告的试编和试点也已有十余年的历史，从 2010 年第一次试编，到如今编制办法多次修订，试点范围逐步拓展，权责发生制政府综合财务报告制度的建设已然颇有成就。2014 年《权责发生制政府综合财务报告制度改革方案》（以下简称《改革方案》）发布，要求以权责发生制政府会计核算为基础健全政府财务报告体系，编制政府部门财务报告和政府综合财务报告，反映部门整体和政府整体的财务状况。

建立权责发生制政府综合财务报告制度的主要任务包括四个方面，分别是政府会计核算体系、政府财务报告体系、政府财务报告审计和公开机制、健全政府财务报告分析应用体系。[②]目前的实践工作主要集中在建立健全政府会计准则体系与开展政府综合财务报告编制工作。

---

① 约翰·L 米克塞尔. 公共财政管理：分析与应用（第九版）[M]. 苟燕楠，马蔡琛，译，北京：中国人民大学出版社，2020：57.

② 财政部. 财政部有关负责人就推进权责发生制政府综合财务报告制度改革有关问题答记者问 [EB/OL]. http://www.mof.gov.cn/zhengwuxinxi/zhengcejiedu/2014jd/201412/t20141231_1174670.htm. (2014-12-31)[2023-10-05].

（一）建立健全政府会计核算体系

以往的行政事业单位日常会计核算以收付实现制为主，编制政府财务报告需要对有关核算数据按照权责发生制原则进行调整，因而需要基于原有会计制度，侧重对数据进行调整。2017 年，财政部印发《政府会计制度——行政事业单位会计科目和报表》，自 2019 年 1 月 1 日起施行。新的制度实行"双基础、双报告"的政府会计核算模式，要求行政事业单位采用"平行记账"，同步进行权责发生制财务会计核算和收付实现制预算会计核算，从制度层面解决了政府财务报告编制的核算基础问题。2022 年，财政部印发了《财政总预算会计制度改革试点方案》（财办库〔2022〕87 号），规定通过平行记账方式，融合运行预算会计和财务会计两套会计科目，回应了编制权责发生制政府综合财务报告的现实需要。

（二）开展政府综合财务报告编制

2015 年，财政部印发《政府财务报告编制办法（试行）》《政府部门财务报告编制操作指南（试行）》《政府综合财务报告编制操作指南（试行）》，规范改革试点期间的财务报告编制工作。2016 年确定原国土资源部、原国家林业局等 2 个中央部门和山西省、黑龙江省、上海市、浙江省、广东省、海南省和重庆市等 7 个地方作为首批试点单位，于 2017 年着手编制上一年度政府财务报告；并将试点范围扩大到 20 个中央部门和 20 个地方，并选择 4 个地方试点编制上下级合并的行政区政府综合财务报告。[①]2019 年，试点范围进一步扩大到 40 个中央部门和 36 个地方，并选择 12 个地方试点编制上下级合并的行政区政府综合财务报告。期间，结合政府财务报告编制试点情况，财政部分别在 2018 年 3 月（修订《政府部门财务报告编制操作指南（试行）》《政府综合财务报告编制操作指南（试行）》）和 2019 年 12 月（修订《政府财务报告编制办法（试行）》《政府部门财务报告编制操作指南（试行）》《政府综合财务报告编制操作指南（试行）》），对编制办法和操作指南进行修订。两次修订充分吸收试点过程中发现的问题，立足中国国情，借鉴国际经验，根据政府会计准则制度，调整财务报告编制方法，扩大财务报告编制范围，[②]我国权责发生制政府综合财务报告制度愈发完善。

---

① 中国新闻网. 中国推动政府综合财务报告制度改革[EB/OL]. https://m.gmw.cn/baijia/2020-01/03/1300854554.html.(2021-01-03)[2021-11-31].

② 财政部国库司. 一文读懂政府财务报告制度修订 [EB/OL]. https://k.sina.com.cn/article_5069478980_12e2a1c4401900r42l.html?from=finance.(2020-01-17)[2021-11-31].

5.6 零基预算

政府预算的种类按照预算编制的内容和技术方法分类，大致可以分为增量预算和零基预算。零基预算是不考虑过去的预算项目和收支水平，以零为基点编制的预算，具体指不受以往预算安排情况的影响，一切从实际需要出发，逐项审议预算年度内各项费用的内容及开支标准，结合财力状况，在综合平衡的基础上编制预算的一种预算编制方法。

5.6.1 零基预算的主要原理

零基预算以预算期（通常是一年）实际资金需要为基础，而不是简单地以上一个预算期的基数为主要依据编制预算，形象比喻一切从"零"开始，对申请的决策方案经过目标任务分析、替代方案考察、成本效益比较、优先性排序等过程，选择在财力约束下最契合战略和政策目标的决策方案，汇总形成预算。主要表现在以下几个方面：

（一）强调项目优先次序与战略目标，提高资金配置效率

传统增量预算主要根据上一年度的预算作简单的调整，有时也有排序，但并没有按照特定规则和技术对预算项目进行优先性甄别，而是基本保持既得利益格局。[1]而零基预算的核心概念，就在于采用优先性原则，根据项目的优先排序来确定预算安排[2]，从而实现了预算决策过程由传统的"自上而下"向"自下而上"的转变[3]。具体而言，通过不同项目的轻重缓急、成本效益比较，进行优先性甄选，保证重点和必需开支，去除不必要、不重要的开支，从而提高财政资金的配置效率。在零基预算制度下，预算过程不再只是单纯关注新增的支出项目或计划，而是就所有的预算资源需求，

---

① 一个典型的案例是，比利时政府在 20 世纪 20 年代曾经设立了一个"橡树项目"，政府每年安排一定数额的资金，以支持从国外引进橡树。由于每年安排预算都是以上年执行数为基础，因此"橡树项目"的资金每年都予以安排。直到 20 世纪 90 年代，人们突然发现，"橡树项目"早在几十年前就已经结束了。这表明，以上年执行结果作为制定下一年度生产、销售计划和编制预算的基础，长期如此，往复循环，不可避免地出现计划与实际相差甚远的情况。参见：中华人民共和国财政部预算司. 零基预算[M]. 北京：经济科学出版社，1997：1-2.

② Hammond T H. A Zero-based Look at Zero-base Budgeting: Why its Failures in State Government are Being Duplicated in Washington[M]. New Brunswick, NJ: Transaction Books, 1980: 6-8.

③ Willoughby K G. Budget Management Capacity of State Governments: Issues and Challenges[J]. Public Performance & Management Review, 2008, 31(03): 432-442.

不论是正在进行中的还是新增的，都要从其出发点开始审议（所谓"零基"）。由此，一些不必要或过时的预算活动，将有可能被终止，从而打破了以前年度预算资源配置格局的约束，将有限的预算资源配置到使用效率更高的项目中。实践中，零基预算关于决策单位的优先顺序的比较是相当有用的，为政府节省了大量经费。①

就项目优先次序的具体设定而言，零基预算并不是简单地看基数（即过去的工作）来确定优先顺序，而是结合政府部门的特定功能与战略目标来加以综合衡量的。②虽然不同政府使用的零基预算体系可能各具特色，但大部分都会将政府部门提供公共服务的战略目标和政策目的纳入分析。③行政管理人员往往会在零基预算的第一阶段准备"一揽子"决议，这些决策会使用不同数额的资金以实现特定的政府功能，从而体现为一些可以相互替代的选择。每个"一揽子"决议中都会包括融资水平及其增长幅度，对政府机构从事的活动进行描绘，说明政府机构的这一活动对其主要目标所造成的影响。④

（二）根据实际需求编制，提升预算精细化水平

传统增量预算保持既得利益的格局不变，以已有的基数作为确定预算的依据，往往伴随着粗放。在零基预算下，预算的资金是以实际需求为依据的，从零开始计算，不受过去基数影响，实际需求则通过可量化的客观指标来衡量。对于不同的资金水平需求，除了要提供服务所需的投入（货币资金、人员编制等）的详细信息外，还要通过一系列衡量标准反映预算项目对服务质量和数量等的影响。例如，街道维修部门在申报预算时，要通过路面质量指数等技术经济指标来衡量可维护的车道里程、平滑度变化等。⑤零基预算编制以获得精准全面的信息为基础，提升了预算编制的精细化水平，避免因缺乏具体信息和数据而导致的经费虚增。

① Sherlekar V S, Dean B V. An Evaluation of the Initial Year of Zero-base Budgeting in the Federal Government[J]. Management Science, 1980, 26(08): 750-772.

② Thomas P Lauth, Stephen C Rieck. Modifications in Georgia Zero-base Budgeting Procedures: 1973-1981[J]. Midwest Review of Public Administration, 1979, 13(04): 225-238.

③ 米克塞尔·J L. 公共财政管理：分析与应用[M]. 苟燕楠，马蔡琛，译. 9 版. 北京：中国人民大学出版社，2020：221.

④ 米克塞尔·J L. 公共财政管理：分析与应用[M]. 苟燕楠，马蔡琛，译. 9 版. 北京：中国人民大学出版社，2020：222.

⑤ 杨斌. 论借鉴零基预算理念应遵循的原则及其路径和方法[J]. 财政研究，2021（3）：17-27.

（三）增强成本意识，强化预算控制

传统基数预算主要以以往预算的实行结果作为依据，对于本年度项目成本的关注稍显不足。零基预算正是由此入手，通过对所有项目进行成本效益分析，作为项目排序的重要依据，以实现战略目标和政策目的所产生的效益为着眼点，确定哪些项目要拨款，哪些项目要削减甚至取消。这就改变了传统的增量调整模式较少考虑成本效益匹配的做法，使得预算的削减更加合理。譬如，针对建筑行业的研究表明，零基预算框架相比传统预算方式，能够节省 0.81% 的项目总预算和 4.74% 的重点项目成本。[①]

同时，零基预算还将服务级别、服务程度，与相应的开支水平（即成本付出）进行细致比对匹配，确定项目的拨款水平。这就改变了预算削减过程中同比例压缩的"一刀切"做法，具有更客观和重视事实的特点。2008年的金融危机引致全球财政紧缩，英国、法国、瑞典、波兰等经济合作与发展组织（OECD）成员国均认同并采纳了零基预算在预算削减过程中的核心策略，开始强调对基准支出实行系统和深入的审查制度。[②]零基预算依托严格的定期审查进行资金分配的特点，打破了传统增量预算体系的僵化格局，[③]能够最大程度地避免政府部门产生浪费性支出，有助于解决财政困境。[④]

5.6.2　零基预算在我国的早期实践

长期以来，各级财政部门编制年度预算，大部分采用增量预算方法，即在编制新年度支出预算时，以上年度支出的基数为基础，考虑影响新年度各项支出的因素来对其进行增或减，从而确定新年度的支出预算。1992年 10 月，党的十四大提出，经济体制改革的目标是建立社会主义市场经济体制。当时，财政收入占国内生产总值比重下降，而财政支出呈不减反增

---

① Gokhan Kazar, Ugur Mutlu, Onur Behzat Tokdemir. Development of Zero-based Budgeting Approach for Multinational Construction Contractors[R]. Engineering, Construction and Architectural Management, 2022: 1-16.

② 李成威，杜崇珊. 零基预算：从方法到理念演进的要件分析[J]. 中央财经大学学报，2020（10）：3-9.

③ Randall B Hayes, William R Cron. Changes in Task Uncertainty Induced by Zero Base Budgeting: Using the Thompson and Hirst Models to Predict Dysfunctional Behaviour[J]. Abacus, 1988, 24(02): 145-161.

④ Mukdad Ibrahim. Designing Zero-based Budgeting for Public Organizations[J]. Problems and Perspectives in Management, 2019, 17(02): 323-333.

趋势，这导致中央和地方财政都处在较为拮据的境地。[①]财政收支矛盾催生了预算分配方法的改革，为了打破旧有的预算分配格局，也是为了适应社会主义市场经济的需要，湖北、安徽、河南、云南等省级政府陆续宣布进行零基预算试点，在省本级推行零基预算改革。

总体来看，20世纪90年代的零基预算改革初步取得了探索性成效。就改革的主要方法而言，主要是通过严格控制人员编制来核定人员经费预算，通过历史经验数据来确定各项公用经费定额，以此来控制人员经费和实行定额管理。就改革的初步成效而言，实行零基预算一定程度上突破了传统"基数法"编制预算存在的信息不对称、缺乏科学性以及透明度不高的弊端，是一次重大的制度创新。零基预算所包含的创新思维，如优先性排序、精细化编制、成本控制意识等理念和方法，对于提升预算编制质量和财政资金使用效率都具有重要的现实意义。

5.6.3　21世纪的新一轮零基预算改革实践

自2010年起，为优化财政资源配置，充分提高财政保障能力和财政资金使用效益，广东、江西、天津、陕西等地重新探索试行零基预算。

与20世纪90年代的背景不同，这一轮零基预算改革的开展，有着多年渐趋完善的分税制财政体制做基础，同时伴随着预算绩效管理改革以及新预算法的颁布实施。2014年修订通过的预算法在完善政府预算体系、提高预算透明度、扩大地方政府的自主权等方面实现了重大突破，这为零基预算的完善提供了有利的制度条件和政策支持。为此，在新的背景下探索一套适合我国国情的零基预算编制措施是非常有必要的。

（一）广东省实施零基预算的主要做法

2015年，广东省率先开展改革试点。按照《广东省省级财政零基预算改革方案》，广东省立足构建科学合理、公开透明、绩效优先、约束有力的公共财政预算编制体系，探索试行零基预算改革。2016年，广东省财政厅印发《2016年省级财政零基预算改革试点工作实施细则》，进一步扩大试点范围，稳步推进零基预算改革。综合来看，广东省零基预算改革主要体现在以下几个方面：

首先，以零基预算改革为契机，统筹安排省级预算资金。为加大专项

---

① 中华人民共和国财政部预算司. 零基预算[M]. 北京：经济科学出版社，1997：161.

资金的统筹力度，广东省财政厅按照"一个部门一个专项"的原则，清理整合专项资金，将专项资金从 2013 年的 670 项减少到 2017 年的 51 项。①

其次，明确绩效目标，完善项目库管理。广东省全面实行绩效目标申报审核制度，按照省财政项目支出绩效目标管理的有关要求，2016 年零基预算全部支出项目必须申报绩效目标，并通过绩效目标审批后才能纳入项目库管理。②

最后，完善定额标准。广东省实行零基预算的重要内容之一，就是修订完善包括事业单位在内财政供养人员定员定额标准，明确定额项目、标准依据、计算方法、基本程序等。③

（二）陕西省实施零基预算的主要做法

2015 年 2 月，陕西省印发了《关于省级全部实施零基预算改革的意见》，明确 2015 年为零基预算的第一年，也是"过渡期"，从 2016 年起，按照"统筹使用、打破基数、加强审核、硬化约束"的原则，在省级部门全面实行零基预算。综合来看，陕西省零基预算改革主要体现在以下几个方面：

首先，取消预算基数，统筹安排预算资金。陕西省本级财政取消部门预算和专项资金预算基数，以零为基点，实行预算一年一定，依据有关政策和省级当年财力，按照政策标准和项目入库情况，逐项审核确定年度支出预算。加大对当年预算和结余结转资金、公共预算、政府性基金预算资金、部门内部资金和跨部门资金的统筹使用力度，统一预算分配权，将所有财政性资金按照统一的管理程序进行编制，集中财力办大事。④

其次，建立支出标准体系，保基本、控成本。支出标准体系是零基预算改革的基础工作，重点是确定一个支出基准线，强化预算的科学性、规范性。陕西省财政坚持"三保"支出（保基本民生、保工资、保基层运转）在财政支出中的优先顺序，在全国率先建立起涵盖人员经费、公用经费、通用项目、专用项目、资产配置、基本公共服务、"三保"支出等多方面多维度的支出标准体系，涉及 7 大类 107 项项目。⑤

---

① 广东省财政厅. 广东：先行先试 不断深化预算编制改革[J]. 中国财政，2017，745（20）：33-34.

② 代兰兰. 广东稳步推进零基预算改革[N]. 中国财经报，2015-10-27（002）.

③ 广东省财政厅. 广东稳步推进零基预算改革[EB/OL]. http：//czt.gd.gov.cn/mtgz/content/post_175245.html. (2018-08-28)[2023-10-02].

④ 中华人民共和国中央人民政府. 陕西省将全面实施省级财政零基预算改革[EB/OL]. https：//www.gov.cn/xinwen/2015/11/21/content_2969653.htm.(2015-11-21)[2023-07-22].

⑤ 榆林市财政局. 陕西省实施零基预算改革更好集中财力办大事典型经验做法受到国务院通报表扬[EB/OL]. http：//czj.yl.gov.cn/article/1221018083701831.(2022-10-18)[2023-07-22].

最后，依托大数据等先进技术，为零基预算改革提供了技术支撑。近年来，陕西省深入推进"财政云"一体化系统建设，逐步建立起以项目全生命周期管理为核心的预算管理一体化格局，将人员经费、公用经费、通用项目、资产配置等支出标准以及绩效管理嵌入"财政云"预算编制模块，落实无项目不预算、无预算不支出、无预算不采购等原则，强化了预算管理制度刚性，筑牢了零基预算改革基础。①

（三）贵州省实施零基预算的主要做法

2018 年，贵州省决定全面实施省级部门零基预算改革，按照"资金跟着项目走"的思路，坚持以零为基点，对部门年度申报支出的内容、标准、预期绩效等进行全面审核后编制年度预算，彻底改变以往按年度"基数+增长"来安排部门资金的预算模式。综合来看，贵州省零基预算改革主要体现在以下几个方面：

首先，改进预算编制。一是细化项目分类。将项目支出分为民生保障、改革发展等类别，充实项目库，打牢预算编制和管理基础。二是明确申报条件。所有申报项目必须有充分的立项依据、具体的支出内容、详细的资金计划、合理的绩效目标、成熟的实施方案。三是严格审核程序。对部门申报预算，首先由财政部门会同行业主管部门进行前期基础审核，再由预算审核专项组，逐个项目、逐笔资金开展集中审核强化预算项目申报管理，对没有项目支撑或者项目前期工作不成熟、实施条件不具备的，一律不纳入预算。②

其次，进一步推进零基预算和预算绩效管理融合。按照财政部"推进预算和绩效一体化"要求，贵州省财政厅印发了《贵州省省级部门预算支出绩效评价结果应用管理办法》，提出要将绩效目标编制、绩效目标监控和绩效评价结果应用贯穿零基预算全过程。具体地，通过强化预算项目评审和绩效目标审查的激励约束作用，将绩效理念和方法深度融入预算评审过程。2019 年，贵州省本级 121 家部门申报预算 1202.86 亿元，审核后，财政厅对其中不符合目标导向、低效无效的 565 个项目、512.43 亿元支出进行了优化调整，统筹用于高质量发展项目，从而实现了资金、目标和效益

---

① 程飞，高芳. 陕西零基预算改革为稳增长保驾护航[N]. 中国财经报，2022-10-25（002）.

② 贵州省财政厅. 贵州：深入推进零基预算改革 构建推动高质量发展的财政保障新机制[J]. 中国财政，2020（03）：62-63.

的统一。①

最后，注重盘活存量也是贵州强化零基预算管理的一大亮点。全省对 2018 年及以前结转超过一年的省级财政资金，原则上由省级财政收回按程序统筹使用。从 2019 年起，除有特殊规定外，对当年未使用完毕的一般公共预算资金不再结转。而收回结余资金项目确需继续实施的，按程序报批后在以后年度安排。②

总体来看，相对于 20 世纪 90 年代的零基预算改革而言，21 世纪的新一轮零基预算改革呈现出更具活力和影响力、更加彻底和完善的特征。譬如，国务院办公厅印发《关于对国务院第九次大督查发现的典型经验做法给予表扬的通报》(国办发〔2022〕33 号)，对在国务院第九次大督查中发现的 60 项典型经验做法予以通报表扬，对陕西省 3 项典型经验做法通报表扬，"陕西省实施零基预算改革　更好集中财力办大事"典型经验做法名列其中。主要表现为，提高了集中财力办大事能力，契合和推进了中央各项改革，实现了跨年度预算平衡，转变了部门预算理念，强化了政府"过紧日子"要求。贵州省自推进零基预算改革以来，财政预算安排实现了绩效性、精准性、时效性、公平性、规范性等五个方面的提升，有效发挥了财政宏观调控职能作用，实现了财政资金效益最大化，为推动贵州经济高质量发展发挥了重要作用。

5.7　参与式预算

参与式预算，是一种公民直接参与预算决策过程，决定部分或全部公共资源配置结果的预算管理模式。参与式预算最早在浙江省温岭市以民主恳谈的形式出现。随后，广东省佛山市、上海市闵行区、河南省焦作市、云南省盐津县、江苏省无锡市以及黑龙江省哈尔滨市等地也开展了不同形式的参与式预算改革试点。国内的参与式预算试点工作具体分为三种模式：参与预算全过程（如广东省佛山市的顺德试验、云南省盐津县的群众参与

---

① 贵州省人民政府. 贵州省深入推进零基预算改革　提高财政资金使用效益[EB/OL]. http://www.guizhou.gov.cn/home/gzyw/202109/t20210913_70130631.html.(2019-12-04)[2023-10-03].

② 袁航. 零基预算改革确保"钱随事走"——贵州改变省级部门财政预算"基数+增长"模式获国务院表扬[J]. 当代贵州, 2019（50）：2.

预算实验）、参与预算编制（如浙江省温岭市的乡镇试验）、参与预算审查（如河南省焦作市的市本级试验）、参与预算绩效评估（如上海市闵行区的绩效预算改革）。

5.7.1 浙江省温岭市：国内参与式预算改革的发源地

温岭市地处浙东沿海地区中部，北邻宁波，西连温州，三面濒海，全市陆域面积 926 平方公里，人口 142 万，是行政隶属于台州市的一个县级市。改革开放以来，温岭市社会经济迅猛发展，综合实力不断攀升。2022年，全市实现生产总值 1306.76 亿元。在中国社会科学院财经战略研究院发布的《中国县域经济发展报告（2019）》中，温岭市跻身全国县域经济竞争力和投资潜力百强榜单，位列全国第 21 位，浙江省第 6 位，台州市第 1 位。

2004 年 8 月 10 日，温岭市温峤镇就是否增加 200 万元的政府预算，召开民主恳谈会。镇人大代表、政协委员及村民代表等参加了恳谈，这是温岭参与式预算的前身。[①]2005 年，温岭市的新河镇和泽国镇开始探索参与式预算改革，正式将民主恳谈与财政预算结合起来，并在实践中演化为两种模式，即"新河模式"与"泽国模式"。

"新河模式"是指乡镇财政预算决策过程中，将公众参与和人大代表履职结合起来的机制。2005 年 7 月，温岭市新河镇制定了《新河镇参与式预算民主恳谈实施办法》，初步建立了制度化的参与式预算架构。7 月底，新河镇首次邀请公众参与审议预算并开展民主恳谈，拉开了以人大预算审查监督为主的参与式预算改革的序幕。新河镇的参与式预算过程分为三个阶段：首先是人代会前的预算初审。新河镇召开由人大代表和社会公众共同参与的预算初审民主恳谈会，就预算草案进行讨论与协商，与会者提出的建议由人大代表纳入初审报告。其次是人代会上的预算审议。大会召开期间，人大代表就预算初审情况同政府进行协商，人大代表可提出预算修正案，政府根据人大的意见修改预算后确定最终预算方案。[②]最后是人代会后的预算监督。在镇人民代表大会闭会期间，由常设的人大财经小组持续

---

① 温岭市人大常委会. 北京大学、中山大学到温峤镇调研参与式预算[EB/OL]. http://www.wlrd.gov.cn/art/2018/7/23/art_1564139_22830080.html.(2018-07-23)[2023-07-10].
② 张丽. 基于一般政治系统理论的参与式预算运行机制——以浙江温岭为例[J]. 地方财政研究, 2018（03）：54-61.

地对预算执行情况进行监督。在预算执行中期，召开预算执行情况民主恳谈会，组织社会公众对预算执行情况进行询问。

泽国镇建立了参与式预算的民众协商模式，由民众直接参与城镇建设项目资金预算安排决策过程。主要做法为：政府首先选出一批属于本级行政区域范围且事关民生问题的城建项目，由专业人员组成专家组对这些项目的可行性方案进行研究，同时提出每个项目的资金预算，形成预算项目民意调查问卷。采用乒乓球摇号的随机抽样方式，按照 2000 人以上的村每村 4 人，1500—2000 人的村每村 3 人，1000—1500 人的村每村 2 人，1000人以下的村每村 1 人的原则，确定公众代表。参加恳谈活动的代表还要就这些项目的重要程度填写民意调查问卷，对优先投入的项目进行排序，表明自己的意见。通过数轮分大小组讨论和协商的方式不断地交流后，公众代表再次填写排序的调查问卷。之后，镇政府召开会议，讨论恳谈会上公众代表提出的建议和第二次调查问卷的预选结果，根据财力情况按顺序形成一份优先方案。[①]在正式召开的镇人民代表大会上，镇政府将优先方案提交大会审查讨论并票决通过。

2008 年开始，温岭市将参与式预算改革进一步引向深入，不断向其余乡镇推广新河和泽国的试点经验。2009 年，温岭市参与式预算改革的乡镇占到绝大多数。至今，温岭参与式预算已成为一项程序设计较为精细的制度安排，屡获"中国地方政府创新奖"等各种奖项，受到了研究者和媒体的广泛关注，并在实践中不断完善。

5.7.2　广东省佛山市顺德区：构建全过程参与体系

顺德区位于珠三角腹地，北接广州，南近港澳，面积 806 平方公里，常住人口 321 万人。顺德区是佛山市经济发展的龙头，2022 年实现地区生产总值 4166.39 亿元，连续 11 年蝉联全国综合实力百强区第 1 名。在基层治理方式创新上，顺德区也是佛山市的"排头兵"。2009 年，顺德区被省委、省政府确定为落实科学发展观试点区，率先开展了以行政体制改革、社会体制改革和基层治理改革为重点的一系列综合改革试验。2018 年，顺德区被省委全面深化改革领导小组确定为率先建设广东省高质量发展体制机制改革创新实验区。在财权上，顺德区在经过县改区后，其财力和财权

---

① 马蔡琛等. 加强预算透明度 减轻全社会的政府行政成本负担（研究报告）附录 2 浙江省温岭市参与式预算改革调研报告[C]//南开大学经济学院，2012：256-275.

自主性都得到了强化，为参与式预算试点提供了良好的条件。

2012 年，顺德在全区推行参与式预算，并制定了《顺德区参与式预算试点工作方案》《参与式预算操作指引》等规范性文件，在当年拿出 2 个涉及公众切身利益的民生项目，引入人大代表、专家、社会公众等参与。2015 年，区政府首次尝试在顺德城市网开展网络评议。公众可就教育医疗与社会保障、城乡治理与城市管理、经济行业与科技发展等大类的项目预算方案及执行情况，在互联网平台上表达自己的意见和建议。参与式预算项目金额也从当初 2012 年开始的 1000 多万元，递增到 19.8 亿元。2022 年，顺德区坚持以预算绩效管理为切入点，将绩效管理理念融入参与式预算工作的各个环节，创新性开展中期绩效评价。对于纳入参与式预算的项目，顺德区财政局在网络专栏中建立"监督频道"，要求项目单位按季定期公开项目执行情况，包括资金使用情况、项目实施情况、预算变动情况等，主动接受社会监督。

顺德区的参与式预算流程分为项目确定、信息发布、选取代表、召开面谈会、项目执行与跟踪监督、项目验收审计、绩效评价、情况通报等 8 个环节，给予各个工作环节和节点以制度保障，构建了协作机制，加强了过程监督。[①]其突出特点是以线上线下相结合的形式，通过全民参与调动公众的热情和积极性，培养参与意识和民主意识，让公众感受到预算项目的执行效果。至今，顺德区参与式预算的制度化建设工作仍在不断推进，展现出旺盛的生命力，并得到社会各界的广泛认可。

5.7.3 上海市闵行区：以结果为导向的绩效预算改革

闵行区位于上海中心城区西南部，区域面积近 372.56 平方公里，常住人口为 121.5 万人。2007 年，上海市闵行区与相关研究机构合作，开始了以结果为导向的绩效预算改革。闵行区围绕着预算编制、预算审查、预算公开、预算执行监督等多个方面进行探索，公开、透明、参与贯穿整个改革过程。在以结果为导向的绩效预算改革中，公众参与预算主要有以下三个环节：

首先，事前绩效评价。闵行区规定，凡是纳入以结果为导向预算编制的项目，必须广泛听取社会公众的意见，同时还将组织相关人员开展审议，

---

① 冯志峰，罗家为. 地方参与式预算的实践经验、问题检视与破解之道——一个基层协商民主的比较分析视角[J]. 地方治理研究，2017（04）：48-61.

并对项目使用统一的评价工具进行自评。在预算单位上报绩效预算材料和自评的基础上，闵行区财政局将组织相关部门和人员对规定金额之上的提供公共服务的民生项目开展区评工作，人员涉及一些政府外部人士。事前绩效评价中，预算单位设定的绩效项目及相关材料是今后开展过程评价和结果评价的重要依据，也是公众此轮评价的重点。①

其次，事中绩效评价。它是以事前绩效评价的预期目标为参考依据，对项目预算执行过程情况所进行的评价。事中绩效评价注重项目实施单位管理机制的完备、管理制度的健全以及项目受益对象和社会公众的满意程度及其评价。由人大举行预算公开听证会，财政部门及其他相关部门人员向公众通报预算资金的支出方向、数额及支出理由和依据，并回答公众的质询。②此外，闵行区政府在门户网站上开设信息公开栏，公众可借助信息平台对预算项目的方案和执行情况发表意见。

最后，事后绩效评价。它是以项目最终实现的产出为依据，对项目完成后的情况进行总体评价。事后绩效评价既注重项目结果的完成情况，又注重项目受益对象和社会公众的满意程度及其评价。评价结果在闵行区政府网站、部门网站以及《闵行报》等相关媒体进行公开，接受公众的监督。

闵行区以结果为导向的绩效预算改革，既提升了预算资金的使用效益，又增加和拓宽了公众参与预算的渠道，强化了公众参与对于预算绩效管理的现实意义。

5.7.4　河南省焦作市：打造阳光财政体系

焦作市位于河南省西北部，面积 4071 平方公里，常住人口 359.71 万人。1998 年以来，按照公共财政建设的战略目标和总体要求，焦作市财政局开启了以"制度完整统一、操作规范透明、结果绩效导向"为主要内容的预算管理改革，以"科学发展、精细管理、民主理财"为基本目标建设地方特色财政，促进了经济社会协调发展和基层民主进步，取得了理性实践和制度创新的综合成效。参与式预算也是焦作市预算管理改革中的一项重点工作。

自 2004 年起，焦作开始探索参与式预算改革，并在当年开财政项目社会听证之先河，对市水利局、市司法局、市卫生局和焦作大学四个部门预

---

① 刘小楠. 追问政府的钱袋子[M]. 北京：社会科学文献出版社，2011：169.
② 邓江凌. 参与式预算及其法律保障研究[J]. 黑龙江社会科学，2020（02）：118-127.

算进行听证。焦作市的参与式预算主要集中在预算编制环节，强调在预算资金特别是涉及农业、教育、文化等民生项目的资金安排过程中，引入项目公示、专家论证、社会听证、人大审查、绩效评价、预算公开等一系列社会公众参与程序，让预算资金的使用与社会公众的现实需求紧密相连，不断提高预算绩效。具体做法是：（1）项目公示，焦作市委、市政府将为民办实事项目通过媒体、网络等形式进行项目公示，公开征集意见。（2）专家论证，主要是专项资金申请部门向专家进行面对面的阐述和答问，这个阶段是在全市预算草案制定完成，准备递交市委、市政府最后审议之前。通过专家论证的结论将会成为市委、市政府进行预算决策的重要参考依据。（3）社会听证，邀请社会行风评议代表、行政监督员及相关社会人士对部门预算中的重点项目进行听证，提出听证意见，并作为市政府决策的重要依据。（4）人大审查，人大常委会选择部分市直单位初审，组织人大代表对预算单位预算执行和部门预算情况公开审查，就百姓关注的热点难点问题提出意见和建议。[①]（5）绩效评价，在政府性投资项目中组织"十个百分之百"评审再复审，邀请人大、政协部门和社会监督员进行跟踪评价，在农业、教育、文化等民生项目开展绩效重点评价和第三方评价，在医疗、卫生等重点项目中进行公众参与和绩效资金分配。[②]（6）预算公开，焦作市从 2009 年开始，在政府各部门应用"财经沙盘"，将政府各部门主要信息，尤其是预算信息放入"财经沙盘"。在焦作市财政局的门户网站上，社会公众可以通过"财经沙盘"了解各部门的预算支出情况。

5.7.5 云南省盐津县：群众参与预算

盐津县位于云南省东北部，是昭通市下属的一个县，地处滇东北云川交界处，总面积 2091 平方公里，常住人口 30.85 万人。盐津县辖 6 镇 4 乡，共 94 个村（社区）委员会，2552 个村（居）民小组。从 2012 年开始，盐津县在云南省财政厅的指导下，开始探索创新参与式预算。2012 年和 2013 年，盐津县在豆沙镇和庙坝镇进行参与式预算试点，并在 2014 年将其发展成为群众参与预算，同时将牛寨乡和中和镇纳入试点范围。2015 年，全县 10 个乡镇均推行了群众参与预算的做法。

盐津县的做法，被认为是国内参与式预算改革中"最具有推广平台的

---

① 联合国人居署. 参与式预算 72 问[M]. 北京：中国社会出版社，2010：95.

② 申相臣，张继东. 地方预算管理与审查监督的焦作实践[J]. 财政研究，2011（03）：28-31.

案例"，公民的权利大大增加，项目持续的时间较长，群众参与达到一定的高度，最接近参与式预算的实质。①盐津县群众参与预算主要包括以下几个环节：首先，选取群众议事员。按照《盐津县群众参与预算群众议事员推选办法（暂行）》的规定，群众议事员由"村两委直接提名推选"和"按照各村（社区）人口比例随机抽选"两种方式产生。先以村（社区）为单位，每个村（社区）分配两名群众议事员名额，由村（社区）两委召开会议提名推选产生，其他名额按照每个村（社区）人口总数的 0.5‰的比例计算各村（社区）议事员名额，然后进行随机抽选。②其次，召开民主议事会议，这也是盐津县参与式预算的核心机制。民主议事会每年两次，分别于 2 月和 11 月召开，根据群众议事员的投票结果确定投资项目。通过的项目进入镇群众参与预算总库，作为财政安排项目资金的依据。表决通过的项目没在本次预算安排的，可在预算调整环节优先安排资金，或结转下一年度安排。③最后，乡镇财政依表决结果编制预算草案，经乡镇政府批准，报乡镇"人民代表大会"或人大主席团会议审议通过后批复预算，乡镇人民政府依次执行，调整预算也须经民主议事会表决、乡镇人大主席团审议批复。④

5.7.6 参与式预算改革取得的成效

（一）提高预算透明度，对财政总额进行约束

基层政府为公众提供了大量公共服务，但基层财力相对于预算需求来说往往处于短缺状态。参与式预算通过发挥公众对预算的监督作用，能够在无形之中对财政总额进行约束，有效减少重复建设和资金浪费，对地方财政的收支平衡产生积极影响。例如，温岭市新河镇在 2007 年以预算收支项目进行调整的名义进行预算民主恳谈，在工业、商业、金融等事务中，工业集聚区支出从 760 万元调减为 690 万元，政府行政运行经费从 1463

① 文炳勋. 基层预算协商治理的发展对策——对云南盐津参与式预算模式的反思[J]. 湖南财政经济学院学报，2021，37（06）：91-98.

② 韩福国. 参与式预算技术环节的有效性分析——基于中国地方参与式预算的跨案例比较[J]. 经济社会体制比较，2017（05）：52-61.

③ 苟燕楠，韩福国. 参与程序与预算认同：基于"盐津模式"与"温岭模式"的比较分析[J]. 公共行政评论，2014，7（05）：35-46+189-190.

④ 贾西津. 参与式预算的模式：云南盐津案例[J]. 公共行政评论，2014，7（05）：47-65+190.

万元调减到 1432 万元。①同时，参与式预算还推动了预算的公开和透明，在与代表和公众的互动中，促使政府不断加大预算公开力度。实施参与式预算后，温岭市在网上公开市级所有的预决算信息、27 个部门的预算及"三公"经费（占到预算总额的 95%以上）和 16 个镇（街道）的预算及"三公"经费，报纸上公开 2 个部门预算。②预算透明度的提高，使得公众对公共部门在预算年度怎么花钱、钱花得怎么样都清清楚楚。

（二）预算资金分配更加公平有效

一方面，参与式预算有利于实现公共财政追求分配公平的目标。参与式预算的出发点就是让公众表达对公共资源分配的意愿，并努力试图改变原来的预算安排，使之更为合理。在此过程中，弱势群体的声音能通过协商对话，在政府预算决策中得到体现，从而实现各利益群体的利益分配相对公正。

另一方面，参与式预算也能提高公共服务的质量。由于信息不对称的存在，在预算决策过程中，很多项目资金没有投入在公众最关心的领域。即使大量资金向民生领域倾斜，若未能将公众差异化和多样性的偏好有效集结，也会产生资源错配，最终导致公共服务的效率低下。因此，要实现高质量的公共服务，必须要了解社会公众的现实需求和偏好。参与式预算可以有效解决这一信息不对称问题。通过民主恳谈会、公开听证会等形式让公众自由地表达偏好、充分地沟通与协商，将需求偏好进行统一，从而在财政资金有限的情况下，提高政府公共产品的质量，实现公共服务项目效益最大化，真正将"好钢用到刀刃上"。

（三）增强了公众的参与意识

在参与式预算的实践中，公众参与预算管理的热情得到激发，参与其中的公民代表能够真切地感觉到自身决策对于公共利益的影响力，使得人民群众当家理财的理念更加深入人心。数据显示，浙江省温岭市新河镇开展参与式预算前五年，镇人大代表共提出议案 48 件，建议、批评、意见270 条，大大超出了全市各镇人大代表提出的议案和建议、批评、意见的

① 褚燚. 参与式预算与政治生态环境的重构——新河公共预算改革的过程和逻辑[J]. 公共管理学报，2007（03）：90-95+126-127.

② 林应荣. 参与式预算与社会管理创新[J]. 人大研究，2012（01）：8-11.

平均数。①下一步，各地可全面推广普及公共预算的基本知识，提升立法监督机构的预算管理权威。同时还要大力倡导推动出版各类通俗易懂、简明扼要的政府预算解读指南等普及性预算读物，②进一步提升公众参与预算的能力。

（四）以基层公共预算改革推动整体改革进程

参与式预算将社会公众纳入全部或部分项目资金分配的讨论中，通过一系列创新和变革，提高了预算的透明度和参与性，使得预算民主理念深入人心。目前，随着参与式预算改革的深化，部分地区已经陆续出台更加具有指导意义的规范性文件，例如佛山市顺德区 2016 年出台的《顺德区参与式预算工作方案》以及浙江省温岭市 2023 年出台的《温岭市人大参与式预算数智在线操作规程》，这些举措都为参与式预算的制度化和规范化迈出了关键一步。因此，参与式预算改革不仅仅是当地基层政府预算本身的改革，它在为基层公共预算改革探路，并为之积累经验，是基层预算改革的一个新起点，③从而与部门预算、国库管理、政府采购等改革一起，推动健全现代预算制度的总体进程。

---

① 王自亮，陈卫锋. 参与式预算与基层权力关系的重构——基于浙江省温岭市新河镇的个案研究[J]. 地方财政研究，2014（04）：33-39+61.

② 马蔡琛，李红梅. 参与式预算在中国：现实问题与未来选择[J]. 经济与管理研究，2009（12）：74-77.

③ 杨肃昌，何眉. 参与式预算：价值审视与可行性边界[J]. 甘肃社会科学，2020（05）：185-192.

第6章 人大预算审查监督的发展与挑战

6.1 人大预算监督的时代特点与发展演进

党的十八大明确提出要"加强对政府全口径预算决算的审查和监督"，党的十八届三中全会进一步提出"加强人大预算决算审查监督、国有资产监督职能"。对人大预决算审查和监督的发展和增强指出了明确的方向。2018年，《关于人大预算审查监督重点向支出预算和政策拓展的指导意见》出台，按照党中央改革部署要求和相关法律规定，人大对支出预算和政策开展全口径审查和全过程监管。对于全面推进人大预算审查监督整体发展，"建立全面规范透明、标准科学、约束有力的预算制度，全面实施绩效管理"提供了具体的行动指南。

6.1.1 人大预算监督的时代特点

（一）监督权是人大的重要职权之一

监督宪法和法律的实施，监督"一府两院"工作，这是人大独立于预算单位（资金使用部门）和财政部门行使绩效监督权利的基础，也是全面实施预算绩效管理中人大可以发挥的特有作用。[①]我国是人民民主专政的社会主义国家，国家的一切权力属于人民，无论是全国人民代表大会还是地方各级人民代表大会，都是人民当家作主的政治权力的组织形式。[②]人大监督工作是整个人大工作的重要组成部分，加强人大监督是积极行使人大的法定职权、提高人大权威性的重要举措，是将公共权力的运作纳入民

---

① 马蔡琛，赵笛. 全面实施预算绩效管理中的人大绩效监督[N]. 中国财经报，2020-06-13.
② 李凤军. 论人大的监督权[M]. 北京：中国政法大学出版社，2015：47.

主与法治轨道的必然要求。①

预算关乎全社会公众的利益,公众对预算执行情况和运行结果的监督,也是提高预算透明度的重要方面。在通过直接预算公开进行监督的基础上,通过人大进行预算监督也是公众监督预算执行的一种方式。浙江省温岭市等地的参与式预算就是生动的实践。同时,通过立法机构对行政机关的预算信息提出要求,可以进一步提高财政透明度。例如,浙江省温州市人大常委会在近年来高质量推动预算公开工作,并取得了积极成效。2023 年,温州市预决算公开主体由 96 家部门扩面到 220 家单位,并统一规范预决算公开范围、口径、格式和方式。在公开部门收支总表、财政拨款收支总表等 11 张报表的同时,首次将部门项目支出绩效目标公开纳入公开范围。各部门单位对部门预算收支增减变化、"三公"经费安排、机关运行经费安排、政府采购、国有资产占有使用、项目预算绩效目标等情况进行了详细说明,多维度反映单位财务运行情况。②

（二）人大是独立的外部监督主体

目前,对于预算执行情况的评价和监督主要是通过财政预算管理部门和具体资金使用部门的预算绩效管理来执行的。资金使用部门对自身预算资金使用情况进行自评价,财政部门对预算资金使用实施整体绩效评价。但在预算绩效管理过程中,无论是财政预算管理部门还是资金使用部门,均属于内部评价主体,同预算资金具有直接关联性,其绩效评价往往站在符合自身利益的立场来衡量,评价结果也难免会在某种程度上偏离客观事实。③即使是财政部门委托第三方机构进行的绩效评价,其评价数据也主要来自具体支出部门的相关汇报以及数据统计,评价过程也是建立在支出部门自评基础上的。④比如,广东省自 2013 年开始在人大绩效监督中引入第三方机构,其中就发现,在 2015 年对农村危房改造补助资金的使用评定中,两个省级主管部门一个自评分为 95.0 分,一个自评分为 95.9 分,29个递交自评材料的地方自评分均值为 98.2 分。但经过第三方和专家评估,

① 俞荣根, 莫于川. 观念更新、制度创新与人大监督[J]. 政治与法律, 2000 (03): 9-12+23.

② 殷旭晶. 温州人大:预算监督出实招 "阳光财政"更透明[EB/OL]. http://wzrd.wenzhou.gov.cn/art/2023/4/7/art_1382129_58916364.html.(2023-04-07)[2023-09-25].

③ 马蔡琛, 陈蕾宇. 论预算绩效指标框架的构建——基于内外部评价主体视角[J]. 云南社会科学, 2019 (01): 107-113.

④ 马蔡琛, 赵笛. 大数据时代全过程预算绩效管理体系建设研究[J]. 经济纵横, 2020 (07): 114-122.

最后总体得分为 71.9 分，等级为中。①

因此，人大作为独立于财政部门以及资金使用部门的外部监督主体，其对预算执行情况和预算执行结果的独立监督，有利于提高监督的客观性和审慎性。通过人大与财政部门、审计部门的内外部评价主体协同推进，也可以丰富预算绩效管理的主体结构，进一步完善预算绩效管理体系。

（三）人大绩效监督结果直接影响预算决策

预算绩效评价的最终目标，是将结果应用于预算决策之中，形成从预算决策、执行到绩效评价和结果使用的管理闭环。其中，人大是部门预算"二上二下"编制流程中的预算审批主体，相较于财政部门和资金使用部门的绩效报告，人大绩效监督的结果更加直接地影响预算决策。在审批阶段关注绩效结果的落实和使用，也是人大参与预算绩效管理、保证资金拨付有效性的关键步骤。因此，若人大在参与预算绩效管理的过程中，可以形成一套独立于内部评价过程的绩效监督报告，则会进一步加强全过程绩效管理中的结果应用。例如，重庆市垫江县人大财经委、常委会预算工委在2023 年委托第三方机构对垫江县 2021 年产业发展资金（科技发展资金）等项目开展绩效评价，针对绩效评价报告中的问题要求县科技局对照核查整改。在绩效评价结果运用方面，垫江县人大常委会依据绩效评价结果对2023 年的 3 个预算项目进行了调整，审减金额 2853.03 万元，对预算执行缓慢的 13 个项目，收回当年预算资金 1566 万元。②

6.1.2 人大预算审查监督的发展演进

（一）人大预算审查监督的法律制度不断完善

由各级人民代表大会批准政府预算并对预算过程进行监督，是宪法和法律赋予人大及其常委会的一项重要职责。③中华人民共和国的第一部宪法第二十七条规定，"全国人民代表大会行使审查和批准国家的预算和决算的职权"，自此审查和批准预算及决算成为人大的一项重要工作。1982 年修订的《中华人民共和国宪法》第六十二条规定，"全国人民代表大会行使

---

① 骆骁骅.财政支出绩效第三方评估,省人大常委会首吃"螃蟹"[EB/OL]. http://static.nfapp.southcn. com/content/201801/19/c920482.html?from=groupmessage & isappinstalled=0.(2018-01-19)[2020-12-25].

② 重庆人大.垫江：提升预算绩效管理监督实效[EB/OL]. https://www.cqrd.gov.cn/article?id= 438108268171333.(2023-07-12)[2023-09-25].

③ 李黎明, 李燕. 地方人大部门预算审查监督研究[M]. 北京：中国财政经济出版社, 2016：40.

审查和批准国家的预算和预算执行情况的报告的职权"。在此基础上，1994年《中华人民共和国预算法》规定，各级人大的职责是对预算、决算进行监督，人大代表或常务委员会组成人员，依照法律规定程序，就预算、决算中的有关问题提出询问或者质询，受询问或者受质询的有关政府或者财政部门必须及时给予答复。2006 年《中华人民共和国各级人民代表大会常务委员会监督法》颁布实施，从法律的角度明确了人大审查和批准决算，听取和审议国民经济和社会发展计划、预算的执行情况报告，听取和审议审计工作报告的各阶段流程。2014 年全国人大常委会审议通过了《中华人民共和国预算法》的修订，以及 2020 年 8 月新修订的《中华人民共和国预算法实施条例》，进一步完善了人大预算审查监督机制，要求全国人民代表大会财政经济委员会向全国人民代表大会主席团提出关于中央和地方预算草案及中央和地方预算执行情况的审查结果报告，审查结果报告应当包括对执行年度预算、改进预算管理、提高预算绩效、加强预算监督等提出的意见和建议。

（二）人大预算审查监督的范围和技术不断发展

近年来，人大预算审查监督的法制化进程大大加快，也推动了人大预算审查监督在内容范围、技术手段以及监督角度的不断细化。

第一，在人大预算审查监督的具体部门职责方面，1999 年，全国人大常委会通过了《关于加强中央预算审查监督的决定》，明确人大财政经济委员会、人大常委会预算工作委员会在预算审查监督中的责任，以及国务院有关部门、审计部门、财政部门对人大预算审查监督的配合，细化了对人大预算审查监督的工作要求。

第二，在人大预算审查监督的内容范围方面，2003 年党的十六届三中全会通过《中共中央关于完善社会主义市场经济体制若干问题的决定》，首次提出"实行全口径预算管理"。党的十八大报告进一步明确了加强对政府全口径预算的审查监督，人大预算审查监督的范围也从一般公共预算逐渐覆盖到包括一般公共预算、政府性基金预算、国有资本经营预算、社会保险基金预算在内的"四本"预算。2018 年，中共中央办公厅印发了《关于人大预算审查监督重点向支出预算和政策拓展的指导意见》，要求全国人大及其常委会、地方各级人大及其常委会预算审查监督重点向支出预算和政策拓展，从而进一步丰富了监督内容覆盖全口径预算、监督重心倾向重点支出预算和政策的人大预算监督体系。

第三，人大预算审查监督不断突出绩效导向。党的十九大报告提出"全面实施绩效管理"，随后《中共中央　国务院关于全面实施预算绩效管理的意见》颁布实施，要求绩效信息主动向同级人大报告、向社会公开，自觉接受人大和社会各界监督，强调了人大作为外部监督主体的重要作用。在此基础上，中央及地方人大不断探索预算绩效监督的新形式，颁布各地方人大预算绩效监督的实施办法，细化了人大预算绩效监督的流程和规范。例如，云南省人大常委会预算工作委员会在充分调研和广泛征求意见的基础上，制定了《云南省人大常委会关于加强预算绩效监督的办法（试行）》，明确细化了省人大常委会在预算审查、预算执行、决算等阶段对绩效管理情况的监督重点和具体内容。①浙江省温岭市人大常委会出台了《预算绩效管理监督办法》，通过主任会议、常委会会议每年专门听取政府预算绩效管理情况汇报等形式，对政府加强预算绩效管理工作提出要求，促进政府预算绩效管理体系建立。②

第四，人大预算审查监督始终围绕以人民为中心的根本立场。党的二十大报告提出"健全现代预算制度"，对发展全过程人民民主和人大监督作出深刻阐述。将全过程人民民主的理念、原则和要求具体落实到人大预算监督中，是体现人大预算监督民主性的重要途径，③也是健全现代预算制度的重要内容。近年来，群众监督预算管理的形式逐渐多样化，当前集成性的预决算公开平台建设、预算绩效报告的公开透明，为人民群众直接对预决算报告和预算实施效果开展监督提供了渠道和平台。部分地区还通过对教育、卫生等重点资金预算编制和绩效情况举行听证会的形式，搭建了人大代表和社会公众参与财政预算编制审查的监督平台。人大常委会组成人员、各级人大代表、部门负责人、专家以及社会公众参与其中，监督的内容也逐渐深入预算政策的关键领域，充分体现出公共财政"取之于民，用之于民"的本质要求。

---

① 孔令影. 人大要加强预算绩效的监督[N]. 云南日报，2019-02-12（006）.

② 林继平. 温岭人大开展预算绩效监督的实践与思考[J]. 人大研究，2019（12）：48-51.

③ 樊丽明，史晓琴. 人大预算监督视域下的全过程人民民主——基于乳山市人大常委会民生实事项目"代表全程问效制"的调研与思考[J]. 山东人大工作，2022（12）：58-59.

6.2 人大预算监督的主要实践

6.2.1 人大预决算审查监督

（一）人大预决算审查监督内容的法律规定

根据《中华人民共和国预算法》第四十八条的规定，全国人民代表大会和地方各级人民代表大会对预算草案及其报告、预算执行情况的报告重点审查下列内容：（1）上一年预算执行情况是否符合本级人民代表大会预算决议的要求；（2）预算安排是否符合本法的规定；（3）预算安排是否贯彻国民经济和社会发展的方针政策，收支政策是否切实可行；（4）重点支出和重大投资项目的预算安排是否适当；（5）预算的编制是否完整，是否符合本法第四十六条的规定；（6）对下级政府的转移性支出预算是否规范、适当；（7）预算安排举借的债务是否合法、合理，是否有偿还计划和稳定的偿还资金来源；（8）与预算有关重要事项的说明是否清晰。《中华人民共和国各级人民代表大会常务委员会监督法》第十八条规定，人大常务委员会对决算草案和预算执行情况报告，重点审查下列内容：（1）预算收支平衡情况；（2）重点支出的安排和资金到位情况；（3）预算超收收入的安排和使用情况；（4）部门预算制度建立和执行情况；（5）向下级财政转移支付情况；（6）本级人民代表大会关于批准预算的决议的执行情况。除前款规定外，全国人民代表大会常务委员会还应当重点审查国债余额情况；县级以上地方各级人民代表大会常务委员会还应当重点审查上级财政补助资金的安排和使用情况。

（二）人大预决算审查监督的地方实践

1. 北京市人大预算初审监督

2013 年，为适应新形势下人大预算审查监督的需要，北京市人大常委会决定将工作重点放在预算初审环节。同年 9 月，北京市人大财经委依据《预算法》和《北京市预算监督条例》的有关规定，探索改进对预算草案的初步审查工作，提出《关于进一步加强和改进预算初步审查的工作方案》，标志着人大预算初审制度正式形成。[①]为进一步深化预算初审工作，北京

---

① 樊丽明等. 中国政府预算改革发展年度报告 2019——聚焦中国人大预算监督改革[M]. 北京：中国财政经济出版社，2020：223.

市人大预算监督的范围不断扩大，聚焦交通、环保、养老等领域，代表们针对预算安排中的具体项目也提出更直接的意见。例如，在对北京市环保局 2015 年部门预算及"节能减排及环境保护专项资金"预算编制情况进行专题审议时，代表们对"绿色文明样板工地创建项目（500 万元）"和"绿色生态示范区奖励资金和标识认证项目（1900 万元）"提出意见，建议研究此类奖励性支出的必要性和效益性，并予以清理、调整。专题审议后，原有项目被取消，将资金调整为增加相关部门环境执法和社会公众普法宣传等方面。①

2. 浙江省温岭市人大预算执行监督

温岭市的预算执行监督，是在预算协商恳谈和审议的基础上，注重预算执行环节的公开、透明和参与，使财政决算更加规范合理的一种监督形式。具体采用参与式决算和专题询问等方式进行监督。2013 年 8 月 20 日，温岭市坞根镇邀请 20 位人大代表，并随机抽取 30 位村民代表和专业人士，听取坞根镇 2013 年半年度预算执行情况的通报，与会人员对预算执行情况进行民主恳谈。②这是温岭市首次实施参与式决算，由市、镇两级人大代表和群众代表共同对政府预算执行情况进行监督。具体做法是：每个季度将细化的财政预算执行情况向社会公开，定期收集民意并反馈给政府，对预算调整项目由人大逐个进行审查把关。③

2012 年，温岭市人大常委会在审议审计工作报告中，采用专题询问这一方式，被国内媒体评价为"2012 人大监督十大事件"。④在每年审议审计工作报告中，温岭市人大常委会围绕审计反映的涉及资金较多、社会关注度高的重点问题，对市政府有关部门当场开展专题询问。2018 年，温岭市泽国镇人民代表大会上首次引入财政决算专题询问。代表们针对泽国小学新建综合楼教育项目、埭头蔡工业园区配套道路建设项目预算执行率低的问题，向相关责任人进行询问。⑤温岭市在预算执行监督环节的做法，逐

---

① 中国人大网. 积极探索实践 不断推进北京市人大预算审查监督工作[EB/OL]. http://www.npc. gov.cn/zgrdw/npc/zt/2018-10/17/content_2062436.htm.(2018-10-17)[2023-09-23].

② 张学明, 吴大器. 温岭探索——地方人大预算审查监督之路[M]. 上海: 上海财经大学出版社, 2016: 111.

③ 朱圣明. 基层民主协商的实践与探索——以浙江温岭民主恳谈为例[J]. 中国特色社会主义研究, 2014（02）: 59-64.

④ 正义网-检察日报. 2012 人大监督十大事件[EB/OL]. http://news.jcrb.com/jxsw/201301/ t20130107_1022775_9.html.(2013-01-07)[2023-09-23].

⑤ 蔡瑛, 蒋倩倩. 泽国镇: "参与式"从预算向决算延伸[J]. 浙江人大, 2018（10）: 52-53.

渐实现人大预算监督从"恳谈"到"询问"转变，从预算向决算延伸，为进一步完善预算监督体系迈出了关键一步。

6.2.2　人大预算绩效监督实践

随着《中共中央　国务院关于全面实施预算绩效管理的意见》颁布实施，各地也加快了改革的步伐，人大绩效监督就是其中重要的一个方面，各地不断尝试新的方式方法和新技术手段，人大预算绩效监督的实施卓有成效。

（一）人大听取预算绩效工作报告

人大定期听取预算绩效管理工作实施以及绩效评价结果的报告，已经成为各地推进人大预算绩效监督的主要形式。例如，重庆市渝中区 2015 年 4 月在人大常委会会议上对"2014 年渝中区教育费附加项目，科技三项费项目，道路、排水及其附属设施的大中修改造项目的预算绩效"进行了工作评议，并形成项目预算绩效管理工作的评议意见，送达区级各部门。[①]通过听取汇报，人大对财政预算绩效工作开展情况进行跟踪监督，也为人大审议财政决算做好准备。[②]而另一种方式是人大直接听取项目、政策和部门预算的绩效评价报告，并进行审议。例如，厦门市同安区人大自 2018 年起，每年都会选定一项财政专项资金，听取审议资金绩效情况报告，通过一系列监督举措，不断强化改进预算审查监督工作。[③]在专项审议财政重点绩效评价报告的过程中，厦门市同安区人大创新监督手段，通过满意度测评投票的形式，对绩效评价报告进行审议，[④]在实践中持续提高监督成效。

（二）人大参与绩效评价过程

人大参与绩效评价过程已逐渐成为人大绩效监督的发展趋势。为了进一步提高人大预算绩效监督的独立性，部分省市开始尝试由人大主动开展对重点部门和项目的绩效评价，从而跟踪资金使用情况。浙江省温岭市人大采取将重点项目交办财政部门进行绩效评价、交办审计部门进行绩效审

---

① 张双山，陈婵．问"效"——重庆市渝中区人大积极探索财政绩效监督[J]．中国人大，2016（04）：47-48．

② 河南人大．河南省人大常委会财经预算工作委员会听取省级财政预算绩效工作开展情况汇报[EB/OL]．https://www.henanrd.gov.cn/2020/06-18/14391.html.（2020-06-18）[2021-01-03]．

③ 蓝延缘．推进新时代地方人大预算审查监督工作[J]．人大研究，2023（05）：19-23．

④ 同安区人大．财政资金怎么花，人大来问效——同安区人大首次专项审议财政重点绩效评价报告[EB/OL]．https://www.xmrd.gov.cn/xwzx/gqdt/201808/t20180813_5207917.htm.（2018-08-13）[2021-01-03]．

计的方式，并建立预算绩效调研组，对交办绩效评价项目开展绩效调研，使预算绩效监督更加全面、准确、有效。[①]江苏省扬州市人大常委会每年选择一批社会关注度高、资金量大、涉及重大公共利益的事项，专门开展绩效审计。同时还规定，审计机关根据人大预决算审查监督工作的需要，每年第四季度向人大常委会提交绩效审计工作报告。[②]

随着绩效评价的逐渐展开，第三方评价迅速升温，部分地方人大也开始探索第三方评价方式。以广东省为例，作为探索财政支出绩效管理的先行省份，广东省早在 2011 年就开始第三方评价的试点，后来又提出"四三二"建设的口号，期望构建起科学的第三方评价管理体系。[③]2014 年，广东省人大常委会办公厅制定了监督工作领域开展第三方评价的暂行规定。同年，委托华南理工大学政府绩效评价中心对广东省战略性新兴产业专项资金支出绩效开展监督，并对其中的新能源汽车、LED 项目专项资金引入第三方机构开展绩效评价（详见表 6.1）。经过几年的实践探索，2016 年，广东省人大常委会印发了《广东省人大常委会开展预算资金支出绩效第三方评价实施办法》，对第三方评价的评价范围、评价内容、评价指标，评价机构，第三方评价工作程序，评价结果运用等作出了进一步明确规定，[④]首次将第三方机构预算绩效监督方面的探索成果上升为制度规范。实践表明，由人大监督第三方绩效评价的形式，克服了人大监督自我评价的主观性和随意性，[⑤]比较清晰地界定了绩效评价的主导者、协同者及实施者，将评价管理权、评价组织权和具体评价权分离开，[⑥]真正找准问题，补齐短板，增强人大监督实效。

① 林继平. 温岭人大开展预算绩效监督的实践与思考[J]. 人大研究，2019（12）：48-51.

②王军. 扬州市人大多措并举推进预算绩效监督[EB/OL]. http://www.jsrd.gov.cn/sszc/201805/t20180510_496080.shtml.(2018-05-10)[2021-01-24].

③ 广东省财政厅提出的预算绩效管理的"四三二"是指四个环节、三大体系、两项要件。具体包括：着力抓好预算绩效管理中目标管理、绩效监控、绩效评价、结果应用四个重点环节，构建规范的预算绩效管理制度体系、科学的第三方管理体系、完备的绩效评价指标体系三大体系，完善预算绩效信息化管理、建立专业的绩效管理机构和队伍两项要件。资料来源：广东省财政厅办公室. 广东省财政加强创新完善管理，推动预算绩效管理工作再上新台阶.http://www.mof.gov.cn/xinwenlianbo/guangdongcaizhengxinxilian bo/201704/t20170414_2580603.htm.

④ 宋波. 人大预算绩效监督引入第三方绩效评价初探[J]. 人民之声，2019（10）：41-44.

⑤ 洪开开. 党的十八大以来人大监督工作的理论、实践与思考[J]. 人大研究，2019（02）：4-12.

⑥ 卢扬帆，卞潇，颜海娜. 财政支出绩效第三方评价：现状、矛盾及方向[J]. 华南理工大学学报（社会科学版），2015，17（01）：87-93.

表 6.1　2014—2021 年广东省人大监督第三方绩效评价省级财政支出项目

评价时间	专项资金名称	涉及金额	第三方机构
2014 年	第二、第三批 LED 与新能源汽车项目	14.26 亿元	华南理工大学政府绩效评价中心
2016 年	2014-2015 年省级产业园扩能增效专项资金	106 亿元	武汉大学深圳研究院
	2014-2015 年省级企业技术改造专项资金	37.3 亿元	广东省政府绩效管理研究会
2017 年	2015-2016 年促进珠江西岸先进装备制造业发展专项资金	62.46 亿元	华南理工大学政府绩效评价中心
	2015-2016 年广东省企业研究开发补助专项资金	35.27 亿元	广东省政府绩效管理研究会
2018 年	2017 年基层医疗卫生服务能力建设资金	101.41 亿元	华南理工大学政府绩效评价中心
	广东省 2016-2017 年扶贫开发资金支出	74.86 亿元	
2019 年	2016-2018 年水污染防治资金	40.12 亿元	华南理工大学政府绩效评价中心
	2014-2018 年新农村连片示范建设资金	66 亿元	
2020 年	2018-2019 年粤港澳大湾区（九市）坚决打赢蓝天保卫战资金	34.14 亿元	华南理工大学政府绩效评价中心
	2018-2019 年粤港澳大湾区（九市）加强固体废物综合管理资金	1.1 亿元	
2021 年	2018-2020 年现代农业产业园建设省级财政专项资金	75 亿元	华南理工大学政府绩效评价中心

资料来源：根据广东省人大官网（http://www.rd.gd.cn/）整理。

（三）人大推动预算绩效信息公开

预算绩效信息公开作为预算公开的重要组成部分，也是人大开展预算绩效监督工作的关键依据。《中共中央　国务院关于全面实施预算绩效管理的意见》明确将公开透明作为全面实施预算绩效管理的基本原则之一，要求大力推进绩效信息公开透明，主动向同级人大报告、向社会公开，自觉接受人大和社会各界监督。目前，从中央层面来看，预算绩效信息公开逐步形成常态化机制。地方层面预算绩效公开也进展迅速，省级层面绩效信息公开机制基本建立，部分地方积极探索绩效信息公开新模式，市县层面绩效信息公开取得新突破，预算绩效信息公开正持续加力中。[1]纵观各地的实践，人大作为独立的外部监督主体，推动预算绩效信息公开的功能不断得到强化。广州市2019年修订的《广州市人民代表大会审查批准监督预算办法》，明确要求"市财政部门及时公开绩效信息，将重要绩效目标与绩效评价结果与预决算草案同步报送市人大常委会，并向社会公开"。[2]

（四）人大"预算联网监督系统"中引入绩效监督

全面实施预算绩效管理要求做好绩效运行监控，对预算执行进度以及绩效目标实现情况进行"双监控"。目前，人大在预算执行监控的方式方法上有了阶段性进展，北京、浙江、山东、重庆、内蒙古等地纷纷推出"预算联网监督系统"，方便代表查询本级部门预算编制和执行的全过程。该系统覆盖了包括一般公共预算、政府性基金预算、国有资本经营预算、社会保险基金预算的全口径预算以及预算编制、执行、调整和决算的全过程。这是在人大预算监督过程中运用互联网及大数据等新兴技术的重要体现，也是人大做好预算绩效监督的重要手段。例如，四川省达州市通川区人大将部门的绩效目标同步导入系统，可直接查看该部门的绩效目标情况，让人大的监督更有深度。[3]"预算联网监督系统"的推出，改变了以往人代会上材料复杂繁多的局面，通过计算机对每一分每一笔的财政资金进行跟进，既减少了绩效监督成本，也提高了绩效监督的客观性。同时，对于推进缓慢的项目和政策，也可以通过系统及时反馈，有助于快速完成项目整改。[4]

就未来发展而言，人大预算绩效监督可从以下四个方面着手。第一，人大预算绩效监督应进一步专业化，尤其是专业部门的设置和专业人员的培训。在机构设置上，可以尝试设立专门的预算绩效监督办公室，培养专业的预算绩效管理人才。预算绩效监督办公室对各资金使用部门的预算绩效情况进行跟踪和记录，整理各部门上报的预算绩效信息，从而为人大及其常委会进行预算绩效监督提供必要的支撑。第二，推动人大预算绩效监

① 赵早早，姜国兵，黄婕，等. 如何提升预算绩效信息公开质量？[J]. 财政监督，2023（11）：36-44.

② 卢扬帆，邓紫晴. 人大加强预算绩效监督的理论导引和实践优化[J]. 地方财政研究，2021（09）：49-56+67.

③ 谭先耀. 聚焦绩效管理 拓展监督深度——达州市通川区人大常委会开展预算绩效管理审查监督侧记[J]. 民主法制建设，2020（09）：56.

④ 马蔡琛，赵笛. 全面实施预算绩效管理中的人大绩效监督[N]. 中国财经报，2020-06-13（007）.

督的公开化。应及时将重点项目和政策资金使用的绩效监督结果向社会公开，增加政府预算资金使用的透明度，接受更广泛范围内社会公众的监督。第三，增强人大预算绩效监督的技术化。可以在预算编制审批阶段加强对绩效目标的导入和审查，保证后续监督和评价工作可以对标绩效目标。在绩效跟踪监督过程中，随着资金的使用而及时获取绩效信息，在"预算联网监督系统"中引入大数据等新兴技术，进一步优化对于预算资金使用客观数据的动态传输。进而，根据上传的数据以及导入的绩效评价指标进行自动化的监督评价。第四，实现人大预算绩效监督的协同化。人大预算绩效监督应该充分发挥其作为外部评价主体的独立性，主动开展绩效评价工作。[1]同时，考虑到审计部门的外部主体特征，可以由人大委派审计部门对重点项目和政策展开更加系统的绩效审计。

---

① 马蔡琛，赵笛. 全面实施预算绩效管理中的人大绩效监督[N]. 中国财经报，2020-06-13（007）.

主要参考文献

[1] 财政部预算司. 深化部门预算改革 建立公共财政体制[M]. 北京：中国财政经济出版社，2006.

[2] 财政部预算司. 中央部门预算编制指南（2021 年）[M]. 北京：中国财政经济出版社，2020.

[3] 财政部预算司. 中央部门预算编制指南（2023 年）[M]. 北京：中国财政经济出版社，2022.

[4] 财政部预算司. 中央部门预算编制指南（2024 年）[M]. 北京：中国财政经济出版社，2023.

[5] 范方志，彭田田，唐铁球. 建立常态化财政资金直达机制的内在逻辑与路径选择[J]. 经济纵横，2022，444（11）：115-121.

[6] 高培勇，马蔡琛. 中国政府预算的法治化进程：成就、问题与政策选择[J]. 财政研究，2004（10）：11-14.

[7] 姜爱华，杨琼. 部门预算改革以来中国特色预算审计监督变迁与走向[J]. 财政研究，2020，449（07）：53-66.

[8] 雷忠琴. 对财政国库集中支付制度改革的思考[J]. 贵州社会科学，2004（04）：15-16.

[9] 李成威，杜崇珊. 零基预算：从方法到理念演进的要件分析[J]. 中央财经大学学报，2020（10）：3-9.

[10] 李春阳. 我国国库现金管理改革的成效、问题与政策建议[J]. 财务与会计，2020（05）：67-69.

[11] 李金华. 中国审计 25 年回顾与展望[M]. 北京：人民出版社，2008.

[12] 李黎明，李燕. 地方人大部门预算审查监督研究[M]. 北京：中国财政经济出版社，2016.

[13] 李萍,刘尚希. 部门预算理论与实践[M]. 北京:中国财政经济出版社,

2003.

[14] 刘家义. 论国家治理与国家审计[J]. 中国社会科学, 2012, 198 (06): 60-72+206.

[15] 刘梦溪. 基于大数据的天津市预算执行审计探索与实践[J]. 审计研究, 2018 (01): 22-27.

[16] 刘尚希, 傅志华. 中国改革开放的财政逻辑 (1978—2018) [M]. 北京: 人民出版社, 2018.

[17] 刘尚希, 杨铁山. 政府采购制度: 市场经济条件下加强财政支出管理的中心环节[J]. 财政研究, 1998 (04): 30-34+29.

[18] 刘晓嵘. 我国国库现金管理现状、问题及对策[J]. 金融会计, 2017 (03): 69-74.

[19] 卢扬帆, 卞潇, 颜海娜. 财政支出绩效第三方评价:现状、矛盾及方向[J]. 华南理工大学学报 (社会科学版), 2015, 17 (01): 87-93.

[20] 马蔡琛, 陈蕾宇. 论预算绩效指标框架的构建——基于内外部评价主体视角[J]. 云南社会科学, 2019 (01): 107-113.

[21] 马蔡琛, 桂梓椋. 探索预算绩效监督的中国模式: 基于国际比较视角[J]. 经济纵横, 2022 (01): 102-109.

[22] 马蔡琛, 李红梅. 参与式预算在中国: 现实问题与未来选择[J]. 经济与管理研究, 2009 (12): 74-77.

[23] 马蔡琛, 苗珊. 激荡十年的中国政府预算改革 (2008—2018) ——基于政府预算报告的文本分析[J]. 财政科学, 2018 (06): 5-11.

[24] 马蔡琛, 潘美丽. 中期支出框架视角下的预算绩效管理改革[J]. 广东社会科学, 2021 (01): 34-42.

[25] 马蔡琛, 赵笛, 苗珊. 共和国预算 70 年的探索与演进[J]. 财政研究, 2019 (07): 3-12.

[26] 马蔡琛, 赵笛. 财政空间紧运行下的法定支出预算绩效管理研究[J]. 经济纵横, 2023, 446 (01): 112-120.

[27] 马蔡琛, 赵笛. 大数据时代全过程预算绩效管理体系建设研究[J]. 经济纵横, 2020 (07): 114-122.

[28] 马蔡琛, 赵笛. 基于绩效管理视角的预算支出标准体系建设[J]. 山东财经大学学报, 2022, 34 (06): 5-13+51.

[29] 马蔡琛, 赵笛. 基于政府财务报告制度的预算绩效管理改革[J]. 河北

学刊，2022（04）：146-153.

[30] 马蔡琛，赵笛. 论全面预算绩效管理背景下的绩效审计体系构建[J]. 财政科学，2021，64（04）：40-49.

[31] 马蔡琛，赵笛. 全面实施预算绩效管理中的人大绩效监督[N].中国财经报，2020-06-13.

[32] 马蔡琛，赵笛. 预算和绩效管理一体化的实践探索与改革方向[J]. 经济与管理研究，2022（03）：89-98.

[33] 马蔡琛，赵早早. 新中国预算建设 70 年[M]. 北京：中国财政经济出版社，2020.

[34] 马蔡琛，朱旭阳. 论绩效审计与预算绩效管理的衔接机制[J]. 经济与管理研究，2020，41（06）：108-118.

[35] 马蔡琛. 2020 后的预算绩效管理改革前瞻[J]. 人民论坛·学术前沿，2020，198（14）：38-44.

[36] 马蔡琛. 政府预算：第二版:[M]. 大连：东北财经大学出版社，2018.

[37] 马蔡琛. 民生·发展·绩效·阳光——2008 年财政预算报告解读[J]. 中国财政，2008（07）：18-20.

[38] 马蔡琛，苟燕楠. "责任政府"理财观念的集中体现——2009 年财政预算报告解读[J].中国财政，2009（07）：44-46.

[39] 马蔡琛. 以民生看待发展——2010 年财政预算报告解读[J]. 中国财政，2010（07）：50-52.

[40] 马蔡琛. 解读 2011 年"国家账本"[J]. 中国财政，2011（08）：39-41.

[41] 马蔡琛，王敏. 解读 2012 年"国家账本"[J]. 中国财政，2012（08）：34-36.

[42] 马蔡琛. 解读 2013 年"国家账本"[J]. 中国财政，2013（08）：33-35.

[43] 马蔡琛，苟燕楠. 解读 2014 年"国家账本"[J]. 中国财政，2014（08）：26-27.

[44] 马蔡琛. 解读 2015 年"国家账本"[J]. 中国财政，2015（08）：28-30.

[45] 马蔡琛. 解读 2016 年"国家账本"[J]. 中国财政，2016（08）：24-26.

[46] 马蔡琛. 解读 2017 年"国家账本"[J]. 中国财政，2017（08）：25-27.

[47] 马蔡琛，李宛姝. 解读 2018 年"国家账本"[J]. 中国财政，2018（09）：12-14.

[48] 马蔡琛，李宛姝. 解读 2019 年"国家账本"[J]. 中国财政，2019（08）：

30-32.

[49] 马蔡琛, 管艳茹. 解读 2021 年"国家账本"[J]. 中国财政, 2021 (07): 36-38.

[50] 马蔡琛, 孙小雪, 赵笛. 解读 2022 年国家账本[J]. 中国财政, 2022 (07): 30-32.

[51] 马蔡琛, 白铂. 解读 2023 年国家账本[J]. 中国财政, 2023 (08): 30-32.

[52] 马蔡琛. 我与《中国财政》二三事[J]. 中国财政, 2021 (22): 78.

[53] 马骏, 叶娟丽. 零基预算: 理论和实践[J]. 中国人民大学学报, 2004 (02): 122-129.

[54] 马骏, 赵早早. 公共预算: 比较研究[M]. 北京: 中央编译出版社, 2011.

[55] 倪娟, 谢志华, 王帆. 国家审计与预算绩效管理: 定位、机制与实现路径[J]. 中国行政管理, 2021, 427 (01): 9-15.

[56] 曲哲涵. 推动基本民生保障水平不断提高 民生领域财政投入持续增长[N]. 人民日报, 2023-01-22 (001).

[57] 申相臣, 张继东. 地方预算管理与审查监督的焦作实践[J]. 财政研究, 2011 (03): 28-31.

[58] 审计署武汉特派办理论研究会课题组, 夏循福, 王小燕等. 预算执行审计创新与发展的若干问题研究[J]. 审计研究, 2022, 229 (05): 11-18.

[59] 谭劲松, 宋顺林. 国家审计与国家治理: 理论基础和实现路径[J]. 审计研究, 2012, 166 (02): 3-8.

[60] 王丙乾. 中国财政 60 年回顾与思考[M]. 北京: 中国财政经济出版社, 2010.

[61] 王泽彩, 蔡强. 部门预算管理[M]. 北京: 中国财政经济出版社, 2005.

[62] 王泽彩, 胡志勇. 政府预算绩效管理与政府会计改革的协同性研究[J]. 经济纵横, 2019 (11): 82-90.

[63] 武卫政. 河北促政府采购"阳光作业"[N]. 人民日报, 2002-03-11 (002).

[64] 项怀诚, 楼继伟. 中国政府预算改革五年: 1998-2003[M]. 北京: 中国财政经济出版社, 2003.

[65] 项怀诚. 中国财政管理[M]. 北京: 中国财政经济出版社, 2001: 280.

[66] 晓名. 政府采购: 阳光下的交易[J]. 人民论坛, 1998 (08): 32-34.

[67] 谢旭人. 中国财政改革三十年[M]. 北京: 中国财政经济出版社, 2008.

[68] 闫坤，鲍曙光. 中期财政规划管理的困境摆脱[J]. 改革，2021（08）：1-11.

[69] 杨斌. 论借鉴零基预算理念应遵循的原则及其路径和方法[J]. 财政研究，2021（03）：17-27.

[70] 杨肃昌，何眉. 参与式预算：价值审视与可行性边界[J]. 甘肃社会科学，2020（05）：185-192.

[71] 张通，滕霞光. 我国财政国库管理制度改革的起因、成就和展望[J]. 财政研究，2002（09）：2-9.

[72] 张馨等. 部门预算改革研究——中国政府预算制度改革剖析[M]. 北京：经济科学出版社，2001.

[73] 章辉. 扩大服务类政府采购路径分析[J]. 财政研究，2013，362（04）：51-54.

[74] 赵早早. 中国地方政府财政部门购买第三方机构预算绩效评价服务研究：模式演进与未来发展[J]. 财政研究，2019（10）：23-31.

[75] 郑建新. 中国政府预算制度改革研究[M]. 北京：中国财政经济出版社，2003.

[76] 中华人民共和国财政部预算司. 零基预算[M]. 北京：经济科学出版社，1997.

[77] 朱镕基. 朱镕基讲话实录：第四卷 [M]. 北京：人民出版社，2011.

[78] 阿伦·威尔达夫斯基，布莱登·斯瓦德洛. 预算与治理[M]. 苟燕楠，译. 上海：上海财经大学出版社，2010.

[79] 约翰·L 米克塞尔. 公共财政管理：分析与应用（第九版）[M]. 苟燕楠，马蔡琛，译，北京：中国人民大学出版社，2020.

[80] 马尔科·坎贾诺，特里萨·克里斯汀，米切尔·拉扎尔. 公共财政管理及其新兴架构[M]. 马蔡琛，张慧芳，赵铁宗，等译. 大连，东北财经大学出版社，2017.

[81] Caiden N A. New Perspective on Budgetary Reform[J]. Australian Journal of Public Administration, 1989(01): 53-60.

[82] Gosta Ljungman. The Medium-term Fiscal Framework in Sweden[J]. OECD Journal on Budgeting, 2007(03): 1-17.

[83] Hagemann R. How can Fiscal Councils Strengthen Fiscal Performance?[J]. OECD Journal Economic Studies, 2011(01): 1-24.

[84] Hawkesworth I, K Klepsvik. Budgeting Levers, Strategic Agility and the Use of Performance Budgeting in 2011/12[J]. OECD Journal on Budgeting, 2013(01): 105-140.

[85] Ho A T, A Y Ni. Have Cities Shifted to Outcome-oriented Performance Reporting?—A Content Analysis of City Budgets[J]. Public Budgeting & Finance, 2005(02): 61-83.

[86] Ho A. The Governance Challenges of the Government Performance and Results Act: A Case Study of the Substance Abuse and Mental Health Administration[J]. Public Performance & Management Review, 2007(03): 369-397.

[87] Jon R Blondal, Daniel Bergvall, Ian Hawkesworth, Rex Deighton-Smith. Budgeting in Australia[J]. OECD Journal on Budgeting, 2008(02): 1-64.

[88] Jordan M M, Hackbart M. The Goals and Implementation Success of State Performance-based Budgeting[J]. Journal of Public Budgeting Accounting & Financial Management, 2005(17): 471-487.

[89] Kopits G. Independent Fiscal Institutions: Developing Good Practices[J]. OECD Journal of Budgeting, 2011(03): 1-18.

[90] Lu Y. Managing the Design of Performance Measures: The Role of Agencies[J]. Public Performance & Management Review, 2008(01): 7-24.

[91] Mukdad Ibrahim. Designing Zero-based Budgeting for Public Organizations[J]. Problems and Perspectives in Management, 2019, 17(02): 323-333.

[92] Pattison S. Commentary on "State Performance-based Budgeting in Boom and Bust Years: An Analytical Framework and Survey of the States"[J]. Public Administration Review, 2011(03): 370-388.

[93] Paul L Posner, Denise M. Fantone. Assessing Federal Program Performance: Observations on the U.S. Office of Management and Budget's Program Assessment Rating Tool and Its Use in the Budget Process[J]. Public Performance & Management Review, 2006(03): 351-368.

[94] Posner P L, Park C K. Role of the Legislature in the Budget Process[J]. OECD Journal on Budgeting, 2008(03): 1-26.

[95] Randall B Hayes, William R Cron. Changes in Task Uncertainty Induced by Zero Base Budgeting: Using the Thompson and Hirst Models to Predict Dysfunctional Behaviour[J]. Abacus, 1988, 24(02): 145-161.

[96] Rivenbark W C, J M Kelly. Performance Budgeting in Municipal Government[J]. Public Performance & Management Review, 2006(01): 35-46.

[97] Robert Hagemann. How can Fiscal Councils Strengthen Fiscal Performance? [J]. OECD Journal: Economic Studies, 2011(01): 1-24.

[98] Robinson M, J Brumby. Does Performance Budgeting Work?: An Analytical Review of the Empirical Literature[J]. IMF Working Paper, 2005(05): 1-75.

[99] Robinson M. Budget Reform Before and After the Global Financial Crisis[J]. OECD Journal on Budgeting, 2016(01): 29-63.

[100] Rubin I. Past and Future Budget Classics: A Research Agenda[J]. Public Administration Review, 2015(01): 25-35.

[101] Sherlekar V S, Dean B V. An Evaluation of the Initial Year of Zero-base Budgeting in the Federal Government[J]. Management Science, 1980, 26(08): 750-772.

[102] Soulet A, B Crémilleux, F Rioult. The Performing State: Reflection on an Idea Whose Time has Come but Whose Implementation has not[J]. OECD Journal on Budgeting, 2003(02): 71-103.

[103] Thomas P Lauth, Stephen C Rieck. Modifications in Georgia Zero-base Budgeting Procedures: 1973-1981[J]. Midwest Review of Public Administration, 1979, 13(04): 225-238.

[104] Willoughby K G. Budget Management Capacity of State Governments: Issues and Challenges[J]. Public Performance & Management Review, 2008, 31(03): 432-442.

[105] Willoughby K G. Performance Measurement and Budget Balancing: State Government Perspective[J]. Public Budgeting & Finance, 2004(02): 21-39.